戦争裁判と平和憲法

戦争をしない／させないために

児玉勇二

明石書店

目次

一、はじめに　126

二、憲法９条の解釈の歴史的変遷と具体的事実　146

三、憲法破壊の安保法制の国会審議　170

第I部

もう戦争はいやだ

第1章　はじめに

一、三つの壮絶な戦争の体験

まず、人間の尊厳を奪い踏みにじった三つの戦争体験、軍隊、空襲、従軍慰安婦の壮絶な被害体験のお話をします。一つ目は私の新安保法制違憲裁判で、二つ目は東京大空襲裁判で裁判所に出した陳述書の聞き取りです。いずれも胸が震えるような聞き取りです。三つ目はいわゆる従軍慰安婦の裁判で判決で認定された判決の言う「人間の根源的価値を奪った」被害事実です。この歴史を否定しようとしている人たちに聞かせたい、特にそれを知らない若い人たちに聞かせたい事実です。

「もう戦争はいやだ　そうさせないため」という人間《ひと》の叫び・訴えがひしひしと伝わってきます。また日本が加害国としてアジア太平洋戦争で２０００万人の人びとを殺した責任というものも引き受けなければなりません。私たちはまず、従軍慰安婦の裁判所が認めた被害の事実を始め、日本がアジアの人びとを殺し、虐待した加害の事実を直視しなければなりません。

1、軍隊での被害体験　猪熊得郎（生年月日：昭和3年9月16日）

私は昭和3年9月東京中央区日本橋生まれで現在87歳になります。育ちは新宿でしたが、昭和20年3月と6月の空襲で日本橋の家も新宿の家も焼けて父も兄も死亡してしまいました。

昭和19年4月中学卒業後、志願し陸軍特別幹部候補生（15歳〜19歳）航空通信兵対空無線隊要員として、水戸の陸軍通信航空学校に15歳で入隊しました。教育が短縮され、昭和19年12月に教育課程は修了し、第一線に向かうことになりました。

昭和20年2月17日から18日、水戸に待機していた際、初めての戦闘体験をしました。関東一帯の日本軍航空基地にアメリカ軍戦闘機がやってきて、鹿島沖に航空母艦が停泊し、2日間攻撃を受けました。私は航空兵ですからいつでもこちらの飛行機が離着陸できるよう航空整備しなければならず、逃げるわけにもいかず立ち向かうしかありませんでした。このとき初めて機銃掃射にあったのです。あれは恐ろしかったです。土煙を上げて向かってくるのです。「天皇陛下万歳」ではなく、みんな「お母さん」と言って死んでいきます。近づいてくる機銃掃射から逃げながら、自分は母親も死んでいたので何て言って死ぬか考えていたことを覚えています。

2日間で戦友11名が亡くなりました。バラバラになった死体を集めながら、これは大変なことだと思い知り、それまでは早く戦地に行き勲章をもらい親を喜ばせたいと思っていましたが、それまでの華やかな夢は吹き飛びました。とにかく敵を殺さなければ自分が殺されるのだと。それから戦争に対する考え方が変わりました。この時のことは今でも忘れられません。戦争は手柄や勲章など、そんなものではない。生きるためには敵を殺さなければ自分が殺されるのです。

その後中国満州へ渡ることになります。第2航空軍第22対空無線隊は満州の新京に部隊があり、最初はトンカ飛行場、公主領飛行場、長春（新京）とあちこち移動しました。

その頃中国にはすでに飛行機はあまりありませんでした。訓練していた少年飛行兵と年が同じくらいだったのでよく本音で話をしました。少年兵たちが二枚羽の飛行機で練習しているのです。敵が来たらひとたまりもないがその飛行機しかないからしょうがない、ソ連の飛行機がきたら上空で待機してぶつかるのだと言っていました。昭和20年2月に航空部隊は総特攻との指令が大本営からでていました。全部特攻隊になれとの指令です。私は無線でアメリカ・ソ連からの情報を収集しそれを司令部に伝える役割でしたから、情報は誰よりも早く知っていました。そして客観的に戦争をみていたので、私は昭和20年5月頃から負けるかもしれないと思っていました。飛ぶ飛行機がないのですから。

中国でも45万人の大動員があり、満州中の在留日本人の男が集められましたが、当時はもう3人に1人しか鉄砲は与えられず、水筒もなく竹筒で、50メートル走れば息切れするような年齢の者もいました。

昭和20年8月7日ソ連が侵入してきました。関東軍は最後の一兵まで戦うとの訓示で集められ、昭和20年8月9日、みんなと特攻隊と同じように水杯を酌み交わしたのを憶えています。そのときに日の丸鉢巻をしたので、それ以来日の丸鉢巻は嫌いです。戦う武器もないのに戦えと言われたのです。全員が特攻隊になれということでした。

戦闘配置につき、満州の各地域に散らばりました。私は公主領飛行場に入りました。そこは満州の新京から南へ50キロのところにありました。これは最後の戦闘だと腹を決めました。ソ連が入ってきたらどう戦うのか。生きて帰れるのかどうかわからない状況でした。

8月16日に電報が入り、武器台帳・人員名簿・食料台帳を残して全ての書類を焼却せよとの指令が関東軍から入ってきました。8月17日に停戦命令が入り、これで負けたのだと思いました。

しかし、8月17日からソ連軍が入ってくるまで、どのように食料を確保するかが課題でした。国民党軍のゲリラ部隊、八路軍のゲリラ部隊、中国人が日本人に対し攻撃してきて町中に死体が転がっていました。食料置場には中国人が群がってくるため、食料を確保するためにはこちらも完全武装し中国人と対峙しながら食料を確保しました。中国人に捕まれば殺されます。ソ連軍が入ってくるまでは毎日どうやって食料を確保し生きていくか。また、日本人同士でも殺し合いがありました。兵隊古参兵と新兵がいじめられた仕返しに殺し合いをするのです。殺された兵士の死体は飛行場に並べてガソリンをかけて燃やしてしまいました。そんな状況でした。

その後生きて日本へ帰るため脱走するか残るかの大討論が始まりました。いくら討論しても結論はでません。大きな部隊に付いて行った方が生きて帰れるのか。いや、途中で殺される。でも歩いてでも日本に帰りたい。しかし、歩いて帰る者はほとんど生きて帰っていませんでした。中国人やソ連軍に捕まり殺されました。脱走して帰る者たちは食料と弾薬を担いで出て行きましたが、私は黙って見送るしかありませんでした。他にも列車の機関士にピストルを突き付けて走らせるも、列車が途中でソ連の機銃掃射にあい、そこへ中国人が襲撃してくるなど敗戦の混乱は大変なものでした。戦争は8月15日に終わってなんかいません。国民党軍と八路軍両方のゲリラが日本人に対し深い恨みをもっていますので、中国にいた日本人は大変だったのです。飛行場から飛び立つのは日本再建のための優位の人材だということで、将校や訓練中の士官学校の生徒たちです。残されたのは下士官の兵隊ばかりでした。そのような中でシベリア抑留が始まるのです。

貨物列車が出る、日本に帰るそうだ、と無我夢中で乗りました。しかしどうも北へ向かっていく。だんだん寒くなっていく。飛んでいたハエが寒くなって落ちてくる。内地へ帰るのではないとわかってきました。止まったところは黒竜江のある町でした。1キロくらい先にソ連が見える。日本の捕虜に対する扱いは見ていましたのでどのような扱いを受けるかわかっていましたし、そこで日本へは帰れない、黒竜江を渡るのだ、生きて帰れるのは1000に一つ。これが最後かもと考えました。昭和20年9月16日19歳の誕生日でした。

3日間順番待ちで川のほとりにいました。船で川をわたりブラゴエチェンスクの汽車に乗りシベリア鉄道、シワキという町へ行きました。中国東北部の一番北のはずれから50キロ程北へ入ったところです。そこの収容所へ入りました。そこにはルーマニアの捕虜もいました。捕虜生活は8時間労働。冬の2月は平均気温がマイナス32度。冷凍庫がマイナス20度ですからマイナス30度を超したら作業中止ということになっていたようですが、中止されたことはありませんでした。昼食はパン300グラムを持っていくが凍っています。貨物列車への材木の積み込み、積み下ろしが主な仕事でした。その他道路工事、線路工事、鉄道工事、農作業がありました。それよりも11月から2月の冬の寒さが大変でした。抑留者全体では10人に1人亡くなっているそうですが、私のところでは6人に1人が亡くなりました。中央アジア方面を抑留されたのは重労働でも寒さがないためほとんど死んでいません。死んでいくと医務室の前に死体が並べられるのですが、朝までに衣服がはぎとられロシア人のパンと変わっています。凍っているため50センチ掘るのがやっとの中に死体を埋めました。夏になると山犬が掘りかき回します。これがシベリア抑留の実態です。戦友が下痢すると喜ぶ。飯が食える。助け合うなんて嘘です。まず自分が生きることを考えなければいけないのですから。誰かが死ぬと形見分けする。危篤から帰ってくると部屋には何もないということもありました。そうでもしなければ生きていけなかったのです。どうやったら日本の土が踏めるか。どうやったら家族に会えるか。それしか考えません。最初の1年半はそんな状況でした。それを言わなければ本当の話は伝わらないと思っています。

何とかあと1年生きたい。黙っていれば順番が来てしまう。順番を遅らせたい。少年兵がどんどん死んでいく。将校たちは腹いっぱい食べている。食料を取り上げ、下士官や将校が死なない変わりに少年兵が死んでいく。何でこんなに戦争というのは不条理なのか。誰が悪いのか。1947年頃から考え始めました。誘い水になったのが日本から来ていた新聞で、生きるため、食べ物のための反軍闘争が起きました。誰の指令でもなく起きたのです。

1947年12月、日本に帰ってきました。実家は空襲で焼けてなくなってしまっていたのです。5人兄弟の4番目の兄も18歳で人間魚雷で戦死していました。

食べることで精いっぱいで、シベリア帰りだと就職もできず、少年兵だったこともあり軍国主義者と言われ、シベリア帰りは黙って隠していました。2~3年は経歴を隠すしかありませんでした。その後ガス配管や水道配管の仕事をしたりし生きてきました。数十年前からシベリア抑留者への補償の運動やパリ不戦条約に基づいて1988年に組織された不戦兵士市民会の運動などにもかかわってきました。

戦争を知らない無邪気な者たちが、戦争ごっこのつもりで違憲の法律をつくったり、平気で平和のため、戦争法でない、殺し殺されるようなものでないといって安全保障法制は正しいと言っているのです。戦争の悲惨さ、むごたらしさを全然知らない若い政治家が戦争のことをこのように嘘を言って考えていることに一番の問題があり、腹立たしくまた切なく思っています(1)。だから簡単に戦争の準備をする。その結果がどうなるかということに思いをいたすことができない。何が起こるのか、どうなるのか、どんな苦しみが舞い降りてくるのか、何の心構えも準備もなく、戦争に飛び込んでいく。戦争に陥ってから初めて慌てふためく。切迫感が薄い。最初は忍び足で足音がだんだん大きくなっていること。気づいてからでは遅い。これは今までの私の戦争体験からくる確信なのです。今年の5月は新宿の平和記念館で私の講演がありこの戦争体験を話す予定です。多くの仲間を失いました。また、不戦兵士・市民の会の共同代表をしていますが、不戦を誓った一緒に戦後闘ってきた仲間も多く死んでいっています。今生き残った者として、地獄絵図の戦場体験と暗い谷間の時代を生き抜き「二度と戦争だけは繰り返してはならない！」との気持ちで、残された人生を死力を尽くしてこの裁判でもがんばりたいと思っています。

その意味でも「自衛隊を絶対に出動させてはなりません」

私の戦争体験からくる、二度と戦争だけは繰り返してはならないという、私の人格を否定・破壊しズタズタにした被告国に対して、ぜひ裁判官には歴史的責任を果たすようご理解いただきたくお祈りしお願いいたします。

（1）軍隊に行った元首相の田中角栄氏の「将来戦争体験のない若い政治家ばっかりになったら戦争へ進むこと」への憂いの発言、戦争体験のある政治家後藤田正晴氏など、保守政治家であっても平和への思いが強く、戦争経験のない安倍晋三首相など今のほとんどの若い政治家との違いには著者も本当にそう思います。最近の若い政治家の「戦争をやって領土を取り戻す」発言などもそうです。

2、空襲での被害体験　渡辺紘子（生年月日：昭和8年3月13日）

「お母ちゃんの手を離すんじゃないよ」。3月10日未明、私が弟を、母が妹をおぶい、父に見守られ家を後にしました。それが父との最後の別れとなりました。

その後私たち4人は、千葉市寒川（現千葉市中央区寒川町）に一時落ち着きました。1歳下のもう一人の弟は学童疎開に行っておりました。食べる物も玩具も何もない生活で、3歳の妹諒子は夕方になると可愛い仕草で歌を歌って、父が帰ってこない寂しさを紛らわしていました。まだ4カ月の弟茂雄ちゃんも少し太って可愛らしさを増してきました。そんな中、地獄の空襲に会ったのです。

燃え狂う火の中、大きな看板のようなものが風にあおられ飛んでくる中を、私は母に手を引かれ歩きました。母は防空壕の中に残されたお位牌を見つけ、防空壕の入り口に並べ「どうかこの子たちをお守りください」と、入り込む火の粉を振り払いながら手を合わせ、「南無妙法蓮華経……」と必死にお題目を唱え続けていました。私は、あまりの怖さと熱さに防空壕の中で弟を背負ったまま、縮こまっていました。機銃掃射が私たちに向かって一斉に放たれ、何の遮蔽物もない海岸で大勢の人が右往左往し、弾の嵐の中を逃げ回りました。私の右手先にぴりっとする鋭い痛みが走り、あまりの痛さに手先を見ると、血がだらだらと流れていて、思わず母にすがりました。私が背負っていた弟は、機銃掃射の直撃を頭に受けて死んでいました。弟は頭も顔も分からなく、まるでザクロのようになっていました。泣き声一つあげることもできず、小さな身体いっぱいの血を私の背中に残して死んでいました。無我夢中で弟をはんてんで包み、他の人に踏まれないように周りを囲み、その上に弟を寝かし、襲ってくる恐怖の中をまた逃げました。母も私も、どこへも逃げずにこの家で死ぬことを思っていました。その時、母は何かを感じ、自分の腰の方に手を回したところ、妹は母の背中で静かになっていました。母は、血だらけの妹を畳に寝かし、砂場に置いてきた弟を取り戻しに、裸足のまま家を飛び出していきました。妹はまるで母を待っていたかのように「ちゃあちゃん、ぽんぽんがいたいよ」苦しい息の中からのつぶやきが最後の言葉でした。妹はお腹に貫通弾を受け、また、太股に二カ所、弾のかすり傷が残っていました。「こんなになってしまって」と言っていつまでも妹を抱いていた母の姿を、私は生涯忘れることができません。

この二人の声は未だ耳に心に焼き付いて私を離してくれません。

3月と7月になるとあの空襲の怖い事実を思い出すのです。機銃掃射でやられたこの指が嫌でも目に触れるので余計です。人前で字を書くのが嫌で隠す習慣がいつの間にか身についてしまいました。妹、弟のことを思うとあの声が聞こえてきて、もう涙で書けません。このような戦争でのつらい体験は、死ぬまで背負っていかなければならない現実に疲れています。父、妹、弟の死が無駄死にではなかったと、国の偉い方に言ってほしいと思います。

3、従軍慰安婦の被害体験

いわゆる政治問題となっている従軍慰安婦事件の平成16年12月15日判決（東京高等裁判所／平成13年（ネ）第3775号）によれば、国家賠償請求はいわゆる国家無答責の法理（国には責任はない）等によって認められませんでしたが、次のような壮絶な地獄の被害事実が認められています。

第3　当裁判所の判断で

〈証拠略〉によれば、以下の事実が認められる。日本軍が占領した地域には、日本軍人による強姦事件を防ぐなどの目的で、「従軍慰安所」が設置され、日本軍の管理下に女性を置き、日本軍将兵や軍属に性的奉仕をさせた。北支那方面軍は、同年から1942年にかけて徹底した掃討、破壊、封鎖作戦を実施し（いわゆる三光作戦）、日本軍構成員による中国人に対する残虐行為も行われることがあった。このような中で、駐屯地近くに住む中国人女性（少女を含む）を強制的に拉致・連行して強姦し、監禁状態にして連日強姦を繰り返す行為、いわゆる慰安婦状態にする事件があった。

控訴人X1は、1925年に生まれ、15歳で結婚し、山西省で夫とその家族と共に暮らしていた。1944年3月、日本軍が襲い、控訴人X1は、銃底で左腕を殴られたり、後ろ手に縛られたりして進圭村に連行され、一軒の民家に監禁された。その日の夜、控訴人X1は、何人もの日本軍の兵士に立て続けに強姦された。6日間に渡り上記の部屋に監禁された状態で、日本軍兵士らに連日連夜強姦された。控訴人X1は、上記の暴行・強姦などのため、体が思うように動かず、夫との間で夫婦生活を行うこともできなくなり、子供をもうけることもできなかった。夫は体を悪くして農作業を行うことができなくなり、ついに自殺してしまった。控訴人X1は、今なお上記のような暴行・強姦による恐怖を繰り返し思い出すことを余儀なくされるなど、精神的に苦しむ日々が続いている。

控訴人X2は、1942年旧暦8月ころ日本軍兵士らによって自宅から日本軍の駐屯地のあった進圭村に拉致・連行され、駐屯地内のヤオドン（引用者注：中国の横穴式住居）に監禁された。その当日、駐屯地内の砲台の中の部屋に連れて行かれ、日本軍兵士に強姦されたのを始めとして、5カ月ほど後に自宅に運ばれるまでの間、上記のヤオドンあるいは砲台の中の部屋で、ほとんど毎日のように複数の日本軍兵士らに強姦を繰り返された。当時、控訴人X2は、15歳で未婚であり、性体験はなく、性行為についての知識もなかった。控訴人は、監禁されて5カ月ほど経ったころ、強姦に来る者の中でひときわ残酷な対応をすると感じていたものから強姦されようとした際、抵抗したところ、その者からベルトで顔面を殴打されたり、左大腿部を軍靴で蹴り付けられたり、こん棒で頭を殴られるなど暴行を受け、大怪我を負わされた。その後、控訴人X2は、20歳のころ結婚し、夫との間に4人の子供が生まれ、現在は、夫と2人で西煙鎮に居住しているが、体には、上記の拉致・監禁・強姦・暴行などのために、頭部には陥没した傷痕があって頭が痛くなったり、緊張すると気分が悪くなったりする、左手はその手首が右手首より細くなっている上、自由に動かない、左大腿部を負傷したため左臀部が右臀部よりも小さく、足の長さも左脚の方が短い、右目は上記のベルトによって顔面を殴打されて以来見えなくなり、若いころにはある程度見えた左目も今はほとんど見えなくなっている等の後遺症が残っている。

控訴人X3は、1943年の旧暦3月ころ3人の中国人と3人の武装した日本軍兵士らによって無理やり自宅から連れ出され、銃底で左肩を強打されたり、後手に両手を縛られるなどして抵抗を排除された上、進圭村にある日本軍駐屯地に拉致・連行され、ヤオドンの中に監禁された。そして、当日、上記の3人の中国人に強姦されたのを初めとして、ヤオドンあるいは砲台の中の部屋で多数の日本軍兵士らによって強姦された。当時、控訴人X3は、未婚であり、性交の経験もなかった。次の日からも、このような監禁と強姦が約40日間にわたって続けられた。控訴人X3は、上記の拉致・連行・監禁・強姦等により多くの傷害を負わされた。特に、銃底で殴られた左肩の傷はその後も治らず、そのため左右の手の太さや長さが違ってくるまでになったり、左手では物も持てない状態であるなどの苦しみが続いている。

このような日本の加害行為は決して忘れてはなりませんし、否定したり曖昧なものにしてはなりません。事実を無視した歴史書がベストセラーになったりしていますが、事実は物語で曖昧にしたりするようなものではなく判決のように真実でなければなりません。

二、平和と憲法の危機

今、日本の平和と憲法が危うくなっています。戦後最大の危機とも言えます。第二次安倍政権は、海外で戦争する国へと突き進んでいます。読売新聞の２０１7年5月3日の記事では、安倍政権は憲法9条を改正し、自衛隊を明記し、オリンピックの２０２０年施行を目標とした記事を都内で開かれた極右組織の日本会議の憲法改正を訴える会合にその旨のビデオメッセージを寄せました。その首相インタビューの読売新聞の記事を紹介します。

憲法改正20年施行目標　9条に自衛隊明記で

安倍首相（自民党総裁）は、3日で施行70周年を迎える憲法をテーマに読売新聞のインタビューに応じ、党総裁として憲法改正を実現し、2020年の施行を目指す方針を表明した。改正項目については、戦争放棄などを定めた現行の9条1項、2項を維持した上で、憲法に規定がない自衛隊に関する条文を追加することを最優先させる意向を示した。自民党で具体的な改正案の検討を急ぐ考えも明らかにした。

具体的な改正項目を巡っては、9条に自衛権の根拠規定を設けることを挙げた。首相は「自衛隊が全力で任務を果たす姿に対し国民の信頼は9割を超えている一方、多くの憲法学者は「違憲」と言っている」と指摘。「北朝鮮情勢が緊迫し、安全保障環境が一層厳しくなっている中、「違憲かもしれないが、何かあれば命を張ってくれ」というのはあまりにも無責任」と述べ、「私の世代は自衛隊を合憲化することが使命」との考えを示しました。

9条は1項で「戦争放棄」、2項で「戦力の不保持」を規定しています。自民党が12年に作成した憲法改正草案では、9条を大幅に加筆・修正し、「国防軍」を保持すると明記されていますが、首相は「党の改正草案にこだわるべきではない」と明言し「1項、2項をそのまま残し、自衛隊の存在を記述するということを議論してもらいたい」と語りました。

また、日本維新の会が改正項目として主張する教育無償化について、「憲法において国の未来像を議論する上で、教育は極めて重要なテーマだ。維新の積極的な提案を歓迎する」と前向きな考えを示しました。大規模災害時に備えた緊急事態条項創設に関しては、「衆院議員が不在となる場合があるのでは、という指摘は重要な論点だ。国会のあり方や役割、民主主義の根幹に関わることでもあり、国会でよく議論してほしい」と語りました。

2013年には、憲法改正をしやすくしようと、国会内の発議に各院の議員の3分の2、国民投票に国民の過半数を緩和した96条改正を考えましたが、「先行改憲」などと批判され、96条改正は封印されてしまいました。しかし、改正に執念をもった安倍首相はその改憲実現のためにも、2014年7月にはそれまで集団的自衛権行使は時のどの政府にも認められなかったのを解釈で閣議決定で決め、2015年9月には集団的自衛権の行使を認めた憲法9条改正と実質的に同じく新安保法制の強引で異常な強行採決を行いました。国会では小選挙区制の選挙の投票の数と議席が大幅にかい離し、3割で7割の議席を占めることのできる自民党有利な小選挙区制度の下で、1強多弱の国会を作り、数々の戦争立法である、秘密保護法、共謀罪、新安保法制など、国民の批判が多く出ても、強引に成立させてきました。戦後の大疑惑事件とも言える森友、加計事件などの権力が腐敗している事件が表に出ても、マスコミ等を強引に抑えながら、あらゆる手段を使って蓋を閉じ、アメリカと共に世界中で戦争できる、する国に改変しようとしています。

私は後でも述べますが、このような戦後最悪の政権が6年間以上も続いてきたのは、またこれを国民が許してきたのは、日本型ナチズムと言われる独裁的な政治情勢・体制を意図的に作り出しナチスヒトラーを支えたカール・シュミットの言う、「決められる政治」などを次々と断行してきたからと考えています。

個別的政治的課題である、新安保法制、原発再稼働、秘密保護法、共謀罪、消費税増税などや、森友・加計学園事件のような権力腐敗的な疑惑に対しては、各新聞社の政治アンケートの解答では例えば森友加計疑惑に対して「説明不十分」、「納得いかない」が合わせて75％以上で、あとの各個別的政治課題は50％以上反対となっています。このような矛盾を抱えながらもこれに変わる国民に展望が持てる野党連合政権がまだ生まれていないので、安倍政権の支持率は、一時森友森加計問題のとき、3割台に落ち込んでも時間が経つとすぐに4割台に戻ってしまっています。２０１９年5月の天皇の代替わりで50％にも回復してきています。これに気を良くして、前述した安倍政権のもとでの憲法改正反対がその時のマスコミの世論調査で多くても、この強引さでこれを実現してみる、これをやれるのは自分しかいないと錯覚して、矛盾を抱えながら安倍暴走は止まりません。

私は多くの戦争裁判を今までやってきたことから、前述した犠牲になった被害者の方々の悲痛な叫び声を耳にしているので、戦争に向かおうとしているこの安倍政権の暴走は許すことはできず、この憲法改正を許してしまうと日本型ナチズム全体主義軍事国家が到来してしまうと思っています。私の人生の最後の原稿として書き残さなければいけないと思い、今まで戦争に関する裁判をやりながら、仕事の間にまとめてきた原稿を集め『戦争裁判と平和憲法――戦争をしない／させないために』のタイトルでまとめた次第です。

まず平和憲法9条、前文の平和的生存権をはじめとした平和憲法を掲げた戦争裁判のたたかいの中で多くの日本、アジアの被害者の方々の「もう戦争はいやだ」との声を。次に「そうさせないために」、現在進行中の安保違憲訴訟裁判を勝利に導くために。そして世界史の視野で「戦争の違法性」を、その歴史から、武力でない真の平和の道を考えていきます。本当の積極的平和主義を掲げている平和国家コスタリカからも、他国から信頼される国のあり方が戦争を一番抑止できることを学びます。未来の宝である、子どもたちのために、子どもの権利条約や平和を願う子どもたちの声から学び、その上で、これらを壊す今安倍政権がやろうとしている改憲を阻止するためにも、まずドイツのワイマール憲法崩壊の歴史から多くの教訓を学び、似通ってきた日本の現状を直視し、今私たちは何をしなければならないのか、安倍改憲を具体的に批判し、その上で今こそ「もう戦争はいやだ　そうさせないために」の歴史的岐路に立っている、日本と世界の平和について考えていきたいと思います。

第2章　私の「戦争と平和」

一、東京大空襲と広島の原爆

1、東京大空襲と原爆のこと

私の初めて覚えた言葉は「ボウクー」で、おそらく防空頭巾をかぶり防空壕に入ろうとしてこの言葉を覚えたものと思われます。私は浅草の入谷に生まれ育ち、一歳半の時、3月10日の東京大空襲に会いました。近くの防空壕に入ろうとして断られ、母は私をおぶって兄を連れ、死体を踏みつけながら逃げ回りました。その防空壕が全滅しました。あの防空壕に入っていたら私たちはいませんでした。私は母親からこのことをよく聞かされました。その言葉はよく思い出します。

また学校は違っていましたが、小学校時代の同級生で親友だったY君が中学校1年生のときに、台東区の全中学校陸上大会で疾走する精悍な姿を見ました。2年の夏休みには山口県の青海島から彼の川に鯉が昇る絵の入った「いま山口の田舎で体を鍛えています」という暑中見舞いをもらいました。しかし夏が終わり秋になると、彼は12歳で急死してしまいました。クラスの友だちから聞いて葬式に出ると、Y君は赤ん坊のときに広島で母親におぶられて原爆の黒い雨を浴び、それが原因となって白血病で死んだと聞かされました。あのスポーツ好きな、精悍で健康そうだった彼が死んだことは全く信じられませんでした。

広島の平和公園へその後いくたびに有名な佐々木禎子さんの千羽鶴を見ては、私は彼のことを思い出します。佐々木禎子さんと同年で、死んだのも同年、黒い雨を浴びた放射能の怖さを痛感しては大きなショックを受け、この頃から私は戦争・原爆に関するさまざまな写真集を含めて学校の図書館で読みあさったことも思い出されます。今も山口で裁判などの用事があると、帰りに彼の無名墓に墓参に行きます。青海島の彼の親戚の人が経営していた海の前のホテルで会った弟さんは、自分がいつ死ぬのか、被爆二世の不安、原爆へのにくしみを語っていました。

2、心の深くにひびき続ける詩や映画

小学校時代、木下恵介監督の映画『二十四《にじゅうし》の瞳』(原作・壺井栄)を見て、高峰秀子が演じた大石先生が教え子に戦地へ行っても生きて帰ってくるように語った場面、そして戦争で失明したそんき(磯吉)役の田村高廣と再会した大石先生が涙を流しながら戦争への憎しみ、批判をあらわにしていた場面、それが忘れられません。戦争はいやだというみんなの素直な気持ちに感動し、20回以上も映画館に通ったことを思い出します。

またそのころ読んだ峠三吉の原爆詩集の「ちちをかえせ、ははかえせ、としよりをかえせ、わたしをかえせ、わたしにつながる、にんげんをかえせ、にんげんの、にんげんのよのあるかぎり、くずれぬへいわを、へいわをかえせ」ということばには大きなショックを与えられました。

さらに太平洋戦争のドキュメントの映画で見た、サイパン島の玉砕で民間人約1万人が戦闘に巻き込

まれモンペ姿の女性が崖から投身して自決に追い込まれた場面も目に焼き付いて離れませんでした。石垣りん『崖』（石垣りん詩集、思潮社）での詩文「戦争の終わり、サイパンの島の崖の上から次々に見を投げた女たち。美徳やら義理やら体裁やら、何やら。火だの男だのに追い詰められて。飛ばなければならないからとびこんだ。行き場のない行き場。（壁はいつも女を真っ逆さまにする。）それがねえ、まだ一人も海に届かないのだ。15年もたつというのにどうしたんだろう。あの女」。このことばは未だ私の心の痛みのままとなっています。

こうした体験から、平和の問題には敏感に反応し、高校のころ不良がかったときでも、国会の周りを日本中の大勢の人たちが安保反対のデモで埋め尽くしたニュースを聞いては、平和問題を考えたり安保条約について稚拙な作文を書いたこともあります。また大学生になって、テレビ・ラジオでベトナム戦争のニュースが流れていたときには、大人たちはなぜ戦争を起こすのだろう、なぜ戦争を止めることができないのか、戦場へ駆り出される恐怖感情にも駆られたり夢にも出てきたりもしましたが、戦争を止められない政治への若者としての大きな疑問も沸き、日韓条約反対のデモにも参加したりしたのでした。その後、司法試験を受けることになりましたが、平和の問題になにかできないのかという気持ちが心の底に深くあったのです。

二、戦争裁判を担当する弁護士に

1、司法の嵐に

司法試験に通って研修所に入った頃、「平和と人権」を目的に掲げていた「青年法律家協会」会員だった裁判官が、10年毎の更新・再任時に受けた再任拒否、裁判官の任官拒否という問題が起きました。いわゆる「司法の嵐」といわれた時代です。その反対運動の先頭に立った研修所同期の、阪口徳雄修習生が最高裁から罷免されるという事件にも遭遇しました。阪口さんは、その後資格を回復して弁護士となり、今でもお付き合いをしています。

また、もう亡くなりましたが、私が親しくしており脊髄カリエスという障害をもったM君という友人が任官しようとした際には、研修所のクラスの教官が「彼が裁判官になったらカリエスで小さいから法廷から見えないのではないか」との差別的な発言を行い、私は強い憤りをもったことがありました。M君は青年法律家協会に入っていたので任官拒否されましたが、私はそのため任官拒否反対を訴える運動にも参加しました。これら事件は私自身、将来どのような法曹になるのかを考えるきっかけとなって、平和や人権に深い造詣をもった裁判官になろうと心に決めて裁判官となったのでした。

しかしながら、父母も当時次々と死に、また長男の仮死出産で苦しみ、司法の嵐と言われる裁判官の独立と自由が失われていく中で心身ともに疲労が重なり、2年で裁判官を辞めるに至ったのです。

2、はじめての戦争裁判・市民平和訴訟に

1976年弁護士に転じてからは、長男が仮死出産で生まれ障害を持ったことから、その関係から子どもの人権に関する、また障害に関する事件を多く担当していきました。1990年、イラクがクウェートに侵入したことをきっかけに、アメリカを中心とした多国籍軍が介入し、日本は、憲法9条があることから海外派兵そのものはできなかったのですが、初めて海外の戦争に関わりました。この湾岸戦争に、戦費90億ドルを支出し、掃海艇を派遣することが決められました。この実質的な「参戦」が、憲法9条や前文、平和的生存権、納税者基本権に照らして許されないとして、多くの市民が原告となって「市民平和訴訟」を提起しました。

このとき同期の数人の弁護士は、はじめての海外派兵を懸念させる危険な状況を察して、内容証明郵便で政府に対して海外派兵反対の抗議をしていました。改めてその凄さに関心していますが、その多くの同期の弁護士がこの裁判提起と弁護団に参加しました。

団長は私とも親しく、後で述べる原爆裁判、コスタリカとの交流に力を入れていた池田眞規弁護士、事務局長は国旗国歌などの裁判に力を入れていた同期の澤藤統一郎弁護士でした。訴訟で求めたものは、戦費90億ドル（約1兆2000億円）の支出差止めと、掃海部隊の派遣の差止め、そして、原告一人1万円の損害賠償請求でした。1000人を超す原告が結集した東京を中心として、全国各地に訴訟が提起され、これに多くの同期の弁護士と一緒に参加しました。これが、平和の裁判に参加した私のはじめての経験でした。

その時、伊藤政子さんというNGOの方が、この戦争の中に巻き込まれ、戦後も劣化ウランなどで白血病になったりしているイラクの子どもたちを支援していました。その支援活動の中でのイラクの子

どもたちとその戦争の実態・真実を、私は東京地方裁判所の大法廷で、その後亡くなられたやはり研修所同期の小林和恵弁護士と一緒に尋問したことがありました。この湾岸戦争のテレビ報道で、アメリカの高官たちが、早く戦争を終わらせるという口実を使い、ピンポイント爆弾で花火のように、的確に、精密にという名の下で、爆弾を花々しくバグダッド市内に撃ち込む場面を見ました。その中で、イラクの特に障がいを持っている子どもたちが、目の見えないまま走り回り、耳の聞こえない子は気が付かないまま、肢体不自由の子はすぐに逃げずに放置され、死んでいっていました。テレビでの派手な場面の中で、見えないその戦争の真実を、支援に行っていた伊藤さんを証人として、傍聴人100人の入る大法廷で尋問したことを未だ覚えています。その戦争を止めようとした、その差止めの根拠とした憲法前文の平和的生存権を、弁護団で分担して勉強し、理論構成も考えました。判決は負けましたが、後に第二次イラク訴訟にも引き継がれた平和的生存権を判決の中に展開させました。

3、中国戦後補償弁護団に

この体験のあと、1990年代、戦争と平和の問題にかかわっている弁護士たちが、中国で日本の侵略戦争で被害を受けた人たちが立ち上がったことに呼応し、日本で一緒に多くの戦後補償の裁判を取り扱うようになりました。植民地主義の侵略戦争で、足りない労働力を補うため中国、韓国、朝鮮の人びとが強制連行され、また従軍慰安婦として拉致・監禁・強姦・暴行され、あるいは空爆されたり、平頂山では3000人の村民が一箇所に集められ機関銃掃射で一斉に虐殺されたり、南京大虐殺では虐殺・略奪・暴行・放火・強姦され、毒ガスや人体実験によって七三一細菌部隊で殺され、各地に遺棄された爆弾で戦後も大きな被害を被りました。数々のこのような悲惨な体験の下で、生き残っても、戦後障がいなど被害を負ったり、トラウマとして残ったりして苦しんでいました。このような中国韓国朝鮮人の人びとともに、中国人被害者の方々が立ち上がり中国戦後補償として、日本で、国や企業に損害賠償請求の裁判を提起した「中国戦後補償裁判全国弁護団」が結成され、私もその一員として参加しました。

これらの裁判は「戦争損害は非常事態からの理由で国民は受任すべき」という前近代的な受任論で負けましたが、裁判では被害の事実はすべて認めています。

空襲裁判で学びましたが、最初は対内的戦後補償裁判での在外財産を失ったカナダからの引揚者の失った財産の補償を求める裁判で、その当時まだ本件のような空襲などの生命を失った被害者の方々が補償されていないので、財産と生命を比べてのその平等性や公平性から「戦争被害は等しく受任すべき」と判決したのです（1968年11月27日最高裁判決）。この最高裁の判決がその後対内的な戦後補償の判決のみならず体外的な戦後補償裁判の判決に安易に流用されてしまったのです。日本の戦後の戦争責任は、戦争直後の民主的な戦争反省の一時期から、占領したアメリカがその後、始まった冷戦の下で、太平洋戦争を開始した東条内閣の商工大臣に抜擢された岸元首相などをA級戦犯から解放したようにあいまいのままにされてしまいました。1960年の安保改定を前に、安倍晋三の祖父岸信介が首相となったことに象徴されるように、米ソの冷戦の中で日本の戦争責任はドイツと違って果たされず、戦前と同じ人脈の中で、戦後の政治が続けられていたのです。司法もそうであることを戦後補償裁判の中で知りました。だからこそ今、そのA級戦犯ながらもアメリカによって解放された岸元首相の孫である安倍現首相が祖父の遺志をついで再び戦前の道を歩もうとしてきたこともわかってきたのです。

このように対内的な戦後補償は、一定の成果を勝ち取ってきましたが、対外的な戦後補償裁判は、長い間今も続く自民党政権の中でアジアの植民地侵略戦争を認めようとせず、戦前の歴史認識のもとに補償もせずにきて、それに忖度した裁判所も被害はやむなく認められざるをえませんでしたが、責任としての国家補償は、ほとんどこの反人権的反歴史的受任論で負け続けてきたのです。

対外的戦後補償の中で後でも紹介しますが、私は何十社の企業が戦争中日本に労働力として強制連行した中国人の被害を受けた方々の裁判に参加しました。その中で、劉連仁という中国人の方が強制連行され、戦争が終わった後も北海道の山奥で逃げ回り、発見されてから強制連行した企業と強制連行を推進した国に対しての戦後補償裁判にも参加しました。この裁判では一審で見事に金2000万円の勝訴判決を獲得し、法廷で弁護団全員涙し歓声をあげました。彼は「しかしここでくたばっちまえば中国と日本の歴史というかこんなことがあったという事実が消えてしまうわけですね。それだけは悔しい。なんとしても悔しい。日本に引っ張られてきたのが32歳。行きて帰ったのが46歳だ。その間の年月はもはや取り返しつかない。しかもわしの意思でそうなったのではない」と述べ、彼が死んだ後も、息子さんが裁判を引き継ぎました。一審での勝利は二審以降くつがえされましたが、素晴らしいものがありました。

この中国戦後補償裁判全国弁護団は、その後も活動を広げており、最近では西松建設、三菱マテリアルなどの企業との間で和解が成立しています。また昨年10月30日韓国大法院で元徴用工4人が新日鉄相手の訴訟で1人1千万円を支払うよう命じた判決が確定し、11月29日には三菱重工業の件も確定し、また、従軍慰安婦への10億円の政府間合意が文大統領になってから国民の反対で破棄され、日韓間の政治問題にもなっています。

その従軍慰安婦を巡って、最初の慰安婦の方が1990年台の初期「名乗りをあげた」朝日新聞の報道を、右傾化の流れで、植村記者を週刊誌・雑誌などで「捏造記者」と決めつけて、大学を辞める羽目になったり娘さんまでネットで殺人予告をされたりの事件も起き、その弁護団にも入ったりしています。

4、従軍慰安婦に関するマスコミ攻撃に抗して

2001年ころ、この従軍慰安婦問題でのマスコミの取り上げ方を巡って、安倍晋三ら当時若い保守政治家のグループによるNHKと朝日新聞への攻撃がありました。私たち同期の弁護士らはマスコミが危ないとして、マスコミの問題に精通していた同期の梓澤弁護士や亡くなった日隅一雄弁護士らと「マスコミを守る弁護士と市民の会」を立ち上げました。私はその後2003年の七生《ななお》養護学校の性教育攻撃事件が東京都の石原都知事時代にあって、その時の性教育問題の代表も安倍晋三だったのです。

1991年に金学順さんが「私は日本軍の慰安婦として被害に遭いました」と実名で名乗りあげ、93年には河野談話（慰安婦関係調査結果発表に関する河野内閣官房長官談話）が出されました。日本政府としてもその責任を認め、二度とこのような被害を繰り返さないため教育などを通じて未来永劫に語り継いでいく約束をしました。しかし中学や高校の歴史教科書にきちんと記述してこの悲惨な事実を伝えていくことになったにもかかわらず、96年から97年にかけてその教科書への記述を少なくすることを掲げた「新しい歴史教科書をつくる会」や「日本の前途と歴史教科書を考える若手議員の会」、その後の日本会議などの攻撃のバックラッシュが始まったのです。

この問題は90年代国際的な問題となり、国連の委員会で何度も議論され、その決議に基づいて二度の特別報告書が出され、その議論も踏まえ2000年12月の女性国際戦犯法廷が開かれ、慰安婦問題を

専門家たちが国際的な規模で一堂に会して被害にあった人も交えて考えようとした法廷だったのです。ところが２００1年に放映したＮＨＫのＥＴＶ特集シリーズ「戦争をどう裁くのか」の2回目「問われる戦時暴力」の日本軍性奴隷を裁く女性国際戦犯法廷に関する放送内容が、放送直前になって安倍晋三らの若手保守的政治家グループによる政治的圧力で改変されてしまいました。後に亡くなった日隅一雄弁護士らが提起した裁判で２００7年の高裁判決は「ＮＨＫの幹部が政治家に忖度して」と圧力があったことが認定されました。またこれを安倍晋三氏らに取材報道した朝日新聞記者への攻撃も起こり、私たち23期の弁護士は、この朝日記者を守るために立ち上がり「マスコミを守る弁護士と市民の会」を立ち上げたこともあったのです。

5、コスタリカに学び平和を作る会を

戦後、日本国憲法で戦争放棄と軍隊不保持交戦権否認の憲法9条を持ちながらも、日本の自衛隊は、実質的な軍隊として米軍とともに成長していきました。ところが、中南米の小国ですが、コスタリカという国があることを知る機会に恵まれました。コスタリカは第二次世界大戦が終わったあと、内戦を経験した教訓からやはり二度と戦争を起こしてはならないと、国家予算の30％を軍事費、大砲などにお金をかけるのではなく、教育に、また福祉にお金をかけることが、その内戦から新しい国づくりをすると した、日本と同じように憲法で軍隊を放棄した規定を置いている国です。

私の娘は和光学園というリベラルな学校で軍隊を捨てた素晴らしい国があることを習い、私もそれを聞いていました。娘はまた、フランスへアルバイトに行ったとき、ハイチの青年と知り合い、その彼が、同じ中南米で、軍隊のない国、尊敬されている国コスタリカの名前を取って名前を「…コスタ」と

言っていた話を聞いていました。ところがその話を深く知る機会が訪れたのです。2001年10月、作家の早乙女勝元さんの娘さんである私の娘と同じ名前の愛さんが、これを機会にできた『コスタリカの平和を学び平和をつくる会』の友人星野弥生さんが、スペイン語から日本語へと訳した「軍隊を捨てた国コスタリカ」の映画の上映会を企画しました。前述の湾岸戦争以降数々の海外派兵の有事立法が成立し、当時イラク特措法など有事立法が成立し平和の危険性が議論されている情勢の中、代々木オリンピックセンターで私の研修所の同期の親友の中山武敏弁護士などとその映画の試写会を行いました。またこのとき、5年前に亡くなったコスタリカ大学の教授で、今国連で議論されている核兵器禁止条約の草案作成に参加した世界反核法律家協会のバルガス教授の講演も行われました。国会議員も民主・社民・共産の議員も参加して行われ、300人近くの参加のもとでこの集会は大成功をおさめました。

そのため、1日だけではもったいないと、その後、実行委員会のメンバーで「コスタリカに学び平和をつくる会」を結成し、私と中山弁護士が共同代表となりました。目標として、①軍隊廃止、②平和・人権教育の重視、③自然環境の保護、④コスタリカに学び日本の平和をつくる、という四つを掲げました。現在まで特に安倍首相の言う戦争をする国の積極的平和主義でなく、戦争のない、軍隊も捨て、あらゆる生活の中に平和を、特に平和教育を小さいときから話し合いで紛争を解決することを目指したコスタリカの、ノルウェーの学者ガルトゥングも唱えている本当の積極的平和主義を、日本において広げる活動を現在まで行ってきたのです。

「兵士の数だけ教師を作ろう」「兵舎を博物館にしよう」「トラクターは戦車よりは役立つ」——コスタリカが平和憲法を作った際掲げたスローガンです。軍事費をすべて教育費にかけた結果、開発途上国には珍しく、後述しますが本物の教育立国ができました。また小学生が憲法違反の裁判を提起できるのです。小学2年の少年が放課後の校庭でサッカーボールを蹴っているうちに川に落ち、川に柵を作るのを怠った国に問題があると、「子どもは親や社会や国から愛される権利をもっている」その権利でもって「私を愛していない国」を憲法違反で訴え、勝訴して柵が造られました。2003年のイラク戦争の際は、米国を支持したコスタリカの大統領をコスタリカ大学のロベルト君という学生が憲法違反で訴えました。判決は「わが国は平和憲法をもつ平和国家だ。大統領が他の国の戦争を支持することなどありえない」と大統領による米国支持の決定を違憲として撤回させました。日本と全く違って憲法の文字通り人権が平和が尊重される社会を実現している、まさに私たちが学ばなければならない国でした。

最近ではアメリカのマシュー・エディー、マイケル・ドレリング監督が『コスタリカの奇跡～積極的平和国家のつくり方～』という映画を作り、今の日本の改憲の危機の情勢の中、安倍首相が言う積極的平和主義と対峙して本当の積極的平和主義を学ぶコスタリカブームが起きています。軍隊を捨てたら、他国から攻められたらどうなるのか、戦争をすすめようとする人たちの軍事的抑止力論に対する答えが、この国この映画の中にありました。1昨年は、「ノーベル平和賞に憲法9条を」との市民運動の中で、コスタリカ国会はこれを応援するため、全会一致でノルウェーに、応援の9条とともにコスタリカ憲法をもノーベル平和賞をと、国際的に9条を広めようとの連帯にもつながっています。

バルガスさんも起案に参加した核兵器禁止条約が、1997年国連で3分の2以上の多数で成立しました。またそれを後押しした核兵器廃絶運動をしてきた国際NGO・ICANが2018年ノーベル平和賞をもらい、ここでもコスタリカの多くの方々が活躍しています。そして今戦争の違法性を前に大きく進める重要な、2017年7月7日国連会議で加盟国の約3分の2の賛成で成立したこの核兵器禁止条約ですが、その成立のため中心となってきた議長ホワイトさんも周りの委員もコスタリカの人たちが多くいました。広島の被爆者であるカナダ在住のサーロー節子さんの「この瞬間が来るとは思ってもみませんでした。この日を70年間待ち続け喜びに満ちています。これは核兵器の終わりの始まりです」の発言を感謝し「ついに核兵器禁止条約ができました」とホワイトさんが閉会宣言して、議場は再び総立ちの拍手と歓声に包まれ、コスタリカと9条を持つ日本の私たちと世界の平和をともにつくろうとのつながりを一層感じさせました。今日本でも映画『コスタリカの軌跡』は感動の渦で、安倍改憲の反対の動きに合わせて上映会が広がっています。

6、東京大空襲裁判を

そして、そのコスタリカの会に、そのうちに、東京大空襲で被害にあった人たちも参加するようになってきました。共同代表の中山弁護士と、その親しいコスタリカを広めようとしていた作家の早乙女勝元さんが工藤夕貴さんの主演した『戦争と青春』という空襲の映画も作ったり、岩波新書を初めとして、東京大空襲に関する数々の本を出版していました。私もそれを研修所の修習時代に読んでいました。1970年代ベトナム戦争が激しくなった時これへの反対運動が世界的になっていく中で、これを契機にして、空爆の恐ろしさへの記憶の再現も一つの契機となり空襲に関する運動が盛んになってきました。早乙女さんたちは、空襲での被害を受けた人たちの名簿作成を通し、日本における空襲での被害を掘り起こし、その実態を明らかにして、再び民間無差別戦力爆撃を起こさせない戦争反対の運動を広げていました。岩波新書で早乙女さんは次のように述べていました。「私は名もなき庶民の生き証人を通じて皆殺し無差別絨毯爆撃の夜に迫る。話す方も聞く方も辛かった。だがその辛さに耐えてくれた人のために、そして物言わぬ8万人の死者のために、私は昭和20年3月10日をここに忠実に再現してみたい。私の人間としての執念のすべてをこめて」。

そのようなことから、早乙女勝元さんと親しい東京大空襲の被害者の方たちが、名簿作成や遺族を掘り起こす運動だけでなく、裁判を起こせないかとの動きとなり、その原告の募集と、裁判を担える弁護士を探していました。原告が多く募っているにもかかわらず、裁判をやる弁護士は見つからず困っていました。戦後補償裁判を扱っている弁護士によって、最高裁では、このような事件では今まで前述した「戦争の非常事態では戦争については全て国民は等しく受忍すべき」という反人権的反平和的「受忍論」が政治司法分野に広がっていて、戦後補償裁判でもこの判例が礎となってほとんど原告敗訴の判決を導いていていました。そのため戦後補償をやっていた弁護士の中でも、空襲裁判をやっても勝てないのではないかと断られ、最後にとうとう中山弁護士と私に裁判を依頼するようになったのでした。

私も、前述したように中国戦後補償の裁判をやっていた関係上、この戦争裁判で多くの判例で、最高裁で、等しく受忍すべきだという受忍論で負けていたので、迷いました。その受忍論の戦後補償のいろいろな判決のコピーが、関連弁護士から私の事務所に送られてきたりしていました。この最高裁判例からみても、原告の方々の数も多く、当時私は、勝ちそうもなく、難しく、負担の大きい裁判になることを感じ、当初は中山弁護士に断り続けていました。しかしながら、心の熱いヒューマニズムに富んだ中山弁護士とは、同期で、中国の戦後補償裁判で先ほど述べた劉連仁裁判なども共にやり、勝利を分かち合ってきたこともありました。また、コスタリカの会を共に作り、共に共同代表をしている親しい関係もあり、とうとう中山弁護士の熱いヒューマニズム、友情心に動かされたのです。彼は当時講演会でこう言っていました。「一人の人間が決意すれば一生の間にかなりのことができる。それから人間は変わっていく。父親の生き方からそういうことがわかってくる。ですから東京大空襲訴訟は私にとって父親の思いを果たしていく裁判でもあるわけです」。中山弁護士が運動を、私が法理論を、と共に分担し合いながら、私が子どもの人権、教育問題を一緒に過去やっていた黒岩哲彦弁護士を事務局長として、また私と共に法律事務所をしていた杉浦弁護士も加わり、この大裁判を弁護団長は中山弁護士、私が副団長で、この運動の中心を担ってきた原告団長は昨年亡くなった星野弘さん、途中で副団長の同じ城森満さんを中心としながらこの裁判が始まることになったのです。

私は、裁判提起をするとき、いろいろな論文資料を、裁判判例を調べ、自分でも考えました。判決は負けても判決の理由の中で、付言という形で、1973年ごろの名古屋空襲で被害を受けた3人の方が提訴した裁判の中で「もう30年以上も立っており国会は早く救済立法をせよ」と判決されていることを発見しました。援護立法を国にすることを判決の判示の中で迫らせるのも、裁判自体は、形式上勝てなくても、裁判運動として勝利を獲得することもあることを発見していきました。そしてその裁判もその後の援護法制定運動も、空襲被害者の方々と沖縄地上戦の、原爆被害者の方々との連帯共闘も始まり今も続いているのです。

1980年代の名古屋空襲裁判でも、名古屋地裁では、軍人軍属が補償され、空襲被害者が補償されていないことの不平等性を判決は指摘し、しかしながら、まだ国会の裁量の範囲内であるからと司法機関では負けていました。しかし戦後30年空襲被害者に補償されていないのは問題で、裁判書きの付言としてこの「30年以上もたって国会政府に対し、早く国家補償の立場で援護立法を制定すべき」という判示部分が大きな武器となって私たちの運動の勝利への武器と運動の確信となっていったのです。そしてその名古屋訴訟で最高裁の1987年敗訴判決が出て以降も、平和憲法をかかげ原爆被害者の方々は数々の補償を拡大し、残留孤児やシベリア抑留者の方々も補償されるようになりました。このように、名古屋判決以降も国内的戦後補償で補償される戦争での勝訴裁判判決も数々あり、また、この判決以降も立法の不作為で、即ち国会で補償立法をしないことは違憲違法となるハンセン病の差別、従軍慰安婦の一審の関釜判決など多くの勝訴判決が出ていました。行政不作為、行政機関が何もしないことは違憲違法となる裁判でも数々の勝訴判決が出てきていました。多くの被害者の方々の平和憲法を掲げた戦後の数々の平和に関する裁判運動が大きな力となっていったのです。

そのような状況からみれば、決してこの空襲裁判は負けることはなく、むしろこの受忍論については、平和憲法からみれば、反平和的反人権的な不条理なもので許されるものではないとの確信も深まっていきました。そしてまた等しく受忍せよといいながら、ほとんど国内的な戦争被害者のうち、軍人軍属と一部の人たちは補償され、しかも軍人軍属には年間1兆円、今まで50兆円以上も補償されているという格差からみても、「等しく受忍せよ」というのはおかしいのではないか。「等しく補償せよ」が条理に合致するもので、憲法14条違反が、大きな勝てる一つの根拠に気づいていきました。名古屋判決では難しかったとしても、それからまた30年以上たった今では取り残されている不平等、軍人軍属との格差も非常に高くなってきて、勝てるのではないかという確信にも至り、憲法14条違反を大きな柱としてこの裁判を展開した次第です。これにより形式上原告の請求棄却で負けましたが、実質的には1、2審とも東京の裁判では、被害の酷さを認定し、軍人軍属との不公正さを判断したのです。

またこの東京大空襲は、アメリカが日本に対して、いわゆる民間無差別爆撃を行ったことで、これが東京裁判でもアメリカに今まで問われなかった国際法違反にあたることも重要な柱で、一部これも認めました。そして、アメリカ自身もこの民間無差別爆撃は、日本の中国への侵略戦争において、中国が一時首都を北京から南京、南京から重慶へと移す中で、重慶に対してこの戦略爆撃を日本が先に行ったもので、この重慶爆撃をアメリカも真似し見習ったことで、日本の戦争責任をも追及しました。これは裁判では、難しい言葉ですが法的に「先行行為に基づく条理上の作為義務違反」として、即ち重慶を日本が爆撃し、それを学んだアメリカが日本に戦略爆撃を行ったこと、その原因に日本もあるとして、「種を撒いた者はその原因として責任があるという」法理も考えました。その重慶へ、東京大空襲の裁判前に原告のみなさんと一緒に行き、重慶の空襲被害者の人びとと交流しました。日本の裁判所に来て裁判を提起した重慶裁判の原告の被害者の方々は、足を引きずりながらも私たちを大歓迎し、1000人も殺された大防空壕にも案内してもらい、次の日、この交流が現地の中国の新聞にも大きく掲載報道されました。被害と加害の中国と日本の国際平和交流です。今こそ嫌韓、反中の今の日本の一部の人たちに考えてもらいたい、日本が今後平和になるためにも必要なことです。軍事的対決をするよりは必要なことです。

東京大空襲裁判は訴状の骨子として、日本のアジア・太平洋戦争でアジアの人びと2000万人戦死の被害をもたらし、国内は310万人の死者をもたらしたことへの戦争の開始責任を問いました。また、1945年初期に一部の政治家が天皇に早く戦争を終わらせることを上奏したが軍部の反対もあって、そのまま少しでも挽回をと進めてしまいました。早く戦争が終結していれば、東京大空襲も原爆も沖縄地上戦も防げ被害も免れたとして、これらも法的責任として大きな柱の一部としました。日本政府は、この後で述べる戦争裁判で数々の原告が敗訴になっても認定された戦争加害事実を率直に見ても、侵略戦争としてアジアで数々の加害行為を行い、アジア2000万人、日本310万人の被害の戦争責任も免れません。今はアジアの人びとと仲良くやっていくには、日本の平和を考えるうえでも、これを認め反省謝罪して今後も平和憲法にも前文で書かれているように「二度と戦争のないように」していくことが最も大切なことです。

ところが戦後、今まで自民党政権は、先の大戦は侵略戦争ではなかったとか、靖国神社の遊就館に描かれているように、アジアを解放したのは明治維新以後の富国強兵政策で、その軍事行動を率先したＡ級戦犯をも祀って、過去のみならずこれからの戦争への導きともなる靖国神社を大切にしています。安倍首相も参拝したように、天皇と日本国家にも命を捧げた、その象徴である靖国公式参拝についてはその批判を恐れてもその誤った歴史認識を持ち続けています。従軍慰安婦の強制はなかった南京大虐殺の被害は大げさだと戦争責任を認めず、侵略戦争・植民地主義を否定し、歴史認識を歪曲してきました。特に安倍政権になってから日本会議とともに、日本の加害責任を自虐的なものとして、今後アメリカとともに戦争をしようとする立場からみれば、戦前の戦争は侵略戦争ではなかったと否定し、再び戦争をする国へと転換しようとしていることが今まで以上に顕著になってきています。従軍慰安婦についての日韓合意も、被害者の立場を踏まえない国家間の合意のために、被害者の人びとを中心にこれを破棄する動きも出ています。そして空襲問題については１９７０～８０年代、空襲の援護立法運動が再び高まり、国会で超党派が提案し、立法化寸前に至ったときでも、その自民党によって今も阻止され続けているのです。

７、空襲被害者援護の立法運動を

この空襲裁判は、ご存知のように、一・二審・最高裁で負けたにしても、この空襲被害者の方たちが、戦争中のみならず、戦後もその被害を負い続け苦しみ、現在も苦しんでいることを訴え、裁判所も軍人軍属と対比して、その被害についてはは人間として同じであるにもかかわらず補償されていないことは共感することを判示しました。このような平和戦争裁判で私たちを鍛え学ばせ、裁判官を動かすのは原告の方々の被害の実態です。その意味では平和戦争裁判はその人間の尊厳の回復の裁判なのです。空襲裁判での被害の凄まじい声の一部を最初に述べましたが、それ以外私の耳に焼き付いている声を紹介します。

「お母ちゃんごめんなさい。悪いことしないから」と、お母さんに謝ればこの苦しみから逃れられると母にしがみつき必死に謝る幼い子どもが、炎になって燃え尽きる様が、今も目に浮かびます」。

私は時々、Ｂ29が襲ってくる夢を見ます。最近も何度か夢で脅され、昨夜も3月9日のことでうなされ、夫から起こされている状況です。

私は、家族はＢ51の銃撃により瀕死の重傷で、「もう死ぬのか」とさまよっていたとき、九死に一生の命を助けられましたが、右手切断の障害を持ち、偏見、差別、不自由さに耐えてきた人生でした。すべての国民が等しく受忍すべきと言われますが、戦争犠牲にあった人だけが、自己の責任と受忍義務を負わされてきたことは、大変なショックでした。

体を休めた父は、会社に戻らなくてはと東京に戻ることになったのですが、私は駅の改札口で「今度父ちゃんが東京で空襲にあったら、僕一人になっちゃうじゃないか。行かないでくれと」泣いて取りすがったことを今でも忘れることができません。

東京都大森区（現大田区）の空襲で脳血管性痴呆になり、知能は二、三歳程度。顔や胸、腹、両腕にやけどの跡が残る。皮膚がくっつき小指は真っすぐ伸ばせない。

44年4月ごろ、東京南部を襲った米軍機の空襲に遭う。焼夷弾で工場のドラム缶が次々に爆発。シンさんは逃げ込んだ防空壕が崩れて煙を吸い大やけどを負った。

これがシンさん一家の運命を変えた。

シンさんは意識を失って父親に背負われ、上野の親戚の家に。終戦後、リヤカーで栃木の家に帰ってきたシンさんの姿に近所の人たちは驚いた。もう何も分からない状態になっていて、私も「おばけの弟」といじめられた。なんで姉のためにこんな思いをするのかと悔しくて……。（東京新聞平成20年3月4日朝刊）

また、裁判の中でこの空襲を調査し、遺骨も関東大震災の場所にしか納めておらず、墓碑、追悼碑を作ったりすることをしていない行政の不作為の道義的責任も判示しました。そして、司法がだめでも「国会で援護法を制定すべき」との判決の付言を名古屋と同様に引き出しました。そのため一・二審も最高裁もこの結論はダメになったとしても、この「国会で立法せよ」との判示理由付言をもとに、東京大空襲原告のみならず、各地の空襲被害者の方たちを掘り起こし、沖縄地上戦の人たちも加わり全国空襲被害者連絡協議会なる組織を作りました。中山弁護士や早乙女さんらが共同代表者となり、私はその運営副委員長となり、沖縄地上戦の被害者、原爆被害者、戦争孤児ら、各地の空襲被害者の皆さんと連帯して、国会で超党派議員連盟の国会議員も結成され、一緒に今も立法化に向けて共に手を携えて活動しています。その後超党派の議員連盟と共にできた、私も加わった弁護団有志の提案の援護法案もできて、自民・公明党が賛成すれば国会に提出する寸前にもなっています。しかし今の安倍政権の戦争の知らない安倍首相に忖度する人たちや官邸の壁に阻まれていますが、諦めずがんばっています。今日も母と兄弟を失った、お父さんがケロイドで苦しんだ河合節子さん達が中心になって国会議員会館一階のフロアで「援護法の早急な立法を」と、80才以上の年の方が多いので「もう時間もない」ことを垂れ幕としてチラシも配り、挨拶運動で国会議員、特に自公の議員に訴えていました。

8、安倍政権の憲法破壊に対する闘い

このような戦争裁判と平和活動の私自身の流れを紹介してきました。しかし安倍政権は、2014年7月、平和憲法から自衛隊は個別的自衛権は可能と考えられても、集団的自衛権行使の容認はできなかった過去の歴史的事実を覆し、立憲主義に反し、平和憲法、特に憲法9条改正を行わず、政府の解釈改憲として、集団的自衛権の行使容認を閣議決定してしまったのでした。そしてそれに基づいて2015年9月とうとう、違憲の戦争する国に舵をきった新安保法制を異常な強行採決で成立させてしまったのです。憲法を破壊する形でいわゆる立憲主義に違反し、海外においてアメリカと一緒に戦争をする国にクーデター的に成立させてしまったのです。私たちはその法案の成立した9月19日は忘れない日として今でも毎月国会前で総掛かり行動として市民と野党の共闘で集会を開いたりしています。私もそこに参加して安保違憲訴訟の紹介をしたりしてきました。前述したように安倍政権は極右組織の日本会議とともに自衛隊9条加憲を改憲勢力が3分の2をとっている間にここで突進していかないと憲法改正は永久にできなくなってしまうとあせり、国民の未だ半分以上の人たちが早すぎると反対しているにもかかわらず、憲法9条に自衛隊を明記するなど4項目の平和憲法改正に前のめりに猛突進しているのです。

安倍政権は戦争に関連した、国家秘密保護法、共謀罪、新安保法制を強引に強行採決で、いずれも異常な国会無視のやり方で成立させ、国家安全保障会議、軍事輸出三原則撤廃、集団的自衛権行使の解釈閣議決定、その上で南スーダンへのＰＫＯ派遣、北朝鮮米艦防護、戦争のための教育勅語を道徳教科

に取り入れようと閣議決定したりしています。マスコミが権力に忖度するように介入して、内閣支持率が半数近くを維持していることに依拠して、アメリカの下で世界中で戦争できる・する体制を、この危険な動きを、「決められる政治」として、海外で戦争できる国家作りを、独裁的と言えるほど強めています。

今こそこれらに対し、諦めず、反対運動を着実に、前進し、大きくしていかなければ、日本は再びアメリカと地球上でどこでも戦争のできる、する国へと大きく変質し戦前へと後戻りしてしまうものと痛感し、私は今安保違憲訴訟にも参加して、東京大空襲裁判などの経験をも活かしてがんばっています。また安倍改憲に反対しその行動に参加しています。私自身の人生の柱としている「子どもたちを再び戦場へ行かせない」という弁護士としての活動が緊急かつ重要な局面にきていると自覚しています。その上で安倍政権となってから関心をもったドイツのワイマール憲法崩壊の歴史を紐解いていくと、戦前と同じ流れを引き継いだ新しい日本型ファシズム・ナチズムといえる政治状況が今日本で起きていることが見えてきています。そして世界史上最も進んだ9条をはじめとした平和憲法を崩壊させず、平和憲法を守り現実化するためには市民と野党の共闘運動が大切になっており、私も世田谷区でその活動を創造的に作り全国にも広めています。

しかしそれにもかかわらず、一方では、多くの国民は無関心で、若者もSNSなどに没頭して新聞も本も読まずにハンナ・アーレントの言う思考停止状態となり、無関心層が懸念するほど広がっています。黙示の共犯者となっています。従って安倍政権がこのような平和を壊す危険な行動に出ても、森友加計事件で権力の腐敗・忖度行政文書の改ざんなどが明らかとなっても、世論調査で支持率が半数近くあり、これに自信をえて強権的にナチスと同じように戦争への暴走を安倍官邸のいうように「ワイルド」にスピードアップし、日本は極めて危険な戦争局面前夜に来ていると考えています。

しかしまた一方では昨年のはじめから北朝鮮情勢も南北米韓会談で北朝鮮半島の非核化、東北アジアの非核化、国連での核兵器禁止条約の世界平和の世界史の視点での動きの中で、戦争の違法性を認識し、人間の尊厳をめざす本流の流れも強まってきています。野党と市民の共闘も大きく前進してきている状況もうまれています。このような状況を直視しながら、このような危機の中、平和憲法を武器として、むしろ平和憲法を日本のみならず世界中の平和の宝にできると考え、緊急に『戦争裁判と平和憲法――戦争をしない／させないために』というタイトルで筆をとった次第です。

第3章「もう戦争はいやだ」——戦争裁判と平和憲法

一、対内的戦後補償裁判

1、東京大空襲裁判

（1）まず始めに、前述したように東京大空襲裁判を紹介します。平成19年3月9日、東京大空襲の民間被害者112名が東京地方裁判所に被告国に対し謝罪と損害賠償を求め、全国の130人の代理人弁護士がつき、第一次訴訟を提起しました。平成20年3月10日には、第一次訴訟の提起に勇気づけられ、20名が第二次訴訟として提起し、原告は132名となり、第一次・第二次訴訟請求は原告1人1100万円、総額14億5200万円となりました。民間人被害者に対し何らの救済をせず、切り捨て放置した国の責任を、全ての空襲被害者の方々を代表して本格的に問うはじめての裁判を提起したのです。

（2）原告らの（私たちが考えた）主張の骨子の概略は次の通りです。

①まず中国への爆撃は、日本が日中戦争を開始した上、世界で初めて都市爆撃と焼夷弾を組み合わ

せた国際法違反の都市への絨毯爆撃の手法を開発し、1938年12月から1943年までの間、中国・重慶爆撃に代表される無差別爆撃（1931年錦州空爆、1932年上海事変）を行い、中国の多数の人びとを殺傷するなど多大な損害を与えたものです。この重慶爆撃はアメリカの対日戦争遂行の中で東京大空襲の実行に重大な影響を与えました。1945年3月10日の東京大空襲は本格的な絨毯爆撃がはじめて行われ、2時間余りの空襲で10万人以上の命が奪われ、100万人が被害を受けたのです。原爆投下に匹敵する歴史上例をみない大惨事でした。日本は、アメリカとの戦争を開始した責任があり、戦争を早期に終結して、国民の犠牲を回避するべき義務があったにもかかわらず、それを怠り、アメリカによる人道と国際法に違反する東京大空襲をはじめ、日本全土に対する無差別爆撃を許す結果となりました。この東京大空襲等により、原告らをはじめ国民の被った被害の責任が被告国にあることは明らかである、としました。

② 民間無差別爆撃、アメリカによる東京大空襲は、国際慣習法において、防守都市（占領してその地域内に入らせないような態勢ができている都市）に対しては無差別爆撃を認めますが、無防守都市（そのような態勢ができていない都市）に対しては軍事目標に対する爆撃しか認めないとされており、従って、本件は無防守都市である東京への無差別民間絨毯爆撃であり、1945年当時の国際法に違反することが明らかであると訴えました。太平洋戦争は1944年に入り、サイパン島をはじめとしてマリアナ諸島を失って、そこに米軍基地の建設が可能になり、ここから日本本土爆撃が1944年11月24日をもって開始されたのです。米軍の司令官カーチス・ルメイ少将が途中東京大空襲爆撃の責任者となり、住民の恐怖感で戦意を喪失させ、住民を殺傷すること自体を目的として、夜間爆撃、低空爆撃に変え、爆撃の精密度を向上させ、早く戦争を終わらせるとした口実で、無差

別民間絨毯爆撃を行ったのです。驚くことに、原爆投下、朝鮮戦争にも大きな影響を与えたカーチス・ルメイは日本の自衛隊に貢献したとして、戦後、天皇から勲章を与えられているのです。

１８９９年ハーグで、第1回平和会議が開催され、その後採択されたハーグ陸戦条約第3条は、軍隊構成員が戦争法規に違反する行為を行った場合には、その被害者個人が、加害国に直接に損害賠償を請求する権利を定めています。東京大空襲の被害者である原告らは、このハーグ陸戦条約3条に基づき、アメリカ政府に対して損害賠償請求権があり、日本政府が対日講和条約で外交保護権を放棄したことは、国の国民に対する外交保護義務に違反すると訴えました。１９５１年9月8日に締結された対日平和条約第19条（A）は、「日本国は、戦争から生じ、又は、戦争状態が存在したためにとられた行動から生じた連合国及びその国民に対する日本国及びその国民のすべての請求権を放棄し、かつこの条約の効力発生の前に日本国領域におけるいずれかの連合国の軍隊又は当局の存在職務遂行又は行動から生じたすべての請求権は放棄する」と規定しています。

しかし第二次世界大戦に関する条約などでこのような「請求権放棄」条項がある場合、これに代わって国内でこの請求権が放棄された国内被害者に対しては補償条項を定めることが通常です。１９４７年2月10日にパリで署名されたイタリア、ハンガリー、ルーマニア、ブルガリアの平和条約もそうでした。ところが、わが国では、対日平和条約第19条（A）が空襲被害者の方々のアメリカに対する請求権を放棄しているにもかかわらず、それに代わる被害補償を日本国は行っておらず、これが今回、国の国民に対する外交保護義務に違反すると主張したのです。

（3）裁判において法的に展開した被告国の救済義務違反の法的責任を次の通り主張しました。

① 戦時中の国家総動員体制と戦時中の戦争補償制度

国は１９３７年に制定した防空法、翌年に制定した国家総動員法により、国民総動員体制を作り、厳しい罰則を背景に国民を戦争に総動員していったのでした。国は、戦争遂行に際して、軍人・民間人の区別なく、その協力義務を強調し、かつ一般国民に対しても罰則でその義務を果たすことを強制していたのです。防空法は１９３７年に施行され、灯火管制などの義務を国民に課しましたが、太平洋戦争開始直前の１９４１年11月には、都市からの退去禁止と空襲時の応急消火義務が追加され、罰則化されたのです。空襲があっても逃げられず、これを消さなければならないという、不可能なことを強いて犠牲を多くしていったのです。特に戦争末期には内地、外地の区別なくいわば全国土が戦場と化していたのが実態でした。この実態に合わせて、戦時中、軍人のみならず、国は民間の戦争犠牲者に対して、１９４２年2月戦時災害保護法を制定していたのです。国がこのような戦争犠牲者に対する補償制度を行ったのは、前記国民総動員体制に呼応するものであったと理解できるのです。また、軍人・軍属及びその遺族に対しては、軍事扶助法や軍人恩給法が適用され軍人恩給等の支給がなされていたのです。とすれば、空襲によって被害を現在も負っている原告らが補償援護されない理由は全くないのです。

② 憲法14条違反の戦後の援護と補償制度について

国は対日講和条約の発効と共に、いち早く軍人・軍属及びその遺族らに対する援護法として１９５２年に「戦傷病者戦没遺族等援護法」を制定し、53年には恩給法を復活して、国との雇用関係を理由として軍人・軍属ら及びその遺族への援護、恩給の支給を再開したのです。

一方、それにもかかわらず、国は民間人については、1946年に戦時災害保護法を廃止し、生活困窮者には生活保護法による給付で代替することにし、一般民間戦災者への援護・調査はされず切り捨てられ、現在までは原告の空襲被害者ら一部のグループだけが補償されないまま今日に至っているのです。

1952年の援護法制定の時、国会の公聴会で無差別平等原理に基づき、軍人軍属のみが補償され、民間一般戦災者に補償されないのは納得できないと、末高早稲田大学教授などが批判していたのは象徴的でした。これ以降、被告国は補償を軍人軍属のみに限定することが困難となっていったのです。その後戦争犠牲者・被害者の人びとの多くの数々の、特に憲法9条前文平和的生存権の平和憲法を掲げた運動によって、軍人軍属については戦傷病者のみならずその戦没者遺族へ広がり、それ以外に軍属を準軍属として拡大し、帰還者、引き揚げ者、沖縄戦被害者、旧植民地出身軍人軍属などに関して援護関連法が制定され、拡大されていったのです。

そして、それのみならず、満州開拓団員、日赤従軍看護婦・旧陸海軍従軍看護婦、旧ソ連地域等抑留者、緑十字船阿波丸犠牲者、学童疎開船対馬丸犠牲者といった民間人の補償例まで拡大していったのです。近時には、残留孤児、シベリア抑留者について補償されるようになり、もはや一般民間戦災者で補償されていないのは本件空襲被害者（原爆戦死者、沖縄空襲被害者、艦砲射撃被害者も含む）と沖縄地上戦の一部の国内の戦争被害者グループであり、全く調査も補償もされないで取り残されたままになっているのです。

欧米の近代民主主義国家における戦争被害者制度の共通する特徴は、国民平等主義と内外人平等主義であることからも、このような差別は許されないのです。

このように、もはやこれらの援護法立法適用拡大の中で、人間の生命が同じであるにもかかわらず、本件空襲被害者だけがこれらの人びとと違って援護法を立法適用できない合理的な理由は見出せなくなっているのです。後述しますが、今までの空襲についての最高裁判決でも、国でも、被害者は戦争のため等しく受忍せよということでなく、等しく補償する責任が被告国の国家補償責任としてあることが明白になっているのです。

③次の通り被告国が原告の空襲被害者に補償できない合理的理由が見出せなくなっているのです。

ア、今までの国会でのこの問題での官僚答弁では、援護法の文言通り、国との雇用関係、身分関係が空襲被害者の人びとにはないから補償できないと言ってきました。しかし、前記に述べたように、その後多くの戦争被害者の運動などによって援護法が軍人軍属に限定できなくなり、数々の戦争被害者に広げられ、空襲被害者は、もはや取り残されてしまっている。とすれば、これを等しく受忍せよとは言えるはずはありません。むしろ、補償すべきであると言わなくてはならなくなっているのです。他にも国との雇用関係・身分関係の無い多くの民間人が補償されていることからも、その矛盾は明らかとなっているのです。空襲による火を消さなければならない警防団等にも拡大し、沖縄では雇用関係・身分関係があり得ない6歳未満の子どもにまで拡大し、対馬丸の学童疎開での死亡など数々の民間戦争被害者の補償にまで拡大しており、この理由はもはや破綻してしまっているのです。

イ、本土・内地は銃後で戦場ではなかったことから補償できないという理由についても、昭和31年12月の法律では、戦時中内地において職務に関連して負傷・疾病・死亡した軍人軍属の遺族に対して、「内地も戦場化した」との理由で、援護することの法律が制定されているのです。また、前述したように、近代戦は空軍による戦略爆撃機が本土にまで襲ってくるような時代となり、当時の国も、総力戦を以てこれにあたらなければならないことを法令上義務付け罰則も規定し、戦争中に戦時災害保護法があったように、また戦後も警防団員にもその補償が広がったように、本土も戦場であったことの理由をもって補償している例が多くあることからも、この理由も破綻しているのです。

ウ、原告ら空襲被害者の人たちに補償すると多大なお金がかかるから補償できないことを理由としていますが、軍人軍属には今まで60兆円の補償・援護をしながらも、終戦直後ならいざ知らず、高度経済成長を経た日本にとって、国会で野党議員から、野党議員提出の援護法案では、1970年当時「30億円或いは75億円程度の見込み予算で、30億円といえば、四次防に政策が予定されているファントム戦闘爆撃機一機分ではないか」等と追及され、当時の厚生大臣もこれについて否定できなくなっていることからも、今も莫大な軍事予算に財政が充てられており、その理由は説得力がありません（後でも述べますが私たちの今国会に提出しようとしている議員立法の法案は、反対も多くありますが補償額は一人あたり50万円です。今、安倍政権はイージス・アショアを2基で5000億円費用がかかるからと秋田県、山口県を説得していますが、私たちの空襲被害の補償について これを拒んでいるのは腹立たしい限りです）。

以上のことからみても、空襲被害者を軍人軍属や他の民間戦争被災者で補償されている人びとと区別されている合理的理由は見いだせなくなっているのです。

④国会が援護法を立法しなかった法的責任の立法不作為について

原告らは、平成17年最高裁大法廷判決をはじめとする名古屋判決以降の立法不作為の裁判例の分析から、立法不作為（国会が救済立法を怠った法的責任）による国家賠償が認められる要件を、Ⅰ、人権侵害の重大性とその救済の高度の必要性があること、Ⅱ、憲法が救済のための立法をすべきことを国会に義務付け、立法課題が明確であること、Ⅲ、立法の必要性を国会議員が認識しながら、合理的理由がなく立法行為をせず、それが一定の合理的期間を経過していることをあげ、本件についてはこれらの要件が全て充足されていることを裁判で指摘しました。

憲法前文、憲法13条、14条、17条、25条、29条1項・3項、40条、98条2項、前文の高い規範性を指導理念として、これらの条項を総合的に理解すれば、被告国には、原告ら空襲被害者に対して、人権尊重と「国家補償の精神」（戦傷病者戦没者遺族等援護法1条）に立って、援護ないし救済をするための立法をなすべき義務をまた憲法条理上からも負っていると解すべきといえると主張しました。

原告らの被害実態については、九死に一生を得ましたが、自らも障害を負ったもの、疎開中であったことや、幸運により負傷は免れましたが、住居は焼失し、父母をはじめとする肉親の全部又は一部を亡くし、子どもだけが残されたり、母子家庭や父子家庭となったものの、孤児となり、親戚や施設でつらい思いをしながら育ったもの、年長の兄や姉に育てられたもの、若くして未亡人となったもの、被害体験や一面の焼け野原と黒こげの丸太のような多くの死体を見た衝撃などから、ＰＴＳＤ（心的外傷性ストレス障害）の症状が見られるものなど、その生命ないし生存自体に関わる重大な被害を受け、このような重大な被害を受け、悲惨な境遇におかれた原告らを救済すべき高度の必要性があり、憲法は、前記に述べた各条文からも、国会ないし国会議員に、原告らを救済するための立法課題の枠組みは明白に義務づけていると言えると構成したのです。

そして、一般戦災被害者への補償を求める運動は、戦後続けられ、これらの動きを受けて1970、1980年代、地方自治体レベルでの独自の戦災被害者への援護制度ができていき、国が責任を果たすべく野党議員からも「戦時災害援護法案」が1989年第114回国会に至るまで17年にわたり計14回提出されました。これは成立には至りませんでしたが、国会ないし国会議員に原告らを救済しなければならない認識が広がったのです。それにもかかわらず国は、戦争中は軍人も民間人も区別することなく戦争協力を強要し補償しておきながら、その被害の補償となると戦後は平和憲法が制定されたにもかかわらず、未だ軍人国家として、軍人軍属だけに国家補償を行う考えであるとの、合理的な理由もなく平和憲法にも違反した答弁をし続けているのです。

このように立法行為をせず、一定の合理期間を経過していることからみても、被告国は立法不作為の違法性は免れることができないのです。立法不作為を認めなかった1987年の名古屋空襲の最高裁判決以降も、ハンセン病などの立法不作為を認める判決が続き、近時最高裁で勝訴した対外選挙権の平成17年最高裁判例に至って、立法機関の法的責任を厳しく問うような判例の流れから見ても、行政の被告国の立法不作為の違法と責任は免れることができないのです。

⑤行政が救済措置をしなかった法的責任の行政不作為について

戦時災害保護法等が廃止されても、原告ら戦争被害者は、社会保障制度の枠内でも必要な保護や救済を受けられるのは前述したことからも当然で、被害の担当部署の公務員は、職務として、原告らの被害の実態を調査し、法律上可能な範囲で必要な保護や救済措置を講ずべきでした。

こうした課題についての施策は、行政権を担う内閣において基本方針を策定し、その権限を誠実に行使するとともに、立法の必要があれば、相当な法律案を作って、国会に提出しなければならないのです。

現在も、戦傷病者や戦没者の遺族等に対する手厚い援護策が、また一般戦災者への援護が拡大実施されている以上、今まで述べてきた原告ら空襲の被害、損害が未だ続いていることからみても、被告国が、本件東京大空襲に関しての事実調査や原告ら被害者に対して埋葬等の行政救済措置を怠ってきたことは、行政の権限の不行使が著しく不合理と認められ、行政不作為による違法は免れないのです。既に名古屋・浜松など補償行政が行われているところもあるのです。

行政不作為については、最高裁平成元年11月、平成7年6月で、法が付与した権限の趣旨・目的に照らし、行政権限の不行使が著しく不合理と認められる時は、国家賠償法上の違法を構成する場合があることを示唆し、平成16年4月のじん肺最高裁判決、平成16年10月水俣病裁判においても、公権力の行使の不作為が違法として国家賠償を請求し得ると判示されていることからも言えるのです。

2、裁判の結果

1審は、平成21年12月14日東京地方裁判所において、「原告らは請求の棄却」として敗訴となりましたが、深刻な被害の実態と立法での解決の必要性など、今後裁判運動のみならず、援護法の立法運動においても前進するものがありました。

（1）まず1審は判決の理由の中で

①「被害者の心情を理解」として被害の深刻な被害を認めました。

「原告らの受けた苦痛や労苦には計り知れないものがあったことは明らかである」と認定した上で、「原告らのこのような一般戦争被害者に対して、軍人軍属等と同様に、救済や援護を与えることが被告（国）の義務であったとした原告らの主張も、心情的には理解できないわけではない」としました。

②国家の道義的責務も認めました。

原告は被告国に対して、①被災者の実態調査、②遺体の確認と埋葬を行政不作為の責任として求めました。判決は「原告の主張自体、十分に理解できるところがあるし、戦争被害を記憶にとどめ、語り継いでいくために、被害者の実態調査や、死亡者の埋葬、顕彰は重要なものであることも否定することができないものであると考えられる。その意味で、被害者の実態調査や、死亡者の埋葬、顕彰等についてできるだけ配慮することは、国家の道義的義務であるという余地は、十分にあり得るものと考えられる」としました。

③国会が解決すべき問題と国会に立法を促しました。

「国民自身が、自らの意思に基づいて結論を出すべき問題、すなわち国会が、さまざまな政治的配慮に基づき、立法を通じて解決をすべき問題」としました。

（2）1審同様、2審は、平成24年4月25日東京高等裁判所において、「控訴棄却」として控訴人らの敗訴となりましたが、前記1審と同様前進とすべき点がありました。

① 地裁判決より詳細な被害事実の認定をし「被害者の心情を理解」したものでした。
「原告本人尋問（原審・当審）における供述並びに原告らの陳述書によれば、空襲及びそれに伴う熱風烈火の中を必死に逃げまどい、自ら傷付き、あるいは親、兄弟等の近親者を失った者、疎開や出征のため自ら空襲に遭うことはなかったが、親兄弟等を失い、孤児等として苦労を重ねた者、その後も後遺障害や自分が生き残ったことについて自責感に悩んでいる者など、その態様はさまざまであるが、原告らが東京大空襲によってそれぞれ多大の苦痛を受けたことが認められる。したがって、原告らが、戦後の立法により各種の援護措置を受けている旧軍人軍属等との不公平感を感じ、原告らのような一般戦争被害者に対しても、救済や援護を与えるのが国の責務であるとする原告の主張には、心情的には理解できるものがある」としました。

② そして、1審と同様、国会が解決すべき問題であるとし、

③ 国家の道義的責務を認めるとし、前記地裁判決を引用しました。

私たちは、控訴審判決に対しては、直ちに最高裁へ上告し、最高裁は平成25年5月8日「本件上告を棄却する。本件を上告審として受理しない」旨の上告人ら敗訴の決定がなされました。これに対し私たち東京大空襲訴訟弁護団は、「最高裁第一小法廷の不当決定に抗議する」と抗議声明を行いました。

3、立法運動

(1) ２００７年３月９日の提訴から６年２カ月余り、東京大空襲裁判は上告棄却決定により敗訴が確定

し、司法救済の道は閉ざされたのです。棄却決定を受けての司法記者クラブでの記者会見で、星野弘原告団長は「心の底から怒りがこみあげる。孤児や傷を負った私たちは苦しい生活の中で必死に闘ってきた。原告の心からの訴えに対し、あまりにも冷酷な判断、しかしここで引き下がるわけにはいかない。くじけることなく、援護法制定に向けてがんばりたい」と闘いの決意を表明されました。原告団、弁護団は解散せず、援護法制定を必ず実現するとの方針で活動を継続していったのです。

司法が救済を拒否するなかで、２０１０年8月14日、早乙女勝元（作家）、中山武敏（弁護士）、荒井信一（歴史学者）、前田哲男（ジャーナリスト）、斎藤貴男（ジャーナリスト）を共同代表とする全国空襲被害者連絡協議会（全国空襲連）が結成されたのです。

全国空襲連は、旧軍人軍属だけでなく民間空襲被害者（被爆者も含む）を救済、補償する「空襲被害者援護法」の制定、空襲死者の調査、氏名記録、空襲の実相の記録、継承など空襲被害者の人間回復と再び戦争の惨禍を繰り返させないために、核兵器廃絶など各種の平和運動と連帯することを目的として設立されました。

結成集会は東京都の台東区民会館で開催され、全国から約３００人が参加しました。結成当日、集会受付をされていた東京大空襲訴訟原告団の松田エイ子さん（当時80歳）は、3月10日の東京大空襲で母と兄弟3人を亡くされて「31年前、82歳で亡くなった父が今いたら全国組織ができたのを喜ぶはず」と語られました。長崎県の佐世保空襲犠牲者遺族会の岩村秀雄会長は同集会で「闇夜で一条の光を見いだした」と発言されました。名古屋空襲で左目を失われた杉山千佐子さん（結成時95歳）も「40年前から救済法制定を訴えてきたがかなわなかった。今はほとんど寝たきりだが、法制化されるまで死ねない」と訴えられたのです。

個人加盟517人・団体加盟60団体。関東、東海、関西、九州、東北、北海道で全国空襲連ブロックが結成されています。空襲被害者等援護法制定国会請願100万人署名運動、各政党、国会議員への働きかけ、地方議会への援護法制定促進決議・意見書採択要請等の活動を行ってきました。

全国空襲連の働きかけにより、民主党政権下の2011年6月15日、民間人空襲被害者等援護法制定を目指す民主、自民、公明、共産、みんな、社民党の議員が加盟する超党派の議員連盟が結成され、会長、事務局長は当時の与党の民主党から選出されました。その後、総会を重ね、2012年6月13日の第5回総会で、空襲による死者に弔慰金、空襲で父母が死亡するなど15歳未満で孤児になった人に特別給付金、空襲で怪我や病気になった人に障害給付金の支給、医療費の支給等の補償金額を盛り込んだ「空襲等による被害者等に対する援護に関する法律案（仮称）要綱素案」が発表されました。同法案第1条の法案趣旨では、「国の責任において行う、空襲等による被害者等に対する援護及び空襲等による被害の実態調査等に関し必要事項を定めるものとすること」と規定しているのです。同年11月には、民主党を通して国会への法案提出折衝の詰めに入っていましたが、2012年12月の衆議院解散、総選挙により議員連盟会長、事務局長を含む多数の議員が落選されました。2013年7月の参議院選でも議員連盟加入の4名の議員が落選されました。

全国空襲連主催の4周年の集いで、共同代表の中山弁護士は「多くの人が戦争の危険性と、平和が脅かされるのではないかと不安をもっている。援護法を求める運動は未来の平和にかかわる意義がある」と支援を呼びかけました。早乙女勝元さんも「日本は戦争の道へ向かっていくのか、それとも平和を守り切れるのか、重大な岐路に来た。援護法制定に向けて、今がんばらなければ、がんばるときはない」と呼びかけられました。後に亡くなられましたが清岡美知子原告団副団長（90歳）

も「全国の空襲被害者が手を取り合って援護法の実現にがんばっていかなければならない。成果を見るまでは死ねない」と訴えられたのです。

(2) 東京大空襲から平成26年の3月10日で69年になるのを前に、「全国空襲被害者連絡協議会」は5日参議院議員会館で院内集会を開きました。自民・民主・社民・共産などの国会議員約20人と秘書、空襲被災者や計約120人が出席し、戦後70年となる来年までに空襲被害者援護制度の確立を訴えました。

超党派の議員連盟を結成することを求め、代表の予定になっている鳩山邦夫衆議院議員は、「国に明確な責任がありながら、一般の人に何の補償もない。国会は努力する責任がある」と話し、各議員からも「今国会に法案を出せるようがんばりたい」「党派を超えて力を尽くす」などと前向きな発言が続いたのです。

この時の院内集会での3人の障害を負った被害者の方たちの発言を紹介します。

① 安野輝子さん

「訴訟した3人も無念のまま他界した。私には戦争が風化することはありません」とはじめに述べ、この日、最高裁に要請をした大阪空襲訴訟原告団代表世話人安野輝子さんは次の通り述べました。

今日の午前、弁護士の先生お二方と私で、最高裁判所へ要請をしてまいりました。その要請書を読ませていただきます。

要請書

最高裁判所第一小法廷御中

この国の津々浦々の街が、火の海となった大空襲から今年は69年。空襲で被災して、かろうじて命を取り留めた私たちも、生きる日は、後わずかとなってしまいました。そんな人たちが起こした大阪空襲訴訟は、黒煙に消された50万の親兄弟や、友達、焼夷弾に燃えた手足、爆弾の破片で千切れた足の無念を背負って訴訟という行動に立ち上がって今日までできました。

当時、私たちは子どもでした、戦時中の物不足のなかでも、空襲に遭うまでは親の元で幸せに暮らしていました。空襲に遭い学校にも行けなくなり職にも就けず、戦争で人生を狂わされてしまいました。地を這うように生きてきて、どうしてもこの理不尽を国に問いたいと訴訟をいっしょに起こした仲間が、3人も無念のまま他界しました。その3人のことを、今日、この最高裁判所でご報告し、その思いをくみとってほしいと思います。

まず、谷口佳津枝さんのことをお話しします。

谷口佳津枝さんは、2012年の夏、無念を抱いたまま癌で亡くなりました。

4月には国民小学校1年生になるはずの、1945年3月13日の大阪大空襲で、お母さんと父親代りのお兄さんを焼夷弾で焼かれ、孤児になりました。

あの日の夜、お母さんが「今日の空襲は大きいらしいので、お母ちゃんは家を守らないといけないので、あんたはお姉ちゃんと先に行ってなさい」と着物を着せてくれて、お姉ちゃんと出て行く私を、いつまでも見送ってくれました。谷口さんは、それがお母さんとの永遠の別れになるとも知らず、「今日のお母ちゃんは優しいなあ」と思いながら、お姉ちゃんと手を取り合って火の中をくぐり逃げていきました。神社の大楠の木がパチパチと燃えあがり、とても大きな火が上がるのを怖いなあと思いながら見て走りました。焼け落ちた小学校が避難者の収容所になり、そこで何日も待ちましたが、お母さんは迎えにきません。たくさん居た避難者には、次々に家族が迎えに来ました。谷口さんはついに最後の避難者になってしまい、ようやく叔母さんが迎えにきたのです。そして、たくさんの遺体が収容されている場所に行き、お母さんとお兄さんの焼死体が並んでいるのを見ました。そのときは足が震えて、かぶせてあった筵を覗くことは出来なかったと、話していました。お兄さんは顔や服装では見分けがつかず、鉄兜に書いてある名前で分かったそうです。

その後、お母さんの田舎の親戚にお姉さんと別々に引き取られて育った谷口さんは、食糧難の時代、親戚も子どもがいて大変ななかを育ててもらったが、母がいないために辛い思いをした、戦争さえなかったらと、いつも涙を拭いていました。

次に、小見山重吉さんのことをお話しします。

「わしの青春は15までやった」という小見山重吉さんは、1945年3月13日の夜10時ころ、お母さんに「空襲やで、起きや」と布団をはがされて、空襲警報が鳴るなかを、軒先に掘られた防空壕へ飛び込みました。飛び込むやいなや、焼夷弾の轟音と光と熱をあびて、顔と手足から全身に火傷を負いました。

豪快でやんちゃな小見山さんは、「あんたは傷害が足でええな！　わしは、朝起きて洗面台に立っといやでも顔を見てしまう」と嘆いていました。

顔には赤く火傷の跡が残り、5本の指はくっついてしまいました。その姿をみた人に「猿！」「やけど！」などと呼ばれながらも、苦労して稼いだお金で、くっついた5本の指を切り離す手術を大阪大学病院で受けました。その後は、お父さんが経営していた工場を再び興したり、小見山さんよりひどい火傷で産婆さんが出来なくなったお母さんの戦後の生活を支えるなど、必死で生きてこられました。

曲がって硬直した指を見た孫から、「おじいちゃん！　どうしてジャンケンできないの？」と言われた小見山さんは、孫を同じ目に遭わせてはならないと思い、この裁判に立ち上がられたのです。小見山さんの墓前に、何としてもよい報告がしたいと思っています。

次に、永井佳子さんのことをお話しします。

永井佳子さんは、女学校の教室で空襲警報を聞きました。校庭に並んで掘られた蒲鉾型の防空壕に避難しましたが、そこも猛烈な焼夷弾の火が襲ってきて、反対側の入口にいた級友は、大火傷を負って即死だったそうです。永井さんは、あと少しのところで助かりましたが、学校では救護もしてもらえず、家に帰ろうとして力なく街をさまよっていると、「あんた、えらい燃えてるで」と警官らしき人に言われて、町医者に連れて行かれました。着ていたセーラー服ともんぺをハサミで切られていると、お母さんが駆けつけてきました。

ベッドにいた佳子さんを一目見たお母さんは、あまりにもひどい火傷の姿をみて、「女の子だから、このまま死んだほうが良いかもしれない」と一瞬思ったということを後年、お母さんから聞いたそうです。

永井さんは、学校で被災したのに学校も知らん顔、国も学校も責任を執らない。悔しい思いで60年生きてきたとき、大阪空襲訴訟を知り、一人ではないのだ、私と同じ悔しい辛い思いで生きている人がいるのだ、と駆けつけてこられたのです。

69年間、国は空襲犠牲者の人権を無視し謝罪も補償もしないで、同じ戦争犠牲者の元軍人軍属には52兆円という援護をし、民間空襲犠牲者には0円と差別してきました。私たちはこの国に生まれたこの国の民なのです。この国が起こした戦争に巻き込まれて親兄弟を焼かれ、手足を奪われ、友だちは目のまえで虫けらのように焼き殺されたのです。家はゴミ芥のように燃えてしまいました。

これが、経済大国にもなった先進国なのでしょうか。欧州は、民間人・軍人平等に補償しています。この国は、国際的にも恥ずかしく国内的にも不安を残します。何事もなかったかのように、遣り過ごそうとしているのは卑怯です。空襲被害は国の責任です。きちんと戦争の後始末をしてください。ましてや、政府は国民に「空襲は怖くない、逃げずに火を消せ」、「都市から避難をするな」と命令していました。危険な消火活動を義務付けて、空襲の被害を拡大した責任は大きいと思います。

最後に私の事を少し聞いてください。

私が、米軍機のＢ29が投下した爆弾の破片に足を奪われたのは幼稚園の年長児の時でした。同じ破片が後頭部に当たった近所の人は、その夜も明けきらぬうちに亡くなりました。地鳴りのようなうめき声が、出血多量で死線をさまよい意識がうすれていく私の脳裏に耳にやきついて今も離れません。その人は、まだ二十歳半ばの銀行員でした。生かされたのか生き残ったのか、私には朝がきたのです。生き残ったのも地獄でした。１９４５年7月16～17日のことです。

爆弾の破片で、私の足はその場で千切れて、どのくらいの時が経ったのか遊んでいた弟や従姉の泣き声で気がついた時は血の海の中でした。6歳になったばかりの私は、足が無くなったということがどういうことなのか、よく解りませんでした。幼稚園で蓮華草で首飾りを作ったり小さな虫などと遊んでいたからでしょうか、トカゲの尻尾が切れても、また生えてくるように、私の足も生えてくると思っていました。

あれから69年経った今も、足は生えてきません。私の足と青春の日々を還してください。

毎朝目が覚めると義足を付けないとトイレにもいけません。ベッドで義足を付けることから一日が始まります。私には、戦争が風化することなどありません。

あのおびただしい戦争の犠牲を払って出来た憲法も踏みにじります。

黒煙に消された人たちの、私たちの、人生はなんだったのでしょうか。

最高裁判所でもしっかりと審理をしていただき、私たちの思いを、人生を、正面から受け止めた判断をしていただくようお願いいします。

②豊村美恵子さん
東京大空襲裁判で障害を負った原告の豊村美恵子さんは次のとおり述べました。

1945年当時、家族は企業整備令で深川洲崎弁天町に転居し、両親と7人兄弟姉妹で、兄二人は出征（昭和19年、長兄戦死）中でした。私は18歳、女学校を卒業し国鉄に入り、3月10日は上野駅出札掛の徹夜勤務で不在でした。

10日早朝から、上野駅は真っ黒に焼け焦げた人たちの異臭で溢れだし騒然としました。そのとき、窓口に、弟が海から逃れて憔悴し切って、家族の行方が分からないと言ったのです。すぐに家に帰るため、地下鉄日本橋駅の地上口に出た途端、東京湾まで見渡す限り、黒焦げの焼死体や灰骨だらけの焼け跡を見て、家族の安否は、と、絶望のどん底に突き落とされました。

四方が川と海に囲まれた遊郭跡地で焼け死ぬか、死の海へ逃げるしかなかったのです。父、母、姉、弟の家族4人が水災死です。

海面は盛り上がって着物姿の水死体が浮遊しているのを前にして、壮絶な恐怖心に襲われ、滂沱の涙で見えなくなりました。

この惨劇は生涯忘れられません。7日目に母が引き上げられ、すぐに数百体が入る穴に投げこまれました。身元は判っても弔うことができず、今も墓地には遺骨がなく墓参は空虚になり、こころは悔恨の情に苦しみ悔やみが疼きます。

8月3日朝10時ごろ、勤務明けの帰宅時に、赤羽駅構内の国電が機銃掃射に銃撃され、私は右手負傷、右半身真っ赤な血に染まり、意識は朦朧、目は見えず、口は聞けない、ホームで「このまま死ぬのか……」と絶望的になって改札口へ倒れ込み、病院へ往く道端で応急手当を受け、九死に一生の命を助けられましたが、手は切断されました。8月15日の終戦間もなく、治療は拒否されました。鉄道病院に転院し再手術しました。

生活苦から肺結核、転倒し大腿骨頸部骨折して重度傷害の十字架を背負わされ、地を這うような浮浪をし、蔑視、偏見、差別されて、自立困窮の苦難を生き延びてきました。短い手で、無理な動作をするので、腰骨、脊柱、胸骨、頸骨が変形湾曲し、痩れ、痛みが強くなり、辛く我慢の仕様がありません。国の命令で、家族は軍服縫製工場へ転換し、最後まで大事な軍服、工場など死守していたため、逃げ遅れて犠牲となり戦災死したのです。無念に死没した家族4人が名前を持った人間として生きた証に、氏名を刻銘した追悼碑を建設して欲しいです。放置されてきた戦災障害者に救助、補償をしてください。命がけの願いです。

③ 杉山千佐子さん

私たちは東京大空襲裁判を通して、大阪大空襲への協力もし、全国空襲被害者連絡協議会を結成し、援護法制定の活動をしてきました。この全国空襲被害者連絡協議会の顧問をやっていて、101歳で3年前に亡くなった、NHKでも放映された名古屋空襲の被害者杉山千佐子さんの70年ほどの闘いを見てみると、障害のある人びとの人権に関しても、いかに平和が大切であることかを痛感し、戦争をする国への大転換の極めて危険な日本の状況からみて、また早急にこの法案を国会で成立させなければならず、その杉山さんの闘いを紹介します。

1944年3月25日名古屋空襲で被害を受け、自分の顔を初めてみたとき、覚悟はしていたものの、女として一番悲しい姿に声も出ませんでした。左眼球摘出、左頬に醜痕が残り、鼻の上部はえぐり取られていました。左目と鼻頭を覆うような眼帯を付けるようになりました。死ぬときにも眼帯を外さないでおこう、そう思うほど辛い、人に見られたくない顔でした。歩けるようになったら病院の屋上へ行って飛び降りようと、傷口を見てからひと月位は死ぬことばかり考えていました。」

と語っています。

杉山さんは自分の体験から1972年10月29日「名古屋空襲を記録する会」の中に「全国戦災障

害者連絡会」を一人で立ち上げ、73年9月24日に全国戦災障害者連絡会として独立させました。国会の衆参両院議員にアンケートを出すなどし、その結果、1972年12月、愛知県議会で初めて民間戦傷者救済について質問を行い、翌1973年2月には参議院の社会労働委員会で愛知県選出の須原昭一議員が民間戦災者の救済問題を取り上げました。その後、1977年から1989年まで14回国会に「援護法案」を提出しましたが、すべて審議未了で廃案になったのです。

しかしながら杉山さんは会員たちを引き連れ、大きな眼帯をし、効かない片手を庇いながら上京し、政府や国会の陳情請願を繰り返しました。斎藤邦吉厚生相をはじめ、何人かの大臣にも直接訴え、1981年4月には、国会で参考人として証言しましたが、法案はすべて廃案となってしまいました。また、1989年に同じ敗戦国ドイツを訪問し、軍人と民間人に分け隔てない援護法が敗戦後5年後にできていることに衝撃を受けました。これもNHKで放映されましたが「帰国したら女・子どもがみんな怪我をしている。私たち軍人と何の差があろうか。まずこの人たちを助けなければいけない」と言い出したのは20歳の傷痍軍人であったことにも衝撃を受け、その後も、日本では軍人軍属が優先的に補償されている現状を訴え、差別なき空襲被害者への援護法制定のための闘いでした。

超党派の議員連盟の創立総会が開かれたとき、鳩山邦夫議員は「遅きに失しましたが、これはぜひやらなければならない大きな仕事だと初めて理解しました」と杉山さんの訴えを聞いて熱く答えたのです。

援護法ではケロイドや視力低下でも補償されていますが、空襲被害者らは一般の社会保障立法、障害立法では全く保障されていません。杉山さんは「女性の場合は容貌のため、結婚も就職も不可能に近く、身体障害者福祉法の調査の際、調査記入する戦災障害者の記入欄もなく、顔面ケロイドの欄もなく、仕方なく書類提出を諦めている」多くの戦災被害の女性の悲惨なやりきれない現状をもって、国家補償の必要性を訴え続けたのです。これらに対して１９８１年第94国会で園田厚生大臣が「みんなそれぞれ災難を受けているのだから我慢しろというのなら、これは全部我慢するのが当然で、現状は軍人軍属のみが特別な法律で擁護してある、ここに問題がある」と述べざるを得なくなっているのです。

(3) そしてとうとう、鳩山さんの努力もあって２０１５年の6月、安倍晋三首相が衆院予算委員会で、民間の空襲被害者救済の問題について、当時の維新の柿沢未途議員の質問で「国会において十分なご議論をいただきたい。立法府、もちろん行政、みんなで考えていく問題ではないか。超党派議員連盟での議論を見ながら立法を考えたい」旨、答弁するまでに至りました。

(4) 超党派議員連盟結成そして２０１５年8月6日「空襲被害者等の補償問題について立法措置による解決を考える議員連盟」の設立総会が行われ、会長に鳩山邦夫衆議院議員を選出し、超党派空襲議連が再スタートしました。

超党派空襲議連は民主党政権下に設立された「空襲被害者等援護法（仮称）を実現する議員連盟」を改組したものです。

再スタートした超党派空襲議連は同年の10月28日、5人の空襲被害者からの初ヒアリングを行い、２０１６年3月15日の空襲議連第3回総会では空襲被害でひどい目に遭いながら現在も生きている戦災傷害者を救済することから突破口を切り開こうと、２０１５年9月24日の「空襲等被害者に係る問題に関する特別措置法」について、東京大空襲訴訟弁護団の私や黒岩哲彦弁護士を含む日弁連の弁護士が同特別措置法（特措法と略称）の要綱骨子案を作りその説明を行いました。

他方、全国空襲連では２０１５年８月14日の第４回総会をはじめ、戦後70年の締めくくりとして、「太平洋戦争開戦の日」にあたる同年12月８日、「戦時災害援護法」の制定に戦後の全人生を懸けてきた杉山千佐子さんを先頭にした空襲被害者の救済を求める国会要請行動と院内集会、さらに２０１６年３月８日に特措法の早期成立を目指して院内集会を開くなど空襲被害者救済運動に精力的に取り組んでいきました。

戦後71年間放置された空襲被害者の人たち東京大空襲裁判の人たちも80歳以上の平均年齢のもとで、数々の人たちが倒れたり亡くなったりしていました。６月18日には愛知県弁護士会館でシンポジウム「空襲被害の補償を求めて」の集会を行い、１０１歳を迎えることになった杉山千佐子さんも参加し、前述したように過去の今までの経緯と、片言ながらでもはっきりとこの問題で一生杉山さんを力づけてきた付添いの元中日新聞社の岩崎元弥さんの援助のもとで、戦後、軍人軍属だけが補償を受けて、空襲被害者に国からの補償がないことは不条理であるとして、怒りの声をもって国会議員に訴えてまわったが、誰からも相手にされなかったことなど、辛く悔しかった思い出をしっかりとした言葉で語ったのです。当時の国会議員の冷たい対応が目に浮かぶように「悲しいです。辛いです。本当の戦争が終わるのはいつでしょう」という短い言葉で感情を吐露しましたが、私たちには71年間の苦労がひしひしと伝わるようでした。

ところが、法案作成への弾みがつくはずでしたが、空襲議連の鳩山会長が２０１６年６月21日に死去し、議連の活動は一時足踏み状態が続くことになり、戦災孤児や死者などを除いて、ひとまずある意味では突破口として空襲などで障害を負った人に一時金として給付金を支給する前述した弁護士案をさきほど述べたように議連に示しました。議連はこれをたたき台に主要各党から出た実務者が議論し議員立法化していきました。

しかし、議連が再び動き出したのは２０１６年12月7日の第4回空襲議連総会で、鳩山会長の死去に伴い、後任新会長に河村建夫衆議院議員が選出されたことがきっかけでした。河村会長は文部科学大臣、さらに内閣官房長官などを務めた自民党の有力議員の一人で、韓国・朝鮮人元ＢＣ級戦犯の問題解決などにあたる超党派の日韓議員連盟の幹事長を務めています。

河村新会長は議連総会で「民間人の空襲被害者を救済する問題を正面から考えていきたい」と前向きに取り組む姿勢をあいさつで明らかにし、さらに２０１７年3月9日に開かれた院内集会のあいさつでは「救済法案を今国会で成立させたい。本格的な法案作成に取り掛かりたいと思っています」と会長就任時に踏み込んだ内容を明言しました。

(5) 骨子案ができ後任会長が決まったことで、法案作成づくりを進めていく各党の実務者チームの会合も頻繁に行われるようになり、また同チームをサポートする私も含めた東京大空襲訴訟弁護団などの空襲弁護団はこの実務者チームを積極的にバックアップしていきました。そして4月27日の朝日新聞の夕刊記事にまで至りました。

太平洋戦争中の民間戦災被害者の救済問題に取り組む超党派の国会議員連盟は27日、国会内で総会を開き、戦災による身体障害がある人に限り、50万円の一時金支給などを柱とする素案を了承した。各党で調整し、今国会で議員立法による提案をめざす。国はこれまで民間被害の救済に消極的で、実現すれば初の国費による給付となる。

了承されたのは、『空襲等民間戦災障害者に対する特別給付金の支給等に関する法律』骨子素案。1941年12月8日から沖縄戦が終結した45年9月7日までに、現在の日本領土内で空襲や艦砲射撃などにより身体障害を負った人が対象。身体障害者福祉法では対象外だが、顔のケロイドなども対象に加える。

都道府県が請求に基づいて審査し、特別給付金を支給する。原資は国費で充当し、担当は厚生労働省とする。対象者は5千～1万人とみられ、必要額は最大で50億円程度となる。

1970～80年代、旧社会党を中心に『戦時災害援護法案』が国会に14回提案されましたが、すべて廃案になりました。自民党を含む超党派での国会提案は初めて」との段階にまできたのです。金額が低すぎるとの声もありますが、戦災孤児の調査がはいっていたり、死者には追悼施設を設置し、また韓国朝鮮人被害の人びとも、沖縄戦被害者の人びとも入っていたりし評価する声も一方には多くありました。

2017年4月27日にできた前記骨子素案に対して、私たちはその後院内集会や国会要請など取り組み、超党派議員連盟の会合も開かれたりしました。2018年の通常国会には、私たちはいよいよ法案提出と思われる段階までいきましたが、残念ながら安倍政権の突然の17年秋の衆議院解散や通常国会での森友加計学園などの問題でその法案提出の機会ももてず最終的には官邸の反対にあい、法案提出までに至りませんでした。アメリカからのイージス・アショア2基を5000億円もかけて導入しようとするお金があるならば、空襲被害者救済のために使っていただきたいとの声。たった一人50万円では、被害者の人たちの戦中戦後の70年以上の悲惨な人生は回復できないとの声もありました。でもこの法案には、お金よりも国からの謝罪、死者の追悼碑を、孤児の調査をとの要求も規定されているので、法案実現のため超党派議員連盟の議員の先生たちとがんばってきたのです。しかし最後に官邸即ち安倍首相、菅官房長官などの反対の下で実現できないでいるのです。多くの戦ってきた人たちが亡くなり、その怒りと悲しみは補償されないままに至っているのです。戦争での被害にあった人たちを補償しないことは、新たに戦争への道をすすんでいることを痛感せざるを得ないのです。

２０１８年12月６日に私たちの集会と超党派議員連盟の集会が同時に開かれ、その時の朝日新聞の記事とケロイドで苦しんできた戸田さんのこの集会での声を最後に紹介します。

空襲被害者の救済法案、超党派議連来年提出めざす

太平洋戦争中に空襲被害に遭った人などの救済に取り組む超党派の国会議員連盟（会長・河村建夫元官房長官）が5日、千代田区の衆院第2議員会館で総会を開いた。河村氏は来年の通常国会への救済法案の提出をめざす考えを示した。

議連は昨年4月、空襲などによる身体障害のある人への一時金50万円の支給や追悼施設の設置、被害調査などを盛り込んだ救済法案の素案をまとめた。だが、法案の提出には至っていない。

この日の総会で、河村会長は「戦災者は高齢化しており急がなければならない」と述べた。追悼施設について、議連副会長の北村誠吾衆院議員（自民）は兵庫県姫路市にある太平洋戦争の空襲犠牲者の慰霊塔を紹介。「全国の関係者がここに集まり、冥福を祈るという形もある」と話した。

立法化を働きかける市民団体「全国空襲被害者連絡協議会」の集会も同会館で開催。東京大空襲で孤児になった戸田成正さん（88）は「一緒にいた母は焼かれて死に、私はケロイドで首が引きつって回らない。早く救済法を実現させてほしい」と訴えた。

戸田成正さんは、

「昭和20年4月13日深夜の出来事です。私は母親と2人で荒川区の家で暮らしていましたが、空襲警報が鳴って外に出ると周りは火の海でした。新三河島駅の高架下まで逃げてきた時、眼の前に焼夷弾が落ち私と母に燃え移りました。母がその場で火達磨になってもがき苦しんでいた姿は今もはっきり覚えています。その後母と私は東大病院に運ばれ気がついた時はベッドの上でした。そして17日、看護婦さんから母が死んだと聞かされました。私はベッドの上で泣きました。

私の顔を見て下さい。当時手術をしていればもう少しまともな顔になっていたかもしれません。しかし当時はまだ子供です。お金もありません。相談する相手もいません。当時公費で入院できるのは3カ月。退院を余儀なくされ住み込みで職を転々としました。その後養育園という戦争孤児施設に保護され脱走して上野地下道をさまよいました。ずっと孤独な少年時代をすごしました。顔の傷が嫌でずっとほっかぶりをして過ごしました。今でもトラウマがあります。サイレンの音が嫌いです。精神安定剤を飲んでいます。あの戦争によって全てを奪われた気持ちは今もかわりません。

私は3年前の平成27年に身体障害者手帳の申請をしました。医師の診断書を付けて申請したのですがケロイドは障害者でないと却下されました。

皆さん、私を見て健常者と見えますか。行政の冷たさに怒りを感じます。先の東京大空襲訴訟判決のときも同じ怒りでした。超党派空襲議連の素案では救済の対象にケロイド障害も含めるとのこと、ぜひ実現させて下さい。私はいま88歳、もう待てません。一日も早く立法化を実現させてください」と被害者の方々を代表して悲痛な訴えを述べていました。

名古屋地裁で「30年以上立っても国家補償の立場で援護立法をすべき」と判示してから35年以上、この空襲裁判の平成21年12月の一審の判決で「国会がさまざまな政治的配慮に基づき立法を通じて解決すべき問題」と促されてから10年経っても、いまだ、立法化されていません。世界の先進国では笑いものです。将来の戦争での国民保護法は補償規定もありません。過去戦後補償をするたびにこれで終わりとした約束があると、お金を出すのを惜しんでいます。イージス・アショアに5000億円掛けても、70年以上苦しんできた空襲被害者は未だに放置され、皆さん80歳以上でもう死んでしまいます。

超党派議員連盟の法案ができているにもかかわらず、官邸の方々、自民・公明の一部の人びとに阻まれているのです。

2018年の集会は新聞にも出ていましたが「怒り」の集会でした。だからこそ私はこの本を書かざるをえなかったのです。

4、沖縄地上戦裁判

(1)対内的戦後補償裁判で現在取り残されているのは、空襲、沖縄地上戦、原爆死者で、私たちはこれらの人たちと連携、共闘してきました。

空襲裁判弁護団に参加し、自分もこの戦争の被害者である沖縄の瑞慶山弁護士がその後に南洋戦裁判も抱えながら沖縄戦裁判の弁護団長としてがんばってきました。その瑞慶山弁護士の本などを資料として、以下述べていきます。

アジア太平洋戦争末期、沖縄では日本軍と米・英軍の地上、空中、海上の総合的戦闘行為が繰り広げられ、県民の4人に1人が死亡しました。沖縄戦の一般民間人戦争被害者のうち未賠償の被害者・遺族40名が原告となり、国を被告として、2012年8月15日「終戦記念日」に「謝罪及び1100万円の損害賠償請求の訴」を那覇地方裁判所に提起しました。

請求の内容は謝罪文の交付と官報への掲載、慰謝料一律1100万円の損害賠償請求です。この訴訟は第4次提訴まで行われ、本土在住・米国在住の沖縄戦被害者も原告に加わり、原告は70名です(最高年齢94歳)。

裁判の目的は一般民間人を未補償のまま戦後70年以上も放置している国の法的責任を問い、謝罪と償いを求め、それを通じて恒久平和を確立することにあります。

特に空襲裁判と違って、旧日本軍の軍事的公権力の行使である軍事行動と共に、住民を守らず、保護せず、住民を殺害するなどの残虐非道な加害行為を行った軍隊の非人間性を明らかにすることも目的としています。

この裁判は空襲裁判とは違った沖縄戦の特殊性があります。日本軍が全島要塞化したうえで、地上戦闘行為が居住地などで一般住民を巻き込んで行われたことのみならず、日本軍が一般住民に集団自決を強いたことや、住民を保護すべき立場にあった日本軍による住民虐殺や壕追い出し、食糧強奪などによる積極的な加害行為が特徴となっています(軍隊というのは国を守るもので本質は住民を守るものではないことを示しています)。それに対して、原爆投下や空襲被害は、国がそれらを招いたとしてもアメリカ軍の一方的加害行為によるものであり、日米軍の地上戦闘行為や日本軍の加害行為はありませんでした。そのため両者には加害行為や被害実態の形態において異なっています。従って本件は「地上戦訴訟」なのです。米軍の攻撃的行為のみならず、日本軍の残虐非道の加害行為とその被害実態についての被告の法的責任を問うているのです。

このように、沖縄戦は一般住民において唯一戦場となった戦争です。米英軍は、日本軍のある沖縄を軍事占領し、沖縄全島を軍事基地化して南西諸島の制海権・制空権を確保して日本本土攻略の拠点を築こうとしました。これに対して、天皇直属の日本軍最高司令部である大本営は、沖縄で本土侵攻を可能な限り食い止めるため持久戦を実行しました。即ち沖縄県民の命は皇室を宗家とする国家・国体護持と本土防衛のための「捨て石」とされたのです。

米英軍は既に１９４４年10月10日に県都那覇市を中心に南西諸島に国際法違反の焼夷弾による無差別空襲を実行し、甚大な人的物的被害を与えました。連合軍は１９４５年４月１日、沖縄本島中部に上陸し、その中心部隊は米軍の55万人、艦艇１４００隻以上でした。日米両軍は住民居住地域を主な戦場として、地・空・海の戦闘行為を繰り広げ、日本軍と住民は６月には沖縄本島南部まで追い詰められ、６月23日に牛島軍司令官などが自決し、組織的戦闘が終わりました。私が小学校の時その校庭で見た『ひめゆりの塔』などの映画にでてくる多くの男女の青少年達が戦場に駆り出されて最後には死んでいったのです。

沖縄戦の過程で、米軍のみならず、日本軍は住民に対し残虐非道な行為を繰り返し、その結果、沖縄県民は人口の４分の１の約15万人が戦死し、数万人の重度の後遺障害者を出しました。軍人を含めて日本人戦死者は18万８１３６人、アメリカ軍の戦死者は１万２５２０人、合計20万人以上の戦死者が出たのです。

（2）しかし、この判決は一審二審とも被害は認定し、二審ではＰＴＳＤの被害を認めたが敗訴となり、２０１８年9月13日最高裁第三小法廷は原告側の上告を棄却して残るは南洋諸島の裁判を残して終了しました（２０１３年8月15日に那覇地方裁判所に、住民玉砕が発生したサイパンなど「南洋戦」、フィリピン群島の「フィリピン戦」で死亡した沖縄県出身の遺族、負傷本人24名が原告となって、被告の国に対して謝罪と償いを提訴しました）。

東京新聞２０１８年9月14日朝刊の「命《ぬち》どう宝《たから》裁判住民の敗訴確定」の記事を紹介します。

沖縄戦で死んだ人間は損するだけかと思うのよ」原告の上間幸仁さん（84歳、那覇市）は27日最高裁が上告を退けたことに悔しさをにじませた。

上間さんは戦時中、沖縄本島北部の屋我地島（現名護市）にいた。母のキヨさんが再婚した継父の家で、キヨさん、生後3カ月の義妹ヒロ子ちゃん、祖父らと暮らしていた。１９４５年4月20日、キヨさんが米艦隊の砲撃を受けて即死。小学4年生だった上間さんはヒロ子ちゃんを抱いて山中に避難した。防空壕にも使える墓があり、１００人ほどの住民が避難していたが、大人から「赤子が泣くと米軍に見つかるから殺せ」と迫られた。別の墓に逃げ、二人きりで一晩を明かした。「あの世があるなら連れて行ってちょうだいよと二人で泣いた」。数日後、攻撃が止み自宅に戻ったが、ヒロ子ちゃんは母乳が飲めないため20日ほどで餓死した。

最期は泣く力もなくなった。「お母さんの所に行きなさいって言葉をかけることしかできなかったさ」。

祖父も病死し、防衛隊員だった継父も死亡。孤児になった上間さんは学校に通えず、建設業を営むまで苦労を重ねた。母や義妹の死に対しても補償も受けられず、「戦争で失った時間を取り戻してちょうだいよ」と提訴したが願いは届かなかった。「戦争を知らない国の役人や裁判官に私たちの苦労は分からない。沖縄の人を、日本国民とは考えていないのではないか。子や孫、今の若者らに同じ思いをさせたくない」と述べている。

最高裁決定について、瑞慶山弁護団長は、「国の戦争責任を不問とする従属的な司法の姿があらわになった。ただ、訴訟でPTSDや集団自決が被害として認定されたのは大きい。今後の救済法制定運動につなげたい」と思いを新たにする。

被害救済を求めようと、沖縄で援護法の拡大適用運動が広まったのを受けて57年、厚生省（当時）が要綱を決定。沖縄戦を対象に「集団自決」や「壕の提供」など20種類型に該当すれば、準軍属に当たる「戦闘参加者」とみなされることになった。だが、「ゼロ歳児を含めた沖縄戦の被害者が「戦闘参加者」となるところに、からくりがある」と、擁護法の欺瞞を指摘するのは、沖縄国際大の石原昌家名誉教授（平和学）だ。

沖縄戦の特徴は本土の空襲被害などと異なり、3カ月にわたる組織的戦闘の中で日本軍の加害行為も横行したこと。住民が投降しないよう「集団自決」を強制し、スパイ視による殺害や食料強奪、壕追い出しなどで死に追い込んだ。

石原氏は「沖縄戦の被害者は援護法の「戦闘参加者」として名誉と経済援助を得る代わりに国に絡めとられた。結果、日本軍の加害を無効にし、国家責任を避ける役割を果たしてきた」と司法にゆがめられた歴史をみる。「沖縄戦の特異性を知りながら全国の被害者と等しく受任せよとの判決は非道だ。日本軍の戦争犯罪を追認する判断でもあり、許されない」。

多数の住民が死亡した沖縄戦では生活基盤も破壊された。十分な保障や復興策が行われなかった結果、戦争孤児ら多くの住民が極度の貧困を強いられた。今につながる沖縄の構造的貧困の要因だ。沖縄経済は基地依存から長く脱却できず、格差是正を理由とした県への一括交付金で復興が図られた。沖縄戦の補償問題は米軍基地の集中にもつながっている。

太平洋戦争で本土の「捨て石」とされた沖縄は今、米軍の辺野古新基地計画が強行され、南西諸島では自衛隊の配備が進む。「結局沖縄は、本土防衛の最前線に立たされたまま。受忍論がはびこり、国家の不法行為が問われない以上、将来にわたり再び住民の生命・安全が害されてもおかしくない」とみる。前出の野里さんにも、沖縄に基地が集中し辺野古に新基地が造られようとしている現状は、「国が頭ごなしに沖縄に負担を押し付けようとするようなもの。戦時中から変わっていない」と映る。「昨年の沖縄県知事選は沖縄の人が自分たちの土地を使い、愛する県をつくるための大切なきっかけになった。沖縄戦の犠牲者や遺族は長い間、国から見捨てられてきた。後世の人が二度と同じ思いをしないために、若い人たちも関心を寄せてほしい」。

この翁長県政を引き継ぐ昨年の沖縄県知事選は圧倒的多数で、オール沖縄の、空襲問題の超党派議連の副会長でもあった、辺野古新基地建設反対の玉城デニー候補の勝利となりました。それでも政府は辺野古新基地建設を止めようとしていません。

沖縄戦の「本土の捨て石」差別は戦後も全く変わっていないのです。

2018年の12月14日、とうとう安倍政権は辺野古新基地の埋め立て予定海域への土砂投入を強行しました。安倍政権は壮絶な沖縄戦でなくなった人びとの思いも踏みにじっているのです。

日刊ゲンダイの12月18日の記事を紹介します。

「そこまでやるか、そこまで強引に工事を進めるのか、玉城デニー知事が民主主義の原則に沿って話し合いによる解決を求めているのに、そこまで県民の代表を小馬鹿にしたような態度をとるのか」（12月14日沖縄タイムズ）

「今回はいわば第4の琉球処分の強行である。歴史から見えるのは政府が沖縄の人びとの意思を尊重せず国益や国策の名のもとで沖縄を国防の道具にする手法、いわゆる植民地主義だ」（12月15日琉球新報）。14日に政府が辺野古新基地の埋め立て予定海域への土砂投入を強行。この横暴に対し沖縄の地元紙は強い言葉で怒りを表明した。

安倍政権は民主主義をなんだと思っているのか。9月末の沖縄県知事選で辺野古基地新設に反対する玉城デニー氏が当選した際、安倍首相は「選挙結果を真摯に受け止める」「県民の気持ちに寄り添い基地負担軽減に向け着実に結果を出す」と言っていたはずだ。舌の根も乾かぬうちによくもまあこんな暴挙に出られたものである。安倍政権が沖縄の民意に寄り添うつもりなどこれっぽっちも無いことは最初から分かっていましたが、それにしてもルール無視が目に余ります。県知事選で2回続けて辺野古基地反対の民意が示された。この間沖縄関係予算の大幅カットなど政権から兵糧攻めにあっても。知事の埋め立て承認撤回に対し防衛省は主人になりすまして行政不服審査を申し立て同じ内閣の国交省が認めるという禁じ手まで使って土砂投入を強行した。国がこのような不法行為をしてしまうことを罰する機関がありません。

「この国は法治国家であることを放棄したのです。民意を無視して法的合理性がない埋め立てが粛々と進められていくなんて、本当に民主主義国家なのでしょうか。今回も野党不在では中央集権的な独裁政治を止める術がありません」（沖縄国際大学院教授の前泊博盛氏）。

その後、国民投票、辺野古移設に7割の反対票が投ぜられ、移設には地盤改良に「3年8カ月」かかること、費用も当初の400億円から2兆5500億円に膨らんでいることが明らかになっても、未だかたくなに工事を続けているのです。政府には沖縄地上戦の反省も全くないのです。前述した空襲被害者の救済法案には沖縄戦の被害者の人びとも入っているにもかかわらず、これに全く目を向けようともしない姿勢は、辺野古埋立ての姿勢と全く同じです。

5、原爆裁判

（1）1963年はじめての原爆判決がありました。下田判決と言われています。

原爆被爆者が提起した原爆裁判で、1963（昭和38年）12月7日東京地方裁判所は、原告らの損害賠償請求は認めませんでしたが「米国の原爆投下行為は国際法に違反する違法行為である」と画期的な判断を下したのです。

原爆は広島・長崎に投下され、その爆風による破壊力、熱線による焼夷効果と殺傷効果、放射線ないし放射能の身体障害の恐ろしさは、従来のあらゆる兵器と異なる特質を有し、まさに残虐な兵器です。原子爆弾の仕様を禁止する国際条約は存在しませんでしたが、原子爆弾の投下行為は戦闘方法の国際法規に違反すると判決したのです。

ハーグ陸戦規則第25条の両都市に対する原子爆弾による爆撃は無防守都市に対する無差別爆撃と

して違法な戦闘行為です。原爆投下は不必要な苦痛を与える非人道的なものは害敵手段として禁止される国際法上の原則に違反します。原子爆弾のもたらす苦痛は毒ガス以上のものといっても過言ではないもので、戦争法の基本原則に違反する、と判決したのです。

注目すべきは、判決は原告被爆者の国家賠償請求権を認めがたいとしたうえで、裁判所の特別の見解を表明しています。「戦争災害に対しては当然に結果責任としての国家賠償の問題が生ずるであろう。国家は自らの権限と自らの責任において開始した戦争により、国民の多くの人びとを死に導き傷害を負わせ、不安な生活に追い込んだのである。被告国がこれに鑑み十分な救済策を執るべきは多言を要しないであろう。それはもはや裁判所の職責ではなくて、国会及び内閣において果たさなければならない職責である。我々は本訴訟をみるにつけ、政治の貧困を嘆かずにはおられないのである」としたのです。

原爆判決はその後の日本国内の原爆被爆者の核兵器廃絶及び原爆被害の国家賠償を求める運動に貢献したのです。

原水爆禁止運動が混乱し、日本被団協が困難に直面していた当時、この原爆判決は被爆者たちに「一つの光明があらわれた」と受け止められました。この判決は原爆投下、戦争責任、被爆者援護について画期的な判断を示したことで、被爆者の要求、とりわけ国家賠償要求に根拠となる法的理論を与えるものとして被爆者運動に貢献し勇気を与えたのです。

国家の司法機関である裁判所において、それも原爆投下の被害国である日本の裁判所において、核大国米国が実行した原爆投下行為を国際法に違反する、と判断した最初の、そして世界に唯一の判決である、という点で画期的です。

人類の核兵器廃絶運動に永久に貢献する役割を果たすことができたのです。

原爆判決は、原爆を投下された被害国の裁判所が核超大国米国の原爆使用を、国際法に違反する違法な戦闘行為として法的に裁いたのです。

米国は、核保有国として政策を維持するための法律的な根拠を失ったのです。

その後被爆者の運動は「国家補償に基づく被爆者援護法」の制定を求める運動に向かいました。国は「社会保障」だと主張し続けていました。しかし78年3月原爆医療法が外国人にも適用できるか、が争われた孫さん事件で最高裁は「原爆による健康障害はかって例をみない深刻なもの」「かかる障害はさかのぼれば国の行為によってもたらされた」「医療法は戦争遂行主体であった国が自らの責任でその救済を図るという一面を有する」「実質的に国家補償的配慮が制度の根底にある」と判断したのは、一貫して社会保障と主張してきた厚生省の主張が覆されたものでした。その後は被団協などが81年7月「原爆の非人道性と国の戦争責任を裁く国民法定」運動などを提唱する全国で法廷運動をはじめ幅広い運動が展開されていきました。

従来の被爆者運動は原水禁、原水協など三つに分かれていましたが、国際的にも幅広く大きく活動を広げていき、毎年広島で国際平和会議が開かれています。

(2) 次に原爆症認定集団訴訟です。

原爆症認定集団訴訟はこれらの流れで2003年、全国の被爆者が相次いで国に対して起こした裁判です。弁護団団長はコスタリカの会や東京大空襲裁判をも積極的にすすめてくれた亡き池田眞規弁護士です。事務局長は後でも述べる七生養護学校裁判で事務局長をやってくれた私とも親しい中川重徳弁護士です。
15地裁・6高裁に係属し、原告は306人、2006年5月の大阪地裁判決、同年8月の広島地裁判決では、原告の全員が勝訴、その後も名古屋、仙台、東京、熊本の各地裁で原告側勝訴の判決が続き、国は連敗、それでもことごとく控訴して争い、世論の厳しい批判を受けてきました。「原子爆弾被爆者に対する援護に関する法律」（被爆者援護法）によれば、広島・長崎で被爆した人は「被爆者健康手帳」の交付を受けることができます。厚労省の発表では、2007年3月末で「手帳」を持っている被爆者は全国で25万1834人です。そして、被爆から60年を経て、被爆者は高齢化し、がん等の病気が多発しています。

国の放射線影響研究所（前身は1947年にアメリカが設置したABCC）の疫学調査によれば、被爆者は被爆していない人に比べて、がんや白血病だけでなく、心筋梗塞や脳卒中、糖尿病などさまざまな病気の発症が多いことが明らかになり、被爆後長期間にわたる重度の体調不良が多いことも各種の調査で報告されています。放射線が持続的な炎症状態をひきおこし、免疫システムを傷つけることも解明され始めています。

被爆者援護法によれば、「手帳」を持つ被爆者が病気になった場合、厚生労働大臣の「認定」を受けることによって、医療の給付（認定を受けた病気について無料で医療を受けること）や医療特別手当（現在月額約13万円）の給付を受けることができます。これが原爆症認定の制度です。

問題は、この原爆症認定のための審査が、被爆者の現実と科学の進歩を無視した極端に厳しいものになっていることです。事実上、爆心から2キロメートル以遠で被爆した「遠距離被爆者」や原爆投下後に入市した「入市被爆者」の申請はことごとく却下されてきたのです。

その結果、2008年以前は、原爆症の認定を受けているのはわずか2千人余り、被爆者健康手帳所持者に対する割合で見ても1％に満たない人数だったのです。

原爆症認定集団訴訟の原告たちは、自分の病気を「原爆症」と認定してほしいと申請したところ、厚生労働大臣から「原爆放射線に起因するとは言えない」などとして却下され、これに納得できずに提訴した人たちです。

原告らが裁判で求めたのは（請求の趣旨）

①厚生労働大臣の違法な却下処分を取り消すこと、

②違法な却下処分による損害の賠償をすること、

です。

原爆症認定集団訴訟は、今まで否定され隠されてきた核兵器の被害・残虐性を明らかにする裁判なのです。

今も行われているのです。

今も基準にみたないと補償をもらえない人たちが裁判しています。そして後でも述べますが、これらの運動を担ってきた被団協の人びとが、ノーベル賞をもらったICAN（NGO）の人びとと共に先頭に立ち、核兵器禁止条約の発効のため世界中を回って活動しています。

二、対外的戦後補償裁判

1、加害責任がある対外的な戦後補償裁判

ドイツの元大統領のワイツゼッカー氏は敗戦40周年記念演説で「過去に目を閉ざすものは現在にも盲目となる」と極めて重要な演説をされました。言うまでもなく安倍首相の歴史認識は靖国参拝に象徴されるように、また戦没者追悼式でも毎年アジア太平洋戦争でアジアの人びとに2000万人の侵略戦争での死亡させた加害責任について触れず、日本の国際関係構築のため重大な障害となっています。日本政府に解決を迫られているのは、この戦争犯罪に対してアジアの人びとに謝罪と補償を行い再び戦争を起こさないことを誓うことです。ところが第二次安倍政権以降、平和憲法破壊の政策を強行していく中で、一強多弱の国会の状況の中で、侵略戦争を侵略と認めない歴史認識を強め、それを推し進めようとしている日本会議の支えなどで極めて問題の多い政治状況になってきています。その意味で私は加害責任がある対外的な戦後補償裁判にも参加してきましたので、その裁判を次に改めて紹介します。

1994年5月、日本民主法律家協会の呼びかけによる「中国法制度調査団」（小田成光団長）の訪中活動のさなかに、永野法務大臣の南京事件否定、侵略戦争否定の問題発言がありました。調査団は、この事態を重く受けとめ、羽田内閣に対し抗議声明を出すことになりました。これがきっかけとなり、中国人戦争被害者たちから日本の法律家に戦争被害賠償について協力要請をうけることになったのです。

改めて指摘するまでもなくアジア・太平洋戦争で中国の人びとは、日本によって最大の被害を受けました。この中国では、1990年代に入って、民間の戦争被害者には日本国に対し賠償請求権がある

という見解が提唱されはじめ、全人代においても一定の支持を集めるに至っていました。

このような状況の下で、多くの戦争被害者の人びとは、1992年から1993年にかけて日本に対し、謝罪と賠償を要求する「告訴状」を日本大使館を通して提出し続けてきたのです。日本政府はこれを全く無視し、放置してきたのです。このような戦争被害者たちと市民グループは、この日本政府の不当な対応に、やり場のない怒りと批判を強めつつありました。そのことから、90年代から日本で次々と提訴されてきた対外的な戦後補償裁判が提起されてきたのです。

90年代の対外的戦後補償裁判の主体は、韓国・フィリピンなどの被害者であり、中国人被害者の場合は唯一、花岡事件で鹿島建設に対する賠償請求交渉が知られているだけでした。日本では中国において戦争被害者が一市民として、日本国や日本企業を被告として戦後補償裁判を提起することは、中国政府との関係で不可能あるいは困難であるとみられてきたのです。

家永訴訟弁護団の中心を担ってわが国の歴史認識をめぐる闘いを法廷の内外で進めてきた尾山宏弁護士を団長とする中国人戦争被害法律家調査団を組織し、1994年10月から数次にわたる訪中調査活動を行いました。この過程で、数々の戦争被害者から多様な被害事実を聴取し日本の裁判所への賠償請求訴訟提起の相談を受けるに至ったのです。

1995年3月、銭其外相は、全人代の場で「中国政府は個人の賠償請求は阻止しない」と中国政府の公式見解の提示を行ったのです。以来、被害者が、個人として、日本国や日本企業に対し損害賠償請求を法的手続に基づき行う限り、政府によって抑制されることは基本的にない状況が生まれたのです。

法律家調査団は、全国の弁護士へ中国人戦争被害者の訴えを受けとめ弁護団に参加するよう呼びかけを行ったのです。その結果、200名を超える弁護士が参加して「中国人戦争被害賠償請求事件弁護団」

（団長尾山宏）が結成されたのです。弁護団の手によって、１９９５年8月15日以降97年9月迄の間に、日本国を被告とする以下の訴訟をいずれも東京地方裁判所に対し次々と提起したのです。

前述したように、⑴七三一部隊・南京大虐殺・無差別爆撃事件、（２）慰安婦事件（第一次・第二次）、（３）劉連仁強制連行事件、⑷三菱・三井・住友等旧財閥系企業やゼネコンを被告とする強制連行集団訴訟、⑸平頂山事件、⑹日本軍の遺棄毒ガス・砲弾による殺傷事件です。

これらの体外的戦後補償裁判は、被害者の賠償請求権と加害国（企業）の賠償（補償）義務をめぐる法的争いですが、最大の争点は加害と被害の事実です。裁判官に求められるのは、事実に立脚した正しい歴史認識です。

戦後補償裁判は、戦争責任を日本国民が自らの手で明らかにし、日本国（企業）をして戦争被害者に謝罪させ、償いを行わせ、歴史を次の世代に正しく伝えるという歴史的事業です。

しかしながらこれらの裁判は一部以外ほとんどの判決は法的な戦争責任は認めず、空襲裁判で述べた受任論で敗訴しました。しかし殆どの裁判で悲惨な戦争事実は認められています。極右の人たちが言っているような、悲惨な戦争事実を薄めたり、否定することができないという成果はありました。最高裁が西松建設の事件で、条約で個人の請求権を放棄したことを理由に認めない判断をしましたが、判示の中でできる限り和解ができるように、希望をのべており、最近でもこの西松建設、三菱マテリアルなど、花岡事件での和解のように、和解できている事例も弁護団の努力のおかげで出ています。

以下、戦後補償裁判での私の関わった三つの裁判を紹介します。

この「中国人戦争被害賠償請求事件弁護団」の弁護士の方々の論文を参考にしています。

2、中国人強制連行・強制労働訴訟

（1）アジア・太平洋戦争の時期に、当時の日本政府が、鉱業、土木建築業、造船業、港湾荷役業等を営む企業の要請を受け、国策として、これら企業の労働力不足解消のため、中国人多数を強制的に拉致したうえ、その意思に反して日本国内に連行し、全国各地の鉱山、造船所、港湾等の事業場において、強制的に重労働に従事させたものです。

強制連行された中国人の合計は3万8935人、関与した企業は35社（現在も営業している企業は22社。飛島建設、熊谷組、大成建設、鹿島建設、西松建設、古河機械金属、鉄建建設、宇部興産、同和鉱業、日鉄鉱業、ジャパンエナジー、三菱マテリアル、三井鉱山、三井造船、住友金属鉱山、住友石炭鉱業、日本冶金工業、地崎工業、石川島播磨重工業、リンコーコーポレーション、酒田海陸運送、七尾海陸送）、強制労働が行われた事業場は全国225カ所に上りました。

この中国人強制連行の端緒は、1942年2月27日、日本政府は、「戦争の進展に伴う労務需給の逼迫に対処」するため、「華人労務者内地移入に関する件」と題する閣議決定を行ったことです。その内容は、華人労務者（中国人労働者）を、まず試験的に日本に「移入」し、石炭鉱業等に従事させ、その成績を見たうえで華人労務者移入の全面的実施に移るというものでした。

これにより、実際に1943年4月から同年11月までに約2000人の中国人が日本国内に「移入」されました。この試験的な「移入」は満1年間の契約期間とされていましたが、多くの中国人が戦争が終結するまで帰国を許されませんでした。

このような閣議決定がなされた背景には、当時、日本の中国に対する侵略戦争が長期化し、さらに1941年からは太平洋戦争に突入し、戦争拡大を続けるために必要不可欠なエネルギーの確保、とくに石炭の増産が強く求められていた事情があります。

そして、1944年2月28日、敗色濃い当時の戦局下、労働力不足解消をはかるため、日本政府は、ついに「華人労務者内地移入の促進に関する件」と題する次官会議決定で、中国人強制連行の本格実施に踏み切りました。それ以降終戦まで、約4万人の中国人が強制連行・強制労働の被害者となりました。

強制連行・強制労働は、すでに日本が批准していたILO条約にも違反するもので、日本はそのことを十分に知っていました。ですから日本政府の決定は、中国人労働者を募集して契約することを予定し、中国人労働者の労働条件をはじめ処遇を細かく定めました。

しかし、実際に行われた労働者の募集や労働は、この政府決定とはまったく異なるものでした。

強制連行の被害者の多くは、主に日本の軍部によって身柄を拘束された人たちです。日本の軍人に銃剣を突然突きつけられ、有無を言わさず後ろ手に手錠を掛けられて身柄を拘束された人びとが多数、収容所に連行されていきました。「兎狩り」と称する労働者狩りも行われました。「新しい仕事を紹介する」と騙されてそのまま収容所に連れて行かれた人もいました。多くの人は農民でした。

身柄を拘束された中国人たちは、華北の石門、済南、青島等にある収容所（労工訓練所）に連行されました。そこでの生活は、想像を超える悲惨なものでした。狭い建物の中に大勢の中国人がつめ込まれ、周囲を電流の通った鉄条網で囲まれて逃げることはできず、粗末で不衛生な衣服、わずかな食事や水しか与えられず、多くの死亡者が出ました。

劣悪な状況に加え、過酷な労働のため、病気になる人が多数出ました。脚気、結核、肺炎、腸炎、かいせん、大腸カタル、赤痢、広川癬、その他ありとあらゆるさまざまな病気にかかりました。その結果、死亡者は6000名もの莫大な人数に上りました。その中には、過酷な労働や生活に耐えかねて自殺した人も含まれています。

さらに、各事業場の労働の内容も過酷なものでした。厳重な環視のもと、中国人たちは、トンネル工事や石炭採掘などの危険な労働に従事させられました。貧しい食事しか与えられず激しい空腹の中、休憩も休日もなく、1日10時間以上の長時間労働を強いられました。

このような過酷で危険な労働で、事故により手足を失った人や命を失った人が多数出たのです。こうして彼らは、終戦まで、まさに生き地獄のような生活を送らなければなりませんでした。

(2) このような中、私がもう一つの裁判に参加した劉連仁氏は、中国山東省で農夫をしていましたが、1944年旧暦8月、中国傀儡軍によって拉致されました。劉氏は日本に強制連行され、北海道の炭坑で強制労働に従事させられていましたが、事業場から逃亡を決意し、着のみ着のまま逃亡しました。

北海道での逃亡生活は、想像を絶するすさまじいもので、劉氏は、実に戦後22年近く経過した1958年1月に発見されるまで、終戦を知りませんでした。そして、奇跡的に発見されたのです。横井さんや小野田さん達と状況は全く同じです。

劉氏は14年ぶりに祖国中国の家族のもとへ帰ることができましたが、この間両親は亡くなり、拉致された当時妻のお腹の中にいた長男はすっかり成長しており、長い時間の経過を痛感しました。

これに対し、日本政府は、劉連仁氏を初めは不法入国者、不法残留者として扱いました。劉連仁氏の問題は国会で取り上げられました。しかし、発見された1958年、当時の岸信介首相ら政府関係者は、次のように答弁しています。

「政府として当時の事情を明らかにする資料がなく、強制連行の事実を確かめる方法はない。中国人連行の政策を決定した閣議決定の趣旨は中国人労働者を強制連行するという趣旨ではなかったが、事実問題として強制連行の事実を確認する術はない。政府として責任を持ってその事実を明らかにすることはできない」。

ところが、実際には、日本の外務省は、1946年に全国225カ所の事業場に調査員を派遣し、現地調査報告書を作成させ、これをもとに「外務省報告書」という公文書を作成し、中国人強制連行・強制労働の被害の実態を把握していたのです。この外務省報告書は1993年にやっと日本政府がその存在を認めました。まぼろしの報告書としてNHKでも放映されました。

しかし日本政府は、その後の劉連仁氏の謝罪と補償の要求に一切応じませんでした。それだけではなく、日本政府を相手にした訴訟では、被告の国は、原告側の主張する中国人強制連行・強制労働の事実についての認否を避けて通っているのです。そしてこの事件は、地裁判決では金2000万円の勝訴判決が出ましたが、その後これを2審では覆され、最高裁でも破棄されてしまったのです。

(3) 日本製鉄（現新日鉄住金）で強制労働させられた元徴用工が同社に損害賠償の請求を求めた裁判で、2018年10月30日韓国大法院は同社に賠償を命ずる確定判決を出しました。日本国家もマスコミも含めて批判が多いですが、国家の請求権と個人の請求権については、空襲裁判のときのハーグの規約などでも、また1991年8月27日の衆院予算委員会で柳井外務省条約局長（当時）は日韓請求権協定の「両国間の請求権の問題は完全かつ最終的に解決した」の解釈について、両国家間の外交保護権を相互に放棄したという意味で、個人の請求権そのものを国内的に法的な意味で消滅させたものではないことを述べています。

また原爆裁判、シベリア抑留訴訟でも国側が「国家の権利である外交保護権は条約によって放棄できるが、個人が直接外国に賠償を求める権利は国家の権利でないから条約で放棄することはできない」と述べています。

この件で多くの弁護士が出した「元徴用工の韓国大法院判決に対する弁護士有志の声明」の中でも述べられているように、「本訴訟での原告は、賃金が支払われず、感電死する危険がある中で溶鉱炉にコークスを投入するなどの危険な労働を強いられていた。提供される食事もごく僅かで粗末なものであり、外出も許されず、逃亡を企てたとして体罰を加えられるなど極めて劣悪な環境に置かれていた。これは強制労働（ＩＬＯ第29号条約）や奴隷制（１９２６年奴隷条約参照）に当たるものであり重大な人権侵害であった。重大な人権侵害に起因する個人の損害賠償請求権を国家が一方的に消滅させることができないという考え方は、国際的には特異なものではなく、個人の人権侵害に対する効果的な救済を図ろうとしている国際人権法の進展にそうものと言えるのであり（世界人権宣言8条参照）、安倍首相らが弁明しているような『国際法に照らしてありえない判断』、と言うことはできない」と考えられるものです。

従って個人の受けた戦争被害の人たちの賠償請求権を加害国家が被害者の立場に立って解決しなかったことが、後でも述べる従軍慰安婦の10億円の日韓合意も今になって韓国民衆の批判から破棄されたことにつながっているのです。今こそアジア侵略戦争植民地で多くのアジアの人びとを苦しめた加害国日本の戦争責任が不十分であった戦後補償責任に対して、日本の裁判所の無責任さも乗り越え、韓国でも数々の裁判が提起されたあと11月29日三菱重工業に対しても勝訴判決が出て、国際的にも今数々の戦争責任を問われようとしているのです。花岡和解を勝ち取った友人の内田雅敏弁護士は、戦争被害の和解のためには①加害者が加害の事実を認めて謝罪する②謝罪の証として和解金を支給する③同じ過ちを犯さないように歴史教育、受難碑の建立、追悼事業などを行うことを体験から述べていますが、まったくその通りだと思います（『世界』2019年2月号「強制労働問題の和解への道筋」）。また内田弁護士はドイツのことを「2001年ドイツの国防軍改革委員会報告書の冒頭にはドイツは歴史上はじめて隣国のすべてが友人となった」「第一次世界大戦終結から100年に合わせて駐日独仏両大使が連名で寄稿文を寄せてフランスとドイツは戦争の苦しみを知っているからこそ、過ちを繰り返さないように両国間の一層緊密な友好関係を促進させることに決然と取り組んでいるのだ」と平和を考える上で重要な点を雑誌『世界』で紹介しています。

そのドイツにおいては、1956年の「連邦補償法」で幅広く対内的対外的戦後補償の法律ができ、多くの戦争被害者への補償がなされ、同様の第二次世界大戦での戦前のドイツ政府による強制連行被害者に関して、ドイツ政府とドイツ企業が共同で「記憶・責任・未来」基金を設立して、被害者の回復を行っているのです。

自民党議員であった野中広務さんは日本の強制連行について「子どものころ、鉱山で働く朝鮮人が背中にたくさんの荷物を背負い、道をよろよろ歩く、疲れ切ってうずくまるとむちでぱちっとたたかれ、血を流しながら、はうようにまた歩き出す、そんな姿を見てきました。戦後64年が経過した今でも、戦争の傷は癒えていません。北朝鮮との国交回復、賠償の問題も残っています。多くの未解決の傷跡をみるとき、まだまだ日本は無謀な戦争責任がとれていない」と述べています。日韓双方が、この徴用工の被害者の尊敬と名誉を回復するという立場から、冷静で真剣な話し合いをすることが極めて大切です。

3、関釜裁判――国の損害賠償を認めた初めての判決

（1）私は今東京地裁で継続している、元朝日新聞社の記者であった植村隆氏が１９９1年に執筆した「従軍慰安婦」の記事が、週刊文春や西岡力氏（札幌の裁判は櫻井よしこ氏）によって捏造であると、いわれなき中傷を受け、大学の講師をやめさせられたり、娘さんにも殺すぞとの脅かしをかけられたり、激しいバッシングと迫害を受けた損害賠償請求裁判にも参加しています。従軍慰安婦への攻撃事件でもあり、極右のとくに日本会議の人たちは、売春で強制はなかったと主張し、そのキャンペーンを内外で行ったりしていますが、数々の従軍慰安婦裁判ではその歴史的事実は認定されているのです。

（2）関釜裁判は10人の韓国人女性が日本国の謝罪と賠償を求めて起こした裁判です。そのうち3人は日本軍「慰安婦」として性奴隷の苦役を強いられた人たち、7人は女子勤労挺身隊員として10代前半で軍需工場での重労働を強いられた人たちです。原告の多数が釜山とその近郊に住んでいたため、原告が参加しやすい山口地裁下関支部に１９９2年12月25日に提訴しました。それゆえ、通称として「関釜裁判」と呼ばれています。

平成10年4月27日山口地方裁判所下関支部いわゆる従軍慰安婦関釜判決は「憲法上の根源的価値に関わる人権侵害が現に国民ないし個人に生じている場合、その是正を図るのは国会議員の憲法上の義務がある」「被告は、当然従軍慰安婦制度の存在を知っていたはずであるのに、日本国憲法制定後も多年にわたって右作為義務を尽くさず、同女らを放置したままあえてその苦しみを倍加させた

のであり、この不法行為は、それ自体がまた同女らの人格の尊厳を傷つける新たな侵害行為となるというべきである。

従軍慰安婦制度がいわゆるナチスの蛮行にも準ずべき重大な人権侵害であって、これにより慰安婦とされた多くの女性の被った被害を放置することもまた新たに重大な人権侵害を引き起こすことをも考慮すれば、遅くとも右内閣官房長官談話が出された1993年8月4日以降の早い段階で、先の作為義務は、慰安婦原告らの被った損害を回復するための特別の賠償立法をなすべき日本国憲法上の義務に転化し、その旨明確に国会に対する立法課題を提起したというべきである」として原告勝訴の判決が出たのです。

この判決が被害認定した原告の従軍慰安婦についての事実訴えに耳を傾けたいと思います。一審で勝訴した関釜判決と言われている裁判を担当した山本晴太弁護士の論文原稿を中心にしながら紹介します。

「性奴隷」と過酷な強制労働の実態

原告の河順女さんは、1937年の春、19歳のころ、日本人と朝鮮人の男性から「金儲けができる仕事があるのでついてこないか」と誘われました。河さんは貧しく、住み込み家政婦をしてようやく生活をしていましたので、どんな仕事をするのかわからないままついていってしまいました。

河さんは上海の「陸軍部隊慰安所」の看板のある長屋に連れて行かれました。2人がやっと寝ることができる程度の窓のない小部屋をあてがわれ、そこに日本陸軍の軍人が入ってきて河さんを殴って服を脱がせようとしましたが、河さんは悲鳴を上げて逃げようとしましたが部屋の戸には鍵がかかっており、逃げることができませんでした。

その日から約8年間、河さんは毎日朝9時から夜中の2時まで、日本の軍人との性交渉を強要され続けました。

金をもらったことは一度もありません。炊事・洗濯だけの仕事をさせてくれるよう「主人」に懇願しましたが、そのたびに激しく殴られました。ある日、どうしても耐えられずに慰安所から逃げ出しましたが、「主人」に見つかって連れ戻され、約50センチの樫の棒で体中を殴られ、最後に頭を殴られ大出血をしました。

朴頭理さんは数えで17歳のころ、朝鮮語と日本語を話す男が家を訪ねてきて、「日本の工場でお金になる仕事がある」と勧誘しました。朴さんの家も非常に貧しかったので、日本で働けば父母を養いながら嫁に行けると思って、日本に行くことを決めました。

朴さんは10人くらいの村の娘と一緒に釜山から船に乗せられて台湾の慰安所に連れて行かれました。朴さんを誘った男は慰安所の主人だったのです。

主人は朴さんに客を取れと言いました。朴さんは逃げようとしましたが、言葉も道もわからず、頼る人もない台湾で逃げることはできませんでした。朴さんが男と接したのはそのときが初めてでした。

朴さんは台湾にいた5年の間、1日10人前後の男の相手をさせられました。性交渉の相手のほとんどは日本の軍人で、日本軍の部隊が移動するときはトラックで一緒に移動しました。

朴さんも慰安所から金をもらったことが一度もありません。慰安所の食事は粗末で、食べたい物を買うお金もなく、あまりの空腹のため慰安所の近くのバナナ園のバナナを取って食べ、バナナ園や慰安所の主人からひどくたたかれたことがあります。

李順徳さんは、満17歳のころ、夕食の準備のため畦道で蓬を摘んでいたとき、40歳くらいの朝鮮人の男から「そんなことをしているよりも、自分についてくれば、履物もやるし着物もやる。腹一杯食べられるところに連れて行ってやる」と誘われました。李さんも家が貧しく、食べることに精一杯の生活を送っていましたので、その男の誘いに応じてついていくことに決めました。

李さんは両親に挨拶してから行きたいと言いましたが、その男は時間がないと言って、同原告の手を取って引っ張って旅館に連れて行きました。旅館の部屋は外から鍵がかけられ、同じ年齢の娘たち14～15人が泣いていました。翌日、日本軍の軍人たちが李さんたちを列車に乗せて3日かけて上海の日本陸軍の駐屯地に連れて行きました。

李さんたちは木と莚でつくられた小さな小屋に1人ずつ入れられました。その小屋に年配の将校が入ってきて、李さんに執拗に性交渉を迫り、これに抵抗することができなくなった李さんを3日間にわたり毎晩強姦しました。李さんも異性と接するのはこれが初めてでした。

その後、多くの軍人が最初は暴力で強姦し、抵抗することをあきらめた李さんは1945年8月の解放の時まで約8年間、平日は8～9人、日曜日は17～18人の軍人の相手をさせられました。

ある日、1人の兵隊が自分と約束しているのになぜ他の男と寝たのかと李さんを責めたて、軍靴で李さんの腹を蹴り上げ刀で背中を斬りつけました。李さんの腹部は裂け、その傷跡は今も鮮明に残っています。しかし李さんは傷の治療を1週間受けただけで軍人との性交渉を強要され続けました。

（3）山口地裁下関支部では7年間に20回の弁論が開かれ、1998年4月27日に一審判決が出されました。その内容は、元「慰安婦」原告についてのみ国に30万円の賠償を命じるものでした。30万円という金額を聞いて原告たちは激怒しました。

韓国でも、国の賠償責任を認めた初めての判決であることを評価する一方、30万円という金額は韓国人の人格を軽視する民族差別だと批判する声が上がりました。

しかし判決は軍隊「慰安婦」制度を「徹底した女性差別、民族差別思想の現れであり、女性の人格の尊厳を根底から侵し、民族の誇りを踏みにじるもの」と厳しく断罪しています。そして、「慰安婦」制度への国の関与を認めた河野洋平官房長官談話から3年後の96年8月までには国は元「慰安婦」の被害を賠償するための特別立法をすべきであったと指摘し、「将来の立法により被害回復がなされることを考慮し」て、判決まで1年半余り原告たちを違法に待たせたことへのペナルティーとして30万円の賠償を命じたのです。

つまり、判決は被害回復立法の遅れについての損害賠償を命じて早期の立法解決を国会に促し、立法の具体的内容は国会に委ねて三権分立に配慮したのです。

しかし、一審判決に対して国は控訴し、2001年3月29日の広島高裁判決は一審の原告勝訴部分をすべて取り消し、原告らの請求を棄却しました。そして最高裁判所は2003年3月25日の決定で、原告の上告を棄却しました。

原告たちの無念を裁判で晴らすことはできませんでした。また、下関支部の裁判官の英知に満ちた判決を維持することもできませんでした。

(4) その後、国会が関釜裁判の一審判決が命じた立法を行うことはありませんでした。韓国・朝鮮人、台湾人、中国人、フィリピン人、オランダ人などの軍「慰安婦」・強制動員被害者などから提訴が相次ぎましたが、それらについて行政的、立法的に解決することもありませんでした。軍「慰安婦」については、関釜裁判の進行中の１９９５年にこの判決も影響してアジア女性基金が設立されました。しかし、被害者への「償い金」を国費ではなく国民からの募金で賄うという方式は日本国の法的責任を曖昧にするものであるとの批判を受け、少なくとも韓国では大多数の被害者が受け入れませんでした。そして安倍政権で２０１５年慰安婦問題の最終的不可逆的な10億円拠出による日韓合意が成立しましたが、被害者の人たちへの人権に立ったものでなく政府間の強引な合意で成立させてしまったため、韓国の被害者支援者の人たちはこれをくつがえし否定するに至っているのです。

4、重慶裁判

（1）戦後補償ネットワークの有光健氏や中山武敏弁護士らの（『未解決の戦後補償—問われる日本の過去と未来—』）の本から、空襲裁判を一緒に闘っている中山弁護士の重慶裁判の部分を、私の体験した事実も付加して紹介します。東京大空襲裁判でもこの日本が中国に行った重慶爆撃が東京大空襲にも影響を与えたことの歴史的事実と法的主張を行い、また裁判前、重慶を私たちは訪問して連帯を深めたことから、この裁判も重要なので紹介します。

日中戦争期、日本軍は、１９３８年初めから１９４４年末まで中国国民政府の戦時首都・重慶や四川省内の諸都市に対し集中的な航空機爆撃を加えました。

重慶大爆撃は、１９３７年12月の南京陥落後に新首都となった重慶と、これを支える周辺地区の人命・生活・都市機能の徹底破壊を狙い、それによって中国側の抗日戦争継続の意思を挫こうとした「戦略爆撃」

と呼ばれるもので、明らかな無差別爆撃でした。

ところが、連合国側も原爆投下や東京、大阪を含む日本全土に敢行した無差別爆撃を正当行為と主張していたため、極東国際軍事裁判では重慶大爆撃は裁かれませんでした。

また戦後の日本人は、米軍が行った日本各地への空襲や原爆のことは思い浮かべても、戦争中の新聞が大々的に戦果を誇った重慶大爆撃のことは忘れ去るか、無知を決め込んできました。

しかし、中国では重慶大爆撃は南京大虐殺後の「もう一つの大虐殺」として認識されてきましたし、実際にも国際法違反の許されざる戦争犯罪でした。

1990年代。重慶大爆撃の個人被害に関する対日賠償の動きが出てきました。

2000年代。重慶大爆撃の被害者たちが自分たちの思いを自発的に運動化し、対日個人賠償まで行き着くことになります。

2001年11月、重慶大爆撃の被害者が「重慶大爆撃受害者連誼会」を結成しました。

2004年4月、「重慶大爆撃受害者民間対日賠償原告団」が結成され、8月には「重慶大爆撃対日民間賠償原告団」から高原氏と程銘氏が広島を訪問し、日本側弁護士に重慶爆撃の対日訴訟を依頼しました。

(2) 重慶大爆撃の被害者たちは、2006年から4回にわたり日本国を相手に謝罪・賠償を求める訴訟を東京地方裁判所に起こしました。第一次提訴の原告数は40名で、被害地は、中央直轄市の重慶市及び四川省の楽山市、自貢市の3カ所です。その後の第二次提訴(2008年)から第四次提訴(2009年)までの分を含めると、全体で原告数は188名になり、爆撃被害地は直轄市重慶と四川省五カ所、計六カ所に及んでいます。裁判上の請求内容は、国の謝罪と各原告慰謝料1000万円の支払いです。

東京大空襲訴訟では被告国の法的責任の根拠の一つとして、「先行行為に基づく作為義務」を主張しています。無防備都市を爆撃し、民間人を殺傷し、戦争遂行の戦意を挫くことを目的とした残忍な無差別爆撃（戦略爆撃）の先例をつくったのは中国戦線での日本軍です。とりわけ重慶爆撃は、都市爆撃と焼夷弾とを組み合わせた無差別爆撃の頂点をなすものです。日本軍の撒いた種が、先行行為（原因）となり、アメリカの対日政策に大きな影響を与え、より大規模な無差別絨毯爆撃となり、東京、日本各都市空襲へと繋がったものです。被告国のこれらの先行行為によって東京大空襲の被害が発生したものであり、被害者を救済する法的作為義務があると、東京大空襲裁判では主張しました。

この両裁判は、国際法違反の戦略爆撃を問うものでもあり、この点でも重要な意義があり、加害（重慶爆撃）と被害（東京空襲）を問う裁判でもあるのです。

日本軍による重慶爆撃は１９３８年から44年の5年半にわたり、重慶とその周辺地域、四川省全体に及びその回数も２００回を超えています。爆撃被害は、中国側の最近の調査・研究によると、直轄市重慶の爆撃被害は、死傷者数5万5千人（うち死者2万4千人）と推計されています。

重慶大爆撃訴訟はこれまで２００６年3月から12年7月まで四次にわたって、東京地方裁判所に提訴され、重慶・四川省全域にわたる原告は合計１８８人となっています。訴訟の実質的な単位は、6つの爆撃被害地の直轄市重慶と四川省5カ所（成都市・楽山市・自貢市・合江県・松藩県）です。

第一次提訴は06年3月30日（原告40名）、第一回裁判は、同年10月25日、重慶の原告４名が法廷で被害事実についての意見陳述を行いました。

重慶大爆撃訴訟でも国は事実の認否をなさず、西松建設強制連行強制労働26事件最高裁２００７

（平成19）年4月27日第一小法廷判決の日中共同声明五頁に関する判示を引用し、「戦争賠償の請求」は、中国国民の日本国およびその国民に対する請求権も含むものであるとし、中華人民共和国政府がその「放棄」を「宣言」したものであるとし、日中間においての個人の請求権の問題はすでに解決済みであると主張しています。

重慶大爆撃訴訟も東京大空襲訴訟も国際法違反の無差別爆撃を問うものであり、原告らの被害実相、被害の甚大さ、深刻さは共通しており、被害も被害当日にとどまるものではなく、戦後現在までその傷は癒されることなく継続しているのです。

軍事史研究家・評論家、元東京国際大学国際関係学部前田哲男教授も、その著『戦略爆撃の思想』（凱風社、2006年）のなかで、重慶爆撃とアメリカの日本都市爆撃は同根とし、「日本軍が重慶爆撃に当たって採用した戦術は、第二次大戦中および、それ以後の地域戦争において米軍が採用する原則とまったく変わりない。同時にそれは20世紀後半の核抑止戦略の中に生き続けている思想とも同根のものである」と指摘しています（核兵器禁止条約は勿論無差別爆撃禁止の今も世界で米軍が中心になって行われている戦略爆撃も将来制限禁止されていくものと、空襲裁判を経験しながら希望を持っています。未だ耳から離れない殺された子どもたちの「ちゃ〜ちゃんポンポン痛い」「もう悪いことしないから」となくなる直前の言葉が私の耳にトラウマとして残っています。死んでいった人たちのためにも）。

（3）2006年10月7日、東京大空襲の被害者の方々を含む20名で、日本軍が大爆撃を行った重慶市を訪問しました。

東京大空襲訪問団は重慶到着後、まず、1941年6月5日の日本軍の爆撃で「重慶隧道大惨事」

なる大惨事が起きた大防空壕に花輪を捧げました。日本軍による不意の爆撃を避難して防空洞に殺到した人びとが圧死、窒息死の大惨事となった場所です。

この場所で重慶大爆撃訴訟の原告の一人の厳文華さんはこの惨事に巻き込まれ、母親が死亡（圧死）され、ご自身も重傷（左足）を負っています。

厳文華さんは1歳のときに惨事に巻き込まれ、左足が不自由となり小学校に行けず、文字の読み書きもできません。定職にも就けず、荷物のかつぎ屋等の重労働をされ結婚もできず、66歳になられ独り暮らしで無職ということでした。

日本軍の爆撃により、母を失い、みずからも苛酷な人生を送られているにもかかわらず、日本から同じ空爆の被害者が交流を求めて訪問したということを喜ばれ、現地案内に同行され、坂の多い重慶の町を足をひきずられながら、中山弁護士と私、空襲被害者の方々とも歩かれたのです。

大防空壕に花輪をささげた後、東京大空襲訪問団は重慶市内にある原告団事務所で原告と交流しました。私たちは訪問団を代表して、１９４５年3月10日の東京大空襲での路上に散らばる焼死体や路上の炭化した死体の山の写真を示し、東京大空襲では2時間半の空爆で10万人以上の人命が奪われていることを説明し、「日本政府に戦争を起こした責任を認めさせ、戦後補償をさせることが、次の戦争を防ぐことになり、日本と中国の友好を発展させていくことにもなる」との見解を表明しました。

重慶側を代表して鄭友預重慶大爆撃訴訟秘書長は、本件訴訟の目的を「真相、正義、賠償、平和」と概括され、「心から訪問を歓迎します。日本の弁護士や市民団体の応援でやっと提訴ができた。日本政府は歴史を直視し、中国とアジアに被害を与えた戦争を反省しなければならない」と述べられました。

東京大空襲訪問団の訪問は、重慶市のテレビ、新聞も取材し、『重慶晩報』、『重慶商報』両紙とも訪問団が大防空洞で花輪を捧げている姿をカラー写真で載せ、東京大空襲被害訪問団が重慶大爆撃訴訟団と友好交流との記事を掲載しました。

訪問団には5人の若者が参加していましたが、交流の席で「祖父は中国で兵隊として人を殺したと言っていた。戦争を二度と繰り返さないために孫の私ががんばりたい」、「日本の若者は今日この場で話を聞いた重慶大爆撃の事実を知らない。日本に帰ったら今日学んだことを日本の若者に伝えたい」等の若者の発言も紹介しています。

大防空壕での献花の際、多数のマスコミ関係者とともに多くの重慶市民が訪問団の周りに集まりました。訪問団参加の夫婦の方が、持参された多数の折り紙の鶴を市民の一人ひとりに日本軍の重慶大爆撃の謝罪の気持ちを込めて手渡されました。この様子を「言葉は通じないが現地の人びとはご夫婦の気持ちを十分に理解でき、敬意を表した」とも報道しています。

重慶は2004年のサッカーアジア杯の際には、日本代表が激しいやじを浴びた場所ですが、心から平和と友好を求める庶民の心はお互いに通じ合えることを実感しました。自分が歴史の現場に立ち、被害者の訴えを直接聞き、その訴えに謙虚に耳を傾けることが何をなすことが正義であるかを考えることにつながるのではないかとの思いで重慶を訪問し、重慶大爆撃の被害者と交流、対話したのです。

重慶でお会いした厳文華さんは、前記のように足に傷害を負われ定職につけなかったが、東京大空襲の原告の平田健二（84歳）さんも、避難中に焼夷弾が右肩に当たり、右手首の骨が複雑骨折し五指が折れ曲がって固まり、無残な形に変形しています。文字を書くことができないために、戦後、雇ってくれるところもなく、夏はアイスキャンデー売り、冬はラーメン屋の屋台を引く等、さまざまな仕事をしてこれまで生き抜かれています。

しかし、これらの裁判は1、2審とも原告の請求はすべて棄却され今最高裁に継続中です。

三、自衛隊の海外派遣派兵戦争裁判

1、はじめに

海外派兵・派遣裁判は、1991年の第一次イラク戦争の湾岸戦争自衛隊派遣差止めの市民平和訴訟、2002年の第二次イラク戦争自衛隊派遣差止めの裁判、そして今回の南スーダンPKOなど新安保法制による自衛隊機派遣差止めの裁判の三つがあります。これらの裁判で原告側が主張している被告らの加害行為は今まで述べてきたように、憲法破壊の憲法の制限規定としての立憲主義に違反した自衛隊機の海外派遣・派兵で、これもまた人間の尊厳の中核である国民の一人ひとりがもつ人格権と平和的生存権、国民主権の憲法改正決定権を明白に侵害したものとしてこれらの裁判で主張しているのです。

武装した自衛隊を軍事要員として海外に派兵することは憲法の平和原則に反するもので、安倍首相も安保国会で発言している通り、憲法9条からも国是に反するものです。1954年6月2日の衆院本会議で次の通り全会一致でその決議が採択されました。

「自衛隊の海外出動をなさざることに関する決議」として「本院は、自衛隊の創設に際し、現行憲法の条章と、わが国民の熾烈なる平和愛好精神に照らし、海外出動はこれを行わないことを、ここに改めて確認する」という、極めて簡潔・明快なものでした。提案者を代表して鶴見祐輔議員（当時は改進党所属、後に自民党に合流）は、「自衛とは海外に出動しないということでなければなりません。如何なる場合においても、一度この限界を超えると、際限もなく遠い外国に出動することになることは、先般の太平洋戦争の経験で明白であります」と表明しました。これをうけて政府は、「申すまでもなく自衛隊は我が国の平和と独立を守り、国の安全を保つため、直接並びに間接の侵略に対して我が国を防衛することを任務とするものでありまして、海外派遣というような目的はもっていないのであります」と決議尊重を約束したのです。

それから35年余りの間、この「国是」は一応守られてきたのです。自衛隊海外派兵に向けた転機となったのが、１９９０年8月のイラクによるクウェート侵略で始まった湾岸危機と、翌年1月から2月にかけての湾岸戦争でした。日本政府は１３０億ドル（当時の為替レートで約1兆７０００億円）もの巨額の戦費支出をイラクと闘う『多国籍軍』に対して行いました。しかし、大部分を受け取った米国はこれに満足せず、「日本人は金をだしても、血を流そうとしない」（当時のアマコスト駐日大使）などと人的貢献圧力をかけました。

90年9月の日米首脳会議の際、ブッシュ大統領は海部俊樹首相に、「掃海艇や給油艦を出してもらえれば、デモンストレーションになる。日本が米国の方針にコミットしていることを世界に知らせることが大事だ」と迫りました。

政府は翌月、多国籍軍支援を可能とする「国連平和協力法案」を提出しましたが、国民世論の大きな反対で廃案に追い込まれ、湾岸戦争そのものへの派兵は断念せざるを得なかったのです。しかし、戦争終了後に、再び米国の圧力のもと、今度は一片の「閣議決定」だけでペルシャ湾での海上自衛隊による掃海活動（91年6月〜9月）を強行したのです。さらに同年9月には「迂回作戦」としていわゆるＰＫＯ協力法案を提出し、「ＰＫＯは軍事活動を基本にしない」「必要最小限の武器使用は憲法が禁じる武力行使ではない」「自衛隊派兵でなく派遣である」などと、強行を図りました。反対の世論をかわすために政府は、「ＰＫＯ参加5原則」（①紛争当事者間の停戦合意、②受入国を含む紛争当事者によるＰＫＯと日本参加への同意、③ＰＫＯの中立性の厳守、④以上のいずれかの原則が満たされない場合の撤退、⑤武器使用は自衛隊員の生命保護など必要最小限度に限ること）、「国連平和維持軍（ＰＫＦ）本体業務参加凍結」を持ち出すなどあらゆる手段を使いながらも成立させたのです。

ＰＫＯ協力法成立後、自衛隊はカンボジアを出発点に、モザンビーク、ゴラン高原、東ティモール、スーダン、ハイチ、そして今回の南スーダンに派遣派兵されてきました。

将来の米軍に対する軍事貢献に向けた「突破口」「露払い」として位置づけられていましたが、実際、日本政府は「国連協力」を口実に海外派遣派兵の「実績」を重ねると同時に、「周辺事態法」（1999年）や「テロ措置法」（2001年）、「イラク措置法」（2003年）、そして新安保法制（2015年）などを相次ぎ法制化して対米協力のための海外派遣派兵体制づくりに乗り出し、アフガニスタン戦争、イラク戦争で米軍支援を実行することになったのです。

2、二つのイラクへの海外派遣・派兵戦争裁判について

このように憲法違反の自衛隊海外派遣・派兵として争われた裁判は、大きく三つあります。1991年の湾岸戦争の時の市民平和訴訟と2001年に始まったイラク派遣派兵に関する裁判と今回の新安

保法制違憲訴訟です。ここでは前者を第一次、後者を第二次イラク裁判として紹介します。

（1）第一次イラク裁判即ち湾岸戦争に関する裁判を「市民平和訴訟」ともいいますが、次のとおりの裁判が行われました。

政府は、この湾岸戦争に際して、多国籍軍への数回にわたる115億ドルの資金供与、周辺諸国への20億ドルの経済支援をし、掃海艇の派遣をしましたが、これらに対して1991年に、広島地方裁判所を皮切りに、大阪、東京、名古屋、鹿児島等の各地裁に上記資金供与等が違憲であることを主張し、その違憲確認・差止めと国家賠償請求訴訟等が提訴されたのです。

自衛隊がこの時、戦後初めて海外派遣・派兵されることになり、多くの国民の反対運動が起きました。この戦争による死者は、多国籍軍が480人（うち米軍が375人）、イラク軍が10万人から12万人、民間人が16万人から21万人に上りました。

中東地域で石油が発見されて以降、英・仏・独・露・米国等の大国による100年に及ぶ石油利権争奪の歴史の中で、アメリカが中東の石油を確保する目的の下に、カーター政権下の1981年に中東地域での展開を目的とした緊急展開軍（湾岸戦争時の中央軍）を創設し、以降10年にわたって軍事行動をとる機会を狙って綿密に戦闘準備をしていたものでした。

湾岸戦争とはまさにこのようなアメリカの石油経済戦略を達成するための戦争であったことが、裁判の中でも明らかにされたのです。

2度の世界大戦を経て、武力行使が違法化されてきた国際法の歴史を詳細にたどり、国際法と国際慣習法から判断すると、この時の多国籍軍の武力行使、特に撤退中のイラク軍への攻撃、民生施設への攻撃、無差別爆撃等は、決して許されるものではなく、戦争犯罪というべき行為であったことも明らかにしていきました。このような戦争であったにもかかわらず、日本政府はアメリカの圧力によって、憲法違反の戦費負担をして、自衛隊自体の派遣は国民の反対によって阻止できましたが、いわゆる掃海艇派遣によって戦争に加担した責任の重大性を追及しました。

総計1000名を超える原告団には、作家、ジャーナリスト、主婦、学生会社員と、さまざまな市民が参加しました。

93年2月には、ニューヨークで開かれた元司法長官だったラムゼー・クラーク氏を中心とした湾岸戦争を裁く国際戦争犯罪法廷に弁護団原告団からも参加し、憲法の平和的生存権を根拠とする市民平和訴訟を紹介して、世界各国からの参加者に大きな感銘を与えたのです。

東京での裁判での口頭弁論には東京地裁最大の103号法廷を使用し、弁論の時間も45分確保し、毎回少なくとも2名以上の原告の意見陳述と、代理人による準備書面の要旨陳述とともに相当の回数行われ、9条違反の違憲性と平和的生存権の侵害性をもって追及しこれを明らかにしていきました。

被告である国の答弁は、安保法制違憲訴訟と同じように平和的生存権、115億ドル支出を差し止めするためもう一つ主張した納税者基本権なる権利は、相変わらず「概念」そのものが抽象的かつ不明確であるばかりでなく、具体的な権利内容、根拠規定、主体、成立要件等のいずれをとっても一義性に欠き、その概念さえ画することはできないと、門前払いの判決を求め、私たちの主張の事実に認否もせずに湾岸戦争に対する日本政府の違憲違法な関与が明らかにされることを阻止し、国民の裁判を受ける権利を無視する態度であったのです。

この裁判は、各地のすべての裁判所で敗訴となりましたが、東京地裁の判決は、後の第二次イラク戦争自衛隊派遣差止裁判や数々の平和的生存権を認めた実質的な名古屋高裁での画期的な勝訴判決などにもつながり、そしてとうとう到来してしまった安保法制違憲訴訟のような、戦争必至の場合に、安保法制違憲訴訟で私たち原告が主張している三つの権利侵害が認められ、原告勝訴となり得る判決に繋がっていったものになったのです。

この湾岸戦争における多国籍軍への戦費支出・自衛隊掃海艇の派遣等の違憲を主張する「市民平和訴訟」についての1996（平成8）年5月10日東京地裁判決（判時1579号62頁）は、平和的生存権については否定したものの、憲法76条に従って平和憲法を誠実に解釈適用して次のように判示しました。

すなわち、「憲法前文第2段は、『日本国民は、恒久の平和を念願し、人間相互の関係を支配する崇高な理想を深く自覚するのであって、平和を愛する諸国民の公正と信義に信頼して、われらの安全と生存を保持しようと決意した。われらは、平和を維持し、専制と隷従、圧迫と偏狭を地上から永遠に除去しようと努めている国際社会において、名誉ある地位を占めたいと思う。われらは、全世界の国民が、ひとしく恐怖と欠乏から免れ、平和のうちに生存する権利を有することを確認する』と宣言し、同法9条は、戦争放棄、戦力不保持および交戦権の否認を規定しており、恒久平和主義が憲法上極めて重要な理念であることはいうまでもなく、日本国民が平和のうちに生存することは、その基本的人権の保障の基礎的な条件であって、憲法が全世界の国民について平和のうちに生存する権利を確認し、それが実現されることを希求していることも明らかである」とし、さらに、「いまだ主権国家間、民族、地域間の対立による武力紛争が地上から除去されていない国際社会において、全世界の国民の平和のうちに生存する権利を確保するため、政府は、憲法9条の命ずるところに従い、平和を維持するよう努め、国民の基本的人権を侵害抑圧する事態を生じさせることのないように努めるべき憲法上の責務を負うものということができ、この責務に反した結果、基本的人権について違法な侵害抑圧が具体的に生じるときは、この基本的人権の侵害を理由として裁判所に対して権利救済を求めることは可能といえよう」と判示したのです。

この判示から見れば、この湾岸戦争の時は自衛隊のあからさまな海外派遣は国民の反対によって阻止されましたが、この後の第二次イラク戦争に際して、イラクに派遣された自衛隊の行為も、そして今回の新安保法制と、その後のこれらの実施としての南スーダンへのＰＫＯ派遣、対北朝鮮米艦防護の日米共同演習と共同軍事行動も明白に憲法９条に違反し、平和的生存権のみならず、人格権を侵害するものであると言えるのです。

（２）次に第二次イラク戦争とイラクへの自衛隊派遣派兵裁判について以下述べます。

日本国憲法が施行されて70年以上が過ぎ、その間、裁判所が政府の行為について憲法９条の適合性を判断したのは、１９５９年の砂川事件地裁判決と、１９７３年の長沼訴訟地裁判決しかありませんでした。いずれも判決は上級審で覆されたため、平和憲法を抱く日本において今まで憲法９条違反の判断は確定したことがありませんでした。

しかし、この第二次イラク戦争自衛隊派遣・派兵判決は２００８年5月2日に名古屋高裁の憲法9条違反の画期的な違憲部分が確定したのです。最高裁に準ずる高等裁判所の判断として確定したことは極めて重要で、まさに歴史的・画期的な違憲判決となったのです。

自衛隊イラク派遣差止等請求事件の名古屋高裁判決は、自衛隊イラク派遣の違憲性について、多国籍軍のイラク攻撃とイラク占領の実情、多国籍軍の軍事行動の状況と航空自衛隊の空輸活動の実情等を認定した上、「航空自衛隊の空輸活動のうち、少なくとも多国籍軍の武装兵員をバグダッドへ空輸するものについては、（中略）他国による武力行使と一体化した行動であって、自らも武力の行使を行ったと評価を受けざるを得ない行動であるということができる」。「よって、現在イラクにおいて行われている航空自衛隊の空輸活動は、政府と同じ憲法解釈に立ち、イラク特措法を合憲とした場合であっても、武力行使を禁止したイラク特措法2条2項、活動地域を非戦闘地域に限定した同条3項に違反し、かつ、憲法9条1項に違反する活動を含んでいることが認められる」と判示し、続いて、差止請求等の根拠とされた平和的生存権について、「このような平和的生存権は、現代において憲法の保障する基本的人権が平和の基盤なしには存立し得ないことからして、全ての基本的人権の基礎にあってその享有を可能ならしめる基底的権利であるということができ、単に憲法の基本的精神や理念を表明したに留まるものではない。法規範性を有するというべき憲法前文が上記のとおり『平和のうちに生存する権利』を明言している上に、憲法9条が国の行為の側から客観的制度として戦争放棄や戦力不保持を規定し、さらに、人格権を規定する憲法13条をはじめ、憲法第3章が個別的な基本的人権を規定していることからすれば、平和的生存権は、憲法上の法的な権利として認められるべきである。そして、この平和的生存権は、局面に応じて自由権的、社会権的又は参政権的な態様をもって表れる複合的な権利ということができ、裁判所に対して保護・救済を求め法的強制措置の発動を請求し得るという意味における具体的権利性が肯定される場合があるということができる。例えば、憲法9条に違反する国の行為、すなわち戦争の遂行、武力の行使等や、戦争の準備行為によって、個人の生命、自由が侵害され又は侵害の危険にさらされ、あるいは、現実的な戦争等による被害や恐怖にさらされるような場合、また、憲法9条に違反する戦争の遂行等への加担・協力を強制されるような場合には、平和的生存権の主として自由権的な態様の表れとして、裁判所に対し当該違法行為の差止請求や損害賠償請求等の方法により救済をもとめることができる場合があると解することができ、その限りでは平和的生存権に具体的権利性がある。なお、『平和』が抽象的概念であることや、平和の到達点及び達成する手段・方法も多岐多様であること等を根拠に、平和的生存権の権利性や、具体的権利の可能性を否定する見解があるが、憲法上の概念はおよそ抽象的なものであって、解釈によってそれが充填されていくものであること、例えば『自由』や『平等』ですら、その達成手段や方法は多岐多様というべきあることからすれば、ひとり平和的生存権のみ、平和概念の抽象性等のためにその法的権利性や具体的権利性の可能性が否定されなければならない理由はないというべきである」と判示したのです。

第二次イラク戦争の深刻な実態と、日本が戦争参加している9条違反の危険な現実と実態が違憲判決を生み出したのです。イラクの現状と自衛隊が参戦している深刻な事態がもはや違憲判決を下さなければならないほど深刻な状況にあったからです。今回のイラク戦争の自衛隊派遣・派兵での日報問題でも明らかとなった、自衛隊が参加したところが非戦争地域といわれてきましたが、これとは真相と実態が全く違っていて、むしろ戦闘地域だったという危険な実態が隠蔽されていたもので、その裁判でもその真相が明らかにされイラクでの数々の平和憲法に従った判決を根拠づけたものでした。

イラクのファルージャでの米軍の非人間的な掃討作戦を指摘しています。03年4月バグダッド首都制圧にむけてファルージャに乗り込んだ米軍は、小学校を占拠拠点として親たちが子どもたちの授業を求めたデモ隊に発砲して多数の犠牲者を出し、それ以降米軍は老人、子供、婦人への民間無差別爆撃を行い多数の悲惨な犠牲者を出したのです。米軍はクラスター爆弾、並びに国際的に使用が禁止されているナパーム弾、マスタードガスおよび神経ガス等の化学兵器を使用して、大規模な掃討作戦が実施され、残虐兵器と言われる白リン弾が使用されたとも言われています。今回のイラク戦争での日報問題でもその危険な実態が数々明らかにされています。

今ではアメリカ国内でも、参加したイギリスでも、ヨーロッパ各国でもイラク戦争は間違っていたという認識が検証され、現実なものとなる中で、世界で日本だけがイラク戦争と自衛隊派遣派兵についての総括とその反省を全くせず、今まさにイラク戦争の反省もなしに今回の新安保法制で憲法9条に違反する海外派兵を実施拡大しようとしており、いかに今回の新安保法制が憲法9条前文など平和憲法に違反し国民の三つの権利を侵害しているかが明らかになっているのです。

それ故に、名古屋高等裁判所をはじめとしてこの他各地で起こされた岡山など裁判所の数々の判決は、憲法76条・81条に従って、まさしく憲法における裁判官としての独立と良心を発揮しその憲法の番人としての司法としての責務を全うしたものとして高く評価されるのです。特に名古屋高裁の判決は、自衛隊のイラク派兵の憲法違反を認めた点だけでなく、平和的生存権・人格権の具体的権利性まで肯定した点でも、極めて画期的であったのです。

(3) 平和的生存権について第二次イラク裁判のときにも、意見書を書いた小林武沖縄大学客員教授は、平和的生存権について次の通り述べていますので、紹介します。

日本国憲法前文の「平和のうちに生存する権利」の規定の源泉は、すでによくしられているように、いずれも1941年のルーズベルトの「四つの自由」宣言とそれをふまえた大西洋憲章にある。ルーズベルトの宣言（1941年1月16日、議会宛て年頭教書）は、ファシズムとの戦いにおける政治道徳の理念を示して、「われわれはつぎの四つの必要欠くべからざる人間的自由を理想とし、その基礎の上に立つ世界を築こうと努力している。それは、第一に世界のいたるところにおける言論の自由であり、第二にすべての人の信教の自由であり、第三は世界全体からの欠乏の自由であり、あらゆる国家がその住民に健康で平和な生活を保障できるように、経済の結びつきを深めることである。第4は世界のいたるところにおける恐怖からの自由であって、これは世界的規模で徹底的な軍備縮小を行い、いかなる国も武力行使による侵略ができないようにすることである」としたものである。

これをふまえて、米・英相互間で第二次大戦後の構想を含めて宣言されたのが大西洋憲章（1941年8月14日）であるが、それは平和と人権の相互依存性についての明確な認識に立って、「ナチ暴政の最終的撃滅の後に、両国はすべての国民が、各々自らの領土内で安全な生活を営むための、またこの地上のあらゆる人間が恐怖と欠乏からの自由のうちにその生命を全うするための保証となる、平和を確立することを願う」と謳った。この文章こそ、日本国憲法の平和的生存権規定の制定にあたって参考にされたといわれるもので、その直接の原型であることが確認できる。

日本国憲法の平和的生存権規定は、こうした国際動向の中で成立している。その点でわが国憲法の平和主義原理全体がそうであるように、その平和的生存権も、立憲主義憲法の発達史を継承し、普遍的な性格をもつものであるということができる。日本国憲法がこれを実定規範として挿入した最初のものでこの憲法の重要な先進性が認められるのである。

そして、内容的にもわが国憲法の場合、9条が戦争および戦争準備と軍備とを全面的に否認する法的制度を設け、それに対応する形で前文において主観的権利としての平和的生存権が定められており、この両者が一つの事柄（平和主義）の二つの側面を形づくる格好で体系的構造になっている。しかも、この権利は、13条を媒介にして、第3章の諸人権の基底に置かれ、かつ、各人権と結合して個別的・具体的に機能する。平和的生存権はこのようにして、憲法上、完結した形で保障されている。それによってわが国では、戦争と軍備の法的否認にもとづく人権保障の憲法体系が生み出されたわけであるが、それは、他ならぬ日本国民自身が味わった悲惨な戦争体験に根ざしている。それゆえに、平和による人権保障という戦後世界共通の現代的要請がはじめて具体的な実定法の形で実現をみたのである。

前文の性格は、日本国憲法の場合、憲法典全体の指導理念を明らかにし、憲法本文を解釈する場合の基準、また立法がなされる場合の準則を示したものとして、憲法典の一部を成す。それゆえ、前文の改正も、当然に96条の改正手続によるべきであると考えられ、議論があるのは、前文が上記のレベルでの法規範性を有することを前提にしつつ、それが更に裁判規範としての性格を備えたものであるか否か、すなわち裁判所が直接に前文を適用して法律・命令などの合憲性を判断しうるか否かをめぐってである。それはまた、違憲審査権行使の際に法令等が憲法に適合するかしないかを決定する権限（81条）を裁判所に与えているときの「憲法」の一部であるかどうかという問題である。

従来の憲法学説は否定説が多数であったが、今日では肯定説も有力である。長沼訴訟第1審判決、自衛隊イラク派兵訴訟の２００８年名古屋高裁判決および２００９年岡山地裁判決が明瞭にこれを肯定し、重要なインパクトを与えた。

と述べているのです。

第Ⅱ部

戦争をさせないために

第4章　安保法制違憲訴訟裁判

一、はじめに

次に今安倍政権が進めようとしている「アメリカと一体となって世界中で戦争できる国」にさせないために、その一として「安保法制違憲訴訟裁判の勝利を」、その二として「世界史の中で考える」、その三として「私たちは今何をしなければならないのか」に分けて考えていきたいと思います。

1、解釈改憲の閣議決定と新安保法制の国会成立について

2015年9月19日、国会は参議院においてわが国の安全保障体制にかかわる、いわゆる安保法案を「議場騒然・聴取不能」な状況のもと、参議院平和安全特別委員会も含め、野党からも国民からも不存在無効と言われている異常な強行採決によって形式上可決成立させました。憲法9条の下で武力行使が許されるのは、個別的自衛権の行使、すなわち日本に対する急迫不正の侵害があり、これを排除するために他に適当な手段がない場合に行使される、必要最小限度のやむを得ない措置に限られる、との政府の憲法解釈は、1954年の自衛隊創設以来、変わることなく維持されてきました。他国に対する侵

害があった場合に反撃できる集団的自衛権の行使は典型的な違憲行為であり、憲法9条を改正することなくしてはあり得ないことも、繰り返し政府によって表明され続けてきました。このようにこれまで、内閣法制局はもとより歴代内閣も、憲法9条2項との関係において、集団的自衛権の行使は認められないとの見解を積み重ねてきたところであります。ところが、もともとは憲法改正によって集団的自衛権の行使ができるように安全保障体制の変革を期していたと見られる第二次安倍内閣は、憲法96条1項の発議要件を3分の2から2分の1に緩和するなどの改正を目指そうとしましたが、国民の反対が多くこれを断念することに追い込まれました。このように、国民の多くが憲法改正、なかんずく9条の改正を支持しておらず、容易に目的を達成できない状況にあることを知るや、国民の意思を問わず、国民の反対に抗して一転して閣議決定によって憲法解釈を変更する方向に転じました。しかもその布石として集団的自衛権行使を容認することは憲法解釈の限界を超えるとの見解を維持し続けてきた内閣法制局の態度を変更させるべく、平成25年8月突如それまでの長官を更迭し、集団的自衛権容認の方向での意見形成ができる体制を人事を通じて実現しようとしたのです。

そして平成26年7月1日、内閣は閣議において「国の存立を全うし、国民を守るための切れ目のない安全保障法制の整備について」と題する閣議決定を行いました。

決定は、「我が国を取り巻く安全保障環境の根本的変容」と「日米安全保障体制の実効性を一層高めること」が求められているとして、

・我が国と密接な関係にある他国に対する武力攻撃があったときに必要な条件が満たされた場合の実力行使を認める。

・他国軍に対する「後方支援」について「非戦闘地域」に一律に限定することなく、「現に戦闘行為を行っている現場」ではない場所に拡大し、必要な支援活動ができるようにする。

・武器使用を伴う在外邦人の救出、国際的な平和協力活動における、いわゆる「駆けつけ警護」に伴う武器使用等ができるようにする。

など、憲法解釈の重要な変更にかかわる事項についての法整備の方向を決定しました。

閣議決定において国民の生命、自由及び幸福追求の権利が根底から覆されるという、急迫、不正の事態に対処し、国民の権利を守るためには「これまでの憲法解釈のままでは必ずしも十分な対応ができない恐れがあること」から解釈の変更を行いつつ、政府の憲法解釈には「論理的整合性」と「法的安定性」が要求されるとし、この解釈が「従来の政府見解の基本的な論理に基づく自衛のための措置」と説明しました。

そしてこの論理が憲法上許容されるものであることについて、根拠を示すことが困難になっていく中で、最高裁砂川事件大法廷判決が「わが国が、自国の平和と安全を維持しその存立を全うするために必要な自衛のための措置をとりうることは、国家固有の権能の行使として当然のことといわなければならない」と述べていることをもって、合憲性主張の根拠としました。

これは同事件においては、今日いうところの集団的自衛権の憲法適合性はまったく争点にもなっておらず、わが国に対する直接の武力攻撃があった場合の当然の「国家固有の権能」としての自衛の権利について述べたものであることは文脈上も明らかです。それこそ安全保障環境がまったく異なる60年近く前のアメリカ米軍基地の駐留が合憲か否かの裁判の判決の、しかも傍論部分の片言隻句をもって正当化の論理の根拠として利用せざるを得ないところに、その根拠たるものの脆弱性を露呈しています。

法案の提出と国会の議決

内閣は、この違憲である閣議決定に基づいて、2015年5月15日、前記閣議決定の趣旨を体し、「わが国及び国際社会の平和及び安全の確保に資するための自衛隊法等の一部を改正する法律」案、自衛隊法をはじめとする10本の法律の改正法案、いわゆる平和安全法制整備法と「国際平和共同対処事態に際してわが国が実施する諸外国の軍隊等に対する協力支援活動等に関する法律」いわゆる国際平和支援法案を衆議院に提出、衆議院は直ちに特別委員会に付議し、同特別委員会は同年7月15日に賛成多数で強行可決、翌日、本会議で可決、法案は参議院に回付されました。参議院では、特別委員会を設置、直ちに付議され、同特別委員会は9月17日、委員長の可決発言は、聴取不能と議事録に記載されるような、異常な強行採決で可決成立されたとし、翌19日、本会議において賛成多数で強行採決させたのです。

2、なぜ私たちは「安保法制違憲訴訟」を提起したのか

2015年9月19日未明、集団的自衛権行使容認の閣議決定の具体化としての安保法制法案の採決が参議院で強行された時、法案に反対してきた多くの人びとが、「闘いは今から始まる」ということの認識と思いを共通にし、私も国会前行動に参加していたのです。2015年夏、連日にわたって国会前で、そして日本全国で展開された、第二次安保闘争と言われた集団的自衛権行使容認・安保法制に反対する闘いは、年齢、性別、職業を超えて実にさまざまな人びとによって担われました。

とりわけ、SEALsなど若者たちの活動、また今まで政治に無関心であったママの会など多くの

市民の方々の行動には目を見張るものがありました。8月30日、「戦争させない・9条壊すな！ 総がかり行動実行委員会」が呼びかけた「8・30国会包囲10万人集会」は、私も参加し多くの知り合いの人にも会いお互いに激励しあいましたが、SEALsやママの会の人たちが国会に向けて踊りもし戦争反対の声を響かせていた風景は未だ忘れられません。12万人もの人びとが集まり、国会に向かって安保法制＝戦争法制反対、安倍退陣を求める「民主主義ってなんだ?」「戦争ずきな総理はいらない」など数々の声を挙げました。2015年安保闘争と言われ、1960年安保闘争と対比され戦後最大規模の闘いが組まれたのです。

採決強行後の反対運動は、安保法制の具体的な発動を許さない活動であり、同時に安保法制廃止を求める活動です。

それと共に、安倍政権にはこの法案がなぜ合憲なのか、きちんと説明させること、そして安保法制が違憲であることを国民の間で明らかにすることが求められていたのです。

憲法9条憲法前文は、前述した戦争裁判にもみられるように、私たちが言語に絶する2000万人以上のアジア太平洋戦争で加害行為を行った歴史的な経験から、代償として生まれたものです。そしてまた私たちは憲法を破壊した安倍政権から立憲主義を取り戻し、日本中に法の支配を回復するために、再び戦争の惨禍が起こることのないように多くの弁護士と市民の人たちの間で議論しあって、安保法制違憲訴訟を提起した次第です。

立憲民主主義の下で裁判所に期待されている第一の役割は、安保法制によって多くの人びとが平和的生存権を始めとしたさまざまな人権を具体的に侵害され、特に戦争に関わる事柄は個人の平穏な生活的生存、人格そのものに大きく影響し、他の人権に比して一層尊重されなければならないものです。このような場面こそ裁判所がその救済に乗り出し、平和憲法の規範的価値を発揮すべき場面です。

さらに、裁判所には違憲立法審査権の行使を通じて、政治部門によって壊された憲法秩序を回復し、立憲主義を取り戻す使命が発揮されることが求められ、今ほどそのことを重視すべき時はありません。日本国憲法は、人権を保障し、最高法規性を明記し、裁判所に違憲審査権を与えた点で、法の支配を徹底した立憲主義を採用しているからです。

ところが、安倍政権は憲法よりも安全保障政策を優先させ、本来必要な憲法改正手続きも経ずに、政権の都合よく憲法規定・憲法秩序を大きく破壊してこの安保法制も成立させたのです。

このように、非立憲政治に歯止めをかけ、憲法秩序を回復する役割を担うことができる国家機関は、今や裁判所しかありません。

さらに私たちは、この裁判の目的が、単に違憲判決を得ることに尽きるものではなく、裁判を通じて社会に発信し立憲主義・平和主義・民主主義の大切さを訴え、世論を形成し、政治過程を通じ度重なる違憲状態を是正していくことにも重きを置いています。

憲法が破壊されるこうした事態を放置すれば、必ずや市民の生命、自由、財産の侵害を大きく侵害し独裁政治を、全体主義を招いていくことになります。今まさに安倍政権の6年間の憲法破壊の暴走をみれば明らかです。立憲主義と民主主義と平和主義の回復のため、今こそ私たちは法律家として、弁護士として、その職務を果たす時だと考え裁判提起し、私も参加していったのです。

3、法的構成

2016年4月26日、私たちは東京地裁に提訴しました。東京地裁に提訴した安保法制違憲訴訟は二つです。一つは行政訴訟としての差止め請求訴訟（差止め）と国家賠償請求訴訟（国賠）とを併合したもの、もう一つは国家賠償請求訴訟だけのものです。

この原稿を書いている２０１９年６月現在で、これまでに全国22の地方裁判所において25の訴訟が提起されています。

全国のすべての都道府県から違憲訴訟の代理人に名乗り上げた弁護士は１６８５人を超え、原告になることを希望する人びとは、全国で７６７５名を超えました。参加した弁護士の中には数十人の元裁判官も、数人の元検察官もおられます。

東京での提訴は国賠の第一次が２０１６年４月26日、二次が11月21日、第三次が２０１７年８月10日、差止めが２０１６年４月26日、追加提訴が８月10日でした。

A　差止め等請求訴訟

請求の趣旨とは、原告らの求める裁判の記載のことで、勝訴した場合の判決内容に相当するものですが、本訴訟では原告らが国に対して、

内閣総理大臣の自衛隊法76条１項２号に基づく命令による自衛隊の出動の差止め

防衛大臣による重要影響事態法６条１項又は２項に基づく同法３条１項２号に定める後方支援活動の実施等の差止め

防衛大臣による国際平和支援法７条１項又は２項に基づく同法３条１項２号に定める協力支援活動の実施等の差止めをそれぞれ求めるもので、

今回の安保法制法の制定により、集団的自衛権の行使等による新たな任務として定められた行為を対象とするものです。

行政訴訟としての差止め等請求の要件は、

差止めを求める対象が処分権限を有する行政庁の行う行政処分であること

処分をすべきでないのに、これがされようとしていること

処分により重大な損害を生ずる恐れがあること

他に適当な方法のないこと

法律上の利益を有すること

処分をすべきでないことの明白性

などです。

処分性については、差止めを求める対象は、内閣総理大臣や防衛大臣の命令等による防衛出動や自衛隊による物品又は役務の提供という事実行為としての行政処分です。これらの行為は、原告らの権利を侵害し、その侵害状態の受忍を強制するもので公権力の行使に該当し、行政処分となります。事実行為としての行政処分が差止めの対象となることは、厚木の自衛隊基地の騒音による差止めなどの判例により認められています。

原告らが侵害される権利は、平和的生存権、人格権及び憲法改正・決定権であり、原告らは、これらが侵害され、重大な損害を被るおそれがあるからです。

平和的生存権については、日本国憲法前文に規定され、全ての基本的人権の基礎にあってその享有を

可能ならしめる基本的権利で、単に憲法の基本的精神や理念を表明したにとどまるものではなく、イラク訴訟などで認められた具体的な法規範性を有するものです。

具体的な権利性は、包括的な人権を保障する憲法13条の規定によってても根拠づけられるとともに、憲法9条の平和条項によって制度的な裏付けを与えられているのです。安保法制法の制定は、集団的自衛権の行使等を認めることによって、日本を再び戦争をする国、できる国に変容させるものであり、原告らの平和的生存権を侵害します。

人格権については、個人の尊厳と生命・自由・幸福追求の権利を規定する憲法13条により認められます。安保法制法の制定により、原告らは集団的自衛権の行使等の敵対国からの攻撃やテロの対象となり、戦争の準備・遂行に従事・協力させられるなどして、生命・身体・精神的人格権等を侵害されるなど、人格権を侵害されます。原告らの立場は色々ですが、それぞれの立場に応じ生命・身体・精神的人格権が侵害されます。

憲法改正・決定権については、主権が国民にあることは憲法の基本原理であり、憲法96条1項が憲法改正手続きにおける国民投票権を認めるように、国民各人が、国民主権及び民主主義の担い手として、憲法の条項と内容を自らの意思に基づいて決定する根源的な憲法上の権利として、憲法改正・決定権を有しています。安保法制法の制定行為は、憲法改正手続きを無視潜脱したもので、原告らの憲法改正・決定権を侵害しています。

処分の違法性については、その処分の根拠とされる集団的自衛権の行使等を認める自衛隊法などの根拠条文が、いずれも憲法9条に違反し、その制定手続きが立憲主義に違反することが明らかであり、違法性があります。

日本政府は、憲法9条についてこれまで、日本国憲法も独立国が当然に保有する自衛権を否定するものではなく、自衛のための必要最小限度の実力組織である自衛隊は憲法9条2項の「戦力」には当たらないとする一方で、自国が直接攻撃されていないにもかかわらず、自国と密接な関係があるとしても、その他国に対する武力攻撃を実力をもって阻止する権利としての集団的自衛権の行使は、憲法上許されず、海外派兵は、一般に自衛のための必要最小限度を超えるものであって、憲法上許されないとしてきました。

集団的自衛権の行使が許されないとの憲法9条の解釈は、歴代の総理大臣により度々表明され、内閣法制局が示してきたもので、憲法解釈として規範性を有するものとなっていたのです。今回の安保法制の制定は、この確定し、規範化した憲法9条の解釈に反するものとして憲法9条違反です。

また、後方支援活動については、これまでは、憲法9条によって武力行使と一体化しないように非戦闘地域に限定し、活動内容も外国軍隊の武力行使に直結するようなものを避けることにより、他国軍隊の武力行使と一体化しないとして憲法9条の武力の行使にあたらないとの解釈をとってきました。ところが、今回の安保法制法により非戦闘地域の枠組みが外され、従来禁止されていた弾薬の提供など、外国の武力の行使に直結する、より軍事色の強いものが加えられた結果、後方支援活動などを行っている自衛隊は、相手国から見れば、他国の軍隊とまさに一体となって武力を行使する支援部隊と見られ、攻撃の対象とされることは避けられなくなりました。このように自衛隊の後方支援活動等は他国軍隊の武力の行使と一体化し、またはその危険性の高いものとして、憲法9条に違反するものです。

そして、今回の安保法制法の制定は、憲法9条を実質的に変更するものであるのに、憲法改正手続きをとらない点で、立憲主義にも反しているのです。

B　国家賠償請求訴訟

請求の趣旨は、各原告が国に対して、損害賠償金10万円と遅延損害金の支払いを求めるものです。

原告らの国家賠償請求は、国家賠償法1条1項に基づくものです。同条によれば、国家賠償請求の要件は、①公権力の行使にあたる公務員の加害行為、②職務執行性、③故意又は過失、④違法性、⑤損害、⑥因果関係等です。

公権力の行使にあたる公務員は、安保法制法に係る閣議決定等をした総理大臣等の国務大臣、同法を成立させた国会議員であり、加害行為としては同閣議決定や国会の議決をとらえています。そして、安保法制法が、確定していた憲法9条の解釈に違反することを知りながら、少なくとも知り得べきであったのにこれを怠り、閣議決定や議決をした点で、故意・過失があります。また、違憲の法律案を閣議決定し、国会で議決することが違法であることも明らかです。

安保法制法の違憲性は、差止請求訴訟において述べたのと同様です。

原告らの侵害された権利は、平和的生存権、人格権及び憲法改正・決定権であり、これらの権利については、差止請求訴訟で記載したとおりです。原告らは、これらの権利を先に述べた加害行為、すなわち、閣議決定や国会の議決により侵害されたものです。

原告らの損害は、これらの権利の侵害により精神的苦痛を受け、これを慰謝するには少なくともそれぞれ10万円を要するというものです。

4、第1回口頭弁論期日について

4月26日に東京地裁に提訴された国家賠償請求訴訟の第1回口頭弁論が9月2日、行われました。初公判では代理人弁護士5人、原告5人の計10人が意見陳述しました。

裁判終了後、17時から参院議員会館で報告集会が開催され、200名が参加しました。この裁判での基本的考え方が関係者によって語られていますので、少し紹介します。

集会は、以前私と一緒に事務所をやっていた杉浦ひとみ弁護士の司会で進行。最初に、違憲訴訟の会共同代表で元日本弁護士連合会事務総長をやっていた寺井一弘弁護士が挨拶し「国は今日で弁論を終了し即座に門前払いすることを狙ったが、次回も口頭弁論をすることとなり、これから大事なことは忘却とのたたかいだ。ヒトラーは国民の理解力は小さいが、忘却力は大きいと言ったそうだが、安倍政権は国民が安保法制のことを忘れることを狙っている。東京オリンピックまでの4年間、最大限スポーツを利用し国威発揚をはかり、憲法改悪を狙うはずだ。そうさせないためにも、私も皆さんとともに渾身の力を出して、たたかっていきたい」と決意を述べました。

また、空襲裁判を一緒にやっている黒岩哲彦弁護士が「口頭弁論の内容」を報告、「国は安保法制が合憲だとは言わず、違憲かどうかを争わず、原告に損害はなく、逃げの姿勢で門前払いをする作戦だ。裁判官の多くも安保法は違憲だと考えているはずだ。しかし、裁判となると別だ。裁判所側は世論の広がりを気にし、関心を持っている。理屈も立証もがんばりぬく。これからも傍聴席を満杯にし続けることも運動だ。世論の力を示し続けなければならない」と訴えました。

次に、皆さんご存知の伊藤真弁護士が「選挙で選ばれた民主的基盤のある国会議員が決めたことに、選挙で選ばれたわけではない裁判官が、盾突くことは許されないのではないかとの感覚が裁判官にはある。だから、安保法によって損害が生じ、そして安保法が違憲であることを立証し、国に盾突くべきだという世論の力が重要だ。また、違憲の法律を作った国会議員の行為は違法なものだということも立証していかなければならない。これらがポイントだ。また、裁判官や国側の検察官も同じ法律家として憲法を学んだ者同士として、この安保法を許せるのか？　見逃していいのか？　との想いを共有できたらいいとも考える」と語りました。

続いて、意見陳述をした原告の5人がそれぞれ、意見陳述の骨子や感想等を述べました。

最後に、元衆議院法制局に務め本件裁判での法的枠組みを中心的に担当している福田護弁護士が今後の訴訟の展開について報告、我々の主な主張は、①安保法制が憲法に違反していること、②この憲法違反の法律によって平和的生存権・人格権・憲法改正決定権の三つの権利が侵害された、という点だ。これに対して国側は

①憲法違反については争わない、認否しない

②三つの権利を認めない

③よって、原告の主張自体が成り立たないので、即時棄却すべきだ

というものだ。

したがって、「今後の展開については、①個別具体的に権利侵害の実態を裁判の場で明らかにする、②平和的生存権・人格権・憲法改正決定権についての具体的権利性について明らかにしていく、③国会の不法行為についても明らかにしていく」と報告しました。

差止訴訟の最初の法廷で行われた原告の陳述です。

① 原告　志葉玲

自衛隊のイラク派遣がもたらした日本人ジャーナリストのリスク

私は、いわゆる戦場ジャーナリストです。2002年から紛争地域で取材を行ってきました。自衛隊がイラクに派遣された時ですら、私は取材中、銃を持った若者達に取り囲まれ、「お前は日本から来たのか？　日本は米国の犬だ！」「自衛隊をイラクに送った日本は我々の敵だ！」と激しくなじられました。イラク人助手が何とかなだめてくれ、拘束されたり殺されずにすみました。

しかし、同時期に取材していたジャーナリストの橋田信介さんと小川功太郎さんは、2004年5月末、武装勢力に襲撃され、殺されてしまいました。生き残ったイラク人運転手によれば、武装勢力は橋田さんの顔を確認し、日本人だと認識して攻撃してきた、というのです。

かつて、中東の人びとは皆、親日的でしたが、それは日本が悲惨な戦争を乗り越え、平和憲法のもと経済を発展させたということに、本当に尊敬し憧憬の眼差しで見ていたからです。

しかし、イラク戦争が始まると、私も、米軍が病院や救急車までも攻撃し、女性や子どもなどの非戦闘員を殺害してきたのを、何度も見聞きしてきました。そのため、アメリカのイラク戦争を支持し、戦闘行為に参加しないとしても自衛隊を派遣した日本に対する現地での反発は非常に強かったのです。

安保法制がもたらす日本人ジャーナリストの身の危険

この度の安保法制によって、日本の自衛隊が戦場で米軍を支援し、行動を共にするということは、米軍が行う非人道的行為の片棒を担ぐ日本人という構図を現地の人びとにまざまざと見せつけることとなります。対日感情は悪化し、その憎悪は最前線で取材する日本人ジャーナリストにぶつけられることになります。

既にそのことをイラク戦争で体験してきた私自身にとっては、安保法制によって、自らの身にふりかかる危険は、未来のことではなく、既に今、直面するものとなっています。もともとリスクの高い紛争地取材がさらにリスクが高くなることは明白で、現地に入ることすら躊躇せざるを得なくなります。

安保法制がもたらす紛争地取材の危機

我々ジャーナリストは、日本の人びとの、憲法で保障された「知る権利」のために奉仕する存在です。紛争地取材を行う日本人ジャーナリストは減り続けています。この上、安保法制による身の危険のリスク増大が、紛争地の現場に入ることすら躊躇せざるを得なくなり、日本人戦場ジャーナリストを絶滅に追いやるのではないか、そう危惧せざるを得ません。それは、我々、ジャーナリストたちの危機というだけではなく、日本の人びとの「知る権利」の危機でもあります。

さらに、万が一、私が取材中何かあれば、日本ではこれまでもそうであったように「自己責任」の名の下に、私だけではなく、私の家族・親族にまでもバッシングが及ぶことになります。この傾向は、安保法制で自衛隊が紛争地に派遣される状況となれば、増々酷くなることは目に見えています。このことが、今、精神的な障壁として私の前に立ちはだかって、取材活動の足を引っ張るのです。

安保法制によって対日感情が悪化すれば、私を信頼し協力してくれる現地の人びともリスクにさらされることになります。既に、安倍政権の安保法制や対テロ戦争に関する言動がイスラム過激派を刺激しており、私の取材を支える現地の協力者は一層危険な状況下に置かれ、このことも取材活動における大きな障壁です。

私たちジャーナリストが情報を伝えられなくなったら真実は見えなくなる

もともと私がこの仕事を選んだのは、報道というものへの強い思いからでしたが、取材を通して、現実に遭遇すると、戦争で極めて理不尽に、真っ先に殺されるのは最も弱い人びとであることを目の当たりにしました。究極の不平等や人権侵害は戦場で起きていることを知りました。そして、世界がどう進んでいくべきかについて政治や外交を考えるときに、平和も人権もないと確信を持ちました。

私は「人びとの苦しみに目をそむけ自分だけ楽な生活を送ることはできない」という人としての思いから、どんなに危険でも戦場ジャーナリストをやめるつもりはありません。多くの戦場ジャーナリストも同じ気持ちだと思うのです。ただ、こういったジャーナリストを見殺しにするような国の政策はどうしてもやめてほしいのです。

それは、私の命が惜しいのではなく、現実の真実を伝える事ができなくなるからです。真実を知らずに平和など語れるはずはないからです。だから、私は無用に政府に殺されたくないのです。そのために、私はこの裁判の原告になりました。

以上

② 原告　金田マリ子

私は東京大空襲の戦争孤児です。現在81歳です。

父は私が3歳のときに病死し、母と姉と妹と暮らしていました。

戦争中、宮城県に学童疎開していましたが、東京に残った母達と別の場所に縁故疎開するために、小学3年生だった私は卒業する6年生と一緒に東京に帰ってきました。母たちに会えると、はやる心で上野駅に着くと、そこは一面焼け野原になっていました。昭和20年3月10日、夜半の東京大空襲の直後の朝だったのです。

母は迎えには来ていませんでした。迎えに来てくれた叔父に連れられて「母たちはどうしているだろう」とそのことだけを思いながら、西新井の叔父の家まで半日かけて歩きました。黒焦げになった遺体があちらこちらにありました。その光景は今でも私の頭の中に焼き付いて離れません。

空襲で母と姉と妹は行方が知れず、私は叔父の家に引き取られました。空襲から約3カ月たった6月に、母と姉が隅田川で遺体で発見されたと知らされました。妹は結局見つからず行方不明のままでした。心の中の何かがすっぽり砕け落ちてしまいました。

孤児となった私は、その後、別の親戚宅に引き取られました。そこには7人の子どもがいて、義理の叔母が「なんで面倒見なきゃいかんのか」と言っているのを何度も聞きました。いとこ達からは「おまえなんか、はよ、去んでけ！」「お前は野良犬だ」と言われ、気に入らないことがあると往復ビンタをされ、本当につらく惨めな毎日でした。一番悲しかったのは、「親と一緒に死んでいたら良かったのにね」と言われたことでした。悲しくても孤児には甘える人もいません。

親戚宅で私は、朝早くから家事をさせられ、走って小学校に行き、学校から帰ると、またさまざまな家事が待っているという生活でした。家で勉強する暇などは全くなく、毎日くたくたになるまで働きました。

ある日、夜遅くに理不尽なことで従兄から何度も殴られ、私は家を飛び出し、真っ暗な川辺で泣きじゃくっていました。「お母さん、なんで死んでしまったの。お母さんのところに行きたい、早く死にたい」と思いました。でも、「自殺したらお母さんの所に行けなくなるよ」と言った祖母の言葉が忘れられず、死ぬこともできませんでした。

高校を卒業し、無一文で親戚宅を出ました。親なし、家なしで仕事もない中、女中や女給の仕事をしながら、必死に働きました。

24歳で結婚し、子どもができたとき、私は、「この子のために生きなくてはいけない」、「この子にだけは親のいない苦しさを味わわせたくない」と思いました。孤児になって、生きることに絶望していた私が、初めて感じた「生きよう」という思いでした。

子育ても終わり、私は、戦争孤児の方々の聴き取りをするようになり、私より、もっと壮絶な体験をしている人たちを知りました。戦後、上野の地下道は戦争孤児であふれ、大勢の子ども達が餓死し、凍死しました。浮浪児となった孤児たちは、捕らえられトラックに山積みにされ収容所に送られたり、人身売買されたり、農家で奴隷として使われたり、自殺をした子もたくさんいたそうです。

私はこんな夢を何度も見ました。「電車に母と姉と妹が乗っており、私だけをおいて行ってしまう。母は振り向き本当に悲しそうな顔をする。姉と妹は振り向かない。私はその電車を追いかける」。こんな夢です。それ以来、母の顔はこの悲しそうな顔しか思い出せないのです。

これが私の9歳からの人生です。

日本が戦争をしないと決めたことで、この孤児の苦しみは私たちで終わると思っていました。ところが、憲法9条に違反して、また戦争をする国になる法律が作られてしまいました。戦争は必ず人が亡くなります。

孤児も生まれます。私は、子どもや孫たち、若い人たちに、絶対に、私と同じ思いはさせたくないのです。経験をしていない人たちにとって、戦争になったらどんなことが起こるのか、想像ができないのではないでしょうか。私にはあの辛い体験が、すぐそこに蘇ってくるのです。「絶対に戦争はしてはいけない」血を吐くまで叫び続けてでも、今の国の動きを止めなければなりません。

この新しい安保法が作られ、私は、自分の身が引き裂かれそうな思いです。

以上

③原告　富山正樹

私は、鍼灸マッサージ師として働いております。私には4人の子どもがおり、長女は介護職の職を体調不良で辞めて現在フリーター、長男は漁師、次男は自衛官、次女は看護学生です。それぞれが利息付の奨学金や借金を持ち、人生の進路をゆっくりと冷静に選択する余裕もなく日々の暮らしを懸命に生きています。

次男は陸上自衛隊に所属する自衛官です。息子は就職難で奨学金の返済も抱え求職活動に悩んでいた時、高校時代の友人が自衛官で、その親御さんも自衛官ということで、自衛隊の災害派遣や専守防衛の尊い任務について、ご家庭を訪ねて度々話を聴きました。そして自衛隊の存在意義と理念に共感し、自らの意思で自衛官の道を志しました。私は専守防衛とは言え、武器を持つことに反対をしましたが、最後は息子の信じる専守防衛と災害救助派遣に対する思いを尊重し、自衛隊へと送り出しました。息子も私も、その任務は専守防衛という国民の厳粛な信託にこたえるものとして、間違っても海外での戦争に参加するなどということは、9条のもとにある自衛隊に限って起こすまいと信じておりました。

ところが２０１５年7月15日、衆議院で戦争法を強行採決された瞬間、息子が戦争に送られるかもしれないことが現実のものとなったことに、こころが激しく揺れました。私には「このまま何もしなかったら日本は大変なことになる、自分が何もしないで、息子が戦場に行くことになったら、自分で自分を許せない」との強い思いが、眠ることもできないほどに沸いてきたのです。

その思いは抑えがたく、妻からは最初反対されましたが、3日後にはたった一人で街頭に立ち、無言のスタンディングアピールを始めました。やがて志を同じくする人たちが一緒に駅前や繁華街などに立って下さるようになり、「愛する人を戦地に送るな！」と書いた大きなポスターを掲げ、ついには、のぼりを立て、トラメガを使って、大きな声で戦争法に反対のアピール活動をしております。最初は隠れるように活動していましたが、だんだん一緒に行動してくれる人も増え、今では当初反対していた妻も共に立つ仲間の一人となりました。

自衛隊員の息子は、自分のこころに誠実に向き合い、自分の人生に悔いは残さないように生き抜いてほしいと思って育ててきました。自らの思いを通じた生き方で、人様の役に立つような人間になるようにと育てたつもりです。でも、それは、もちろん平和な方法によるものです。戦争は、殺し殺されるものです。私たち家族が愛し、その思いを尊重して育ててきた息子が、専守防衛を超えて、海外で殺し殺される場に立つことを想像すると、胸は潰れ、こころは乱れます。

アメリカの帰還兵の現状を調べるうちに、一日平均22人の帰還兵が自殺する現実を知りました。帰還兵の自殺者の異常な数の多さ。戦場の恐怖で夜中に奇声をあげる。恐怖と後悔から酒に溺れ、ドラッグに走る。家族や恋人、医師や心理カウンセラーも手助けできない。極限の家族と、自分をどうすることもできない本人。それは「帰還した兵士とともに、家族や社会に戦場が持ち帰られる現実」です。

それは日本の社会に、今まさに再現されようとしています。この平和な日本社会に、自衛官家族に、それを受けとめる覚悟があるのでしょうか。わたしにはありません。

こころからの怒りと悲しみが湧いてきています。

いま自衛隊員の戦闘状態にある「南スーダン」への安保法制に基づく新任務を帯びた派遣が始まったらと思うと、私は居てもたってもいられません。

5、私自身が調べまとめてみたこと

この弁護団の一員として私自身がこの裁判を勝利に導くため調べ研究しまとめてみた自分の原稿をもとに、前記でも述べたこの裁判で最も重要な論点、また読者の皆さんにも知っておいてもらいたい、(1)憲法9条の歴史から見て集団的自衛権の行使が明白に違憲であること、(2)この安保国会が憲法破壊の違法行為であったこと、(3)今回の安保法制は殺し殺される危険性を持った戦争法であること、(4)私たち国民の原告の権利侵害をまさしく侵害したことについて、理論というより特に具体的事実をもとに私自身が調べまとめてみたことを、次に紹介していきたいと思います。

二、憲法9条の解釈の歴史的変遷と具体的事実

憲法9条の解釈の変遷の歴史的・具体的事実と集団的自衛権行使の政府解釈（集団的自衛権行使につい

ての政府の答弁などは『政府の憲法解釈』阪田雅裕編著、有斐閣によっています）について述べていきます。

この歴史的事実から見れば明白に今回の安倍政権の集団的自衛権行使解釈の閣議決定、異常な強行採決によって成立させられた新安保法制は違憲です。

1、憲法9条の制定の経緯

憲法9条は19世紀からアジア・太平洋地域での侵略戦争を繰り広げ、特に第二次世界大戦ではアジアで2000万人以上の死者を出し、日本をいかにして再び平和の脅威とならない国にするかという観点から設けられたもので、この間国民は半分以上は戦時下で暮らすことを強いられ、300万人以上の犠牲者を出し、ようやく訪れた平和を願う多くの日本国民の願いに基づいて制定されたものです。

2018年10月21日の東京新聞の戦争前の歴史の社説をまず紹介します。


明治元年から数えて今年は150年。政府はさまざまな行事で祝います。明治とはどんな時代だったか。「富国強兵」のスローガンに駆り立てられ、国内外に無数の犠牲者を生んだ時代です。その影響を与えたのは長州の思想家・吉田松陰です。『幽因録』に書かれています。

軍事力で他国の領土や資源を奪う帝国主義の思想です。実際に朝鮮や台湾は、日本の植民地になりました。中国東北部の満州には日本の傀儡国家「満州国」をつくっています。

まるで松陰が描いた戦略図は、近代日本の戦争の歴史そのものではありませんか。

樺太の南半分は手に入れ、フィリピンも太平洋戦争のときは日本軍が占領していました。

確かに江戸末期はアジア諸国が西欧列強に蚕食され、植民地になった時代です。その中で松陰は共存共栄の道ではなく、アジア争奪戦に加わらないと日本が滅んでしまうと考えていたのです。

ひょっとして長州の志士たちに『幽因録』の一節も埋め込まれていたのでしょうか。あくまで仮設ですが、松陰の帝国主義的な思想が彼らに受け継がれていたとすれば、対外戦争の歴史を説明することにはなります。

例えば明治政府の軍を握っていたのは長州閥の山県有朋です。「松陰の最後の門下生」と自ら語りました。徴兵制をつくったのも山県、参謀本部の設置や軍人勅諭の制定も山県です。「日本軍閥の祖」と呼ばれ、枢密院議長を3回、首相を2回歴任しました。軍備拡張を推し進めました。

同じ長州閥の伊藤博文がつくった明治憲法には「天皇ハ陸海軍ヲ統帥ス」との条文がありました。統帥権の独立は、軍への政治の介入を防ぎました。昭和になって軍の暴走を招いた原因とされます。

明治維新から77年間は「戦争の時代」でしょう。統帥権の規定で、政治によるコントロールが利かない軍隊になっていたのではないでしょうか。

終戦から今日までの73年間は、まさに「平和の時代」です。それを守ってきたのは日本国憲法です。それぞれの憲法の仕組みが、戦争の時代と平和の時代とを明確に切り分けたと考えます。

日清・日露の勝利、日中戦争での南京陥落、真珠湾攻撃に万歳を叫び、提灯行列です。勝利の報に熱狂したのは国民でもあるのです。

でも、戦争は残忍です。日露戦争では日本兵だけで約12万人が死にました。歌人の与謝野晶子は「君死に給ふことなかれ」と反戦詩を発表しています。太平洋戦争では民間人を含め、日本人だけでも約310万人の死者です。「血みどろの歴史を繰り返さない、それが近代を歩んだ日本の教訓に違いありません。

その戦争の反省のもとに日本国憲法が制定されたのです。

前文にはこう書かれています。

「政府の行為によって再び戦争の惨禍が起ることのないようにすることを決意し、ここに主権が国民に存することを宣言し、この憲法を確定する」と。

その上で、憲法9条は次の通り規定します。

「憲法9条　日本国民は、正義と秩序を基調とする国際平和を誠実に希求し、国権の発動たる戦争と、武力による威嚇又は武力の行使は、国際紛争を解決する手段としては、永久にこれを放棄する。

2項　前項の目的を達するため、陸海空軍その他の戦力は、これを保持しない。国の交戦権は、これを認めない」。

2、憲法9条と集団的自衛権行使の歴史

以下、主に憲法9条とアメリカと自衛隊と集団的自衛権行使の歴史を中心に述べていきます。

1946年6月20日明治憲法のもとで最後の帝国議会が招集された際、吉田首相、またその後の国会でも国務大臣幣原喜重郎が制定された日本国憲法のありのままの条文解釈と第二次世界大戦の反省の元で、二度と戦争のないために制定されたことを述べた注目すべき国会発言をしています。

吉田首相は「戦争放棄に関する本案の規定は、直接には自衛権を否定はしておりませぬが、第9条第2項において一切の軍備と国の交戦権を認めない結果、自衛権の発動としての戦争も、また交戦権も放棄したものであります。従来近年の戦争は多くは自衛権の名において行われたものであります。満州事変然り大東亜戦争又然りであります。……故にわが国においてはいかなる名目をもっ

てしても交戦権はまず第一、自ら進んで放棄する、放棄することによって世界の平和確立の基礎を成す、全世界の平和愛好国の先頭に立って、世界の平和確立に貢献する決意を、まずこの憲法において表明したいと思うのであります」。

その後の国会で幣原喜重郎国務大臣は「日本は如何にも武力は持っておりませぬ、それ故に若し現実の問題として、日本が国際連合に加入すると云ふ問題が起って参りました時は、我々はどうしても憲法と云ふものの適用、第9条の適用と云ふことを申して、之を留保しなければならぬと思ひます。……国際連合の趣旨目的と云ふものは実は我々の共鳴する所が少なくないのである、大体の目的はそれで宜しいのでありますから、我々は協力するけれども、併し我々の憲法の9条がある以上は、此の適用に付ては我々は留保しなければならない、即ち我々の中立を破って、さうして何処かの国に制裁加ふると云のに、協力をしなければならぬと云ふやうな命令と云ふか、そう云ふ注文を日本にして来る場合がありますれば、それは出来ぬ、留保によって出来ないと云ふやうな方針を執って行くのが一番宜しかろう」と述べていることは注目しなければなりません。

アメリカの日本に対する再軍備の要請

1947年5月3日、日本国憲法は施行されました。占領軍は当初、日本国憲法を国民のなかに普及することに強い熱意を示しました。しかし、こうしたアメリカの姿勢は中国革命朝鮮戦争などを経験して転換します。

47年3月、トルーマン大統領は公然たる米ソ冷戦開始の「トルーマン・ドクトリン」宣言をしました。48年1月、ロイヤル米陸軍長官は、日本を、「極東における反共の防壁」にするとの宣言をしました。

「対日占領政策の方向は極東にふたたび戦争または侵略がおこらぬよう、これを防止するために役立つ強力な民主政治を育成することにある。日本自身が自立しうるのみならず、今後極東に起こるかもしれない新しい全体主義の脅威に対し防壁の役割を果たすに十分な強力な安定した民主主義を築き上げることにある」と、日本が自力で「民主主義」を守れるようにするとの口実で、日本の再軍備をすすめ始めることとの予告でした。

1950年6月25日、朝鮮戦争の勃発です。マッカーサーは7月8日、吉田首相に書簡を送り、日本政府はこれに応えて、8月10日、一片の政令にすぎない「警察予備隊令」を公布し、警察予備隊を発足させました。

米ソの対立が増々激しくなり、米英仏ソ中5大国のあいだで、日本が第二次大戦でたたかった連合国全体と日本との「全面講和」とすることが協議されていたにもかかわらず、49年夏以降は米英陣営等「西側」陣営だけとの「単独講和」の動きが強まりました。

連合国の中の「西側」諸国との「単独講和」をめざす政府の動きに反対し、日本では連合国全体を対象とする「全面講和」との世論が高まっていきました。学者・文化人でつくる「平和問題懇談会」は50年1月単独講和は「特定国家との軍事協定、特定国家のための軍事基地の提供につながるもので、戦争の危機を増大する」と指摘し反対しました。

朝鮮戦争の勃発もあって、吉田首相は第8回臨時国会の施政方針演説で、「単独講和」への姿勢を明確に打ち出しました。またアメリカも、ダレス国務長官が10月初めまでにまとめた対日講和7条件で、日本の再軍備と米軍駐留の意図をうちだしています。

日本国との平和条約「サンフランシスコ講和条約」の調印式は1951年9月、サンフランシスコで日本を含む49ヵ国で調印しました。「平和条約」そのものが、交戦国の全てを対象とするものではなく、条約の内容は、日本の主権を制限し、その後の日本がアメリカに従属し続けることになる重大な内容が盛り込まれていました。アメリカは日本全土のどこにでも基地を置くことができ、日本の軍隊を米軍の支配下に組み込むことを方向づけるものでした。

「平和条約」の調印式の51年9月8日、日米安保条約調印式が行われました。「アメリカ合衆国の陸軍、空軍及び海軍を日本国内及びその附近に配備する権利を、日本国は許与し、アメリカ合衆国は、これを受諾する」。軍隊の駐留目的は、「極東における国際の平和と安全の維持に寄与」することで、日本側が期待した「外部からの武力攻撃に対する日本国の安全」を守ることに関しては、「使用することができる」とされただけで、「義務」とはなりませんでした。

さらに前文に、日本が「自国の防衛のため漸増的に自らの責任を負うことに期待」すると、日本の軍備増強を求める文言まで書き込まれました。

アメリカは、日本の基地を使って、「極東における将来必要となるであろう軍事行動」、すなわち「中国本土、台湾、ソ連、そして公海を含む極東での軍事作戦における米国による一方的行動」を可能にしたのです。

警察予備隊から保安隊、そして自衛隊へ

1952年4月28日、「日本との平和条約」が発効し、憲法を最高法規とする主権国になりました。52年7月には、警察予備隊令にかわって保安庁法が制定され保安隊に変わりました。

この法案の審議のなかで吉田首相が、「私は戦力をもってはいけないと言っているのではない。憲法は自衛のための戦力を禁じているわけではない」と「戦力とは近代戦争遂行に役立つ程度の装備、編成を備えるもの」で、「保安隊等の装備編成は決して近代戦を有効に遂行し得る程度のものではないから憲法上の『戦力』に該当しない」と政府の「戦力」にかんする統一見解がうちだされました。

主権を回復した日本にたいするアメリカの要求は性急で、53年10月、アメリカから戦闘機やミサイルの提供などの援助を受けいれることと引き換えに、日本自身も軍備増強の義務を負うＭＳＡ協定の交渉が開始されました。この協定交渉の中で、アメリカからは、憲法改正を強く迫られたのです。「近代戦を有効に遂行し得る程度のものではない」と9条に違反しないとされた保安隊は、54年7月に自衛隊に改組されました。ここにいたって従来の9条解釈も変更せざるを得なくなり、54年12月22日の衆院予算委員会で大村防衛庁長官は「憲法は自衛権を否定していない。自衛権は国が独立国である以上、その国が当然保有する権利で、憲法はこれを否定していない。従って現行憲法のもとで、我が国が自衛権をもっていることは明白である。①戦争と武力の威嚇、武力の行使が放棄されるのは、『国際紛争を解決する手段としては』ということである。②他国から武力攻撃のあった場合に、武力攻撃そのものを阻止することは、自己防衛そのものであって、国際紛争を解決することとは本質が違う」と述べたのです。しかしそのときでも、54年6月3日、衆議院外務委員会で、下田政府委員は「平和条約でも、日本国の集団的、個別的の固有の自衛権というものは認められておるわけでございますが、しかし日本憲法からの観点から申しますと、憲法が否認してないと解すべきものは、既存の国際法上一般に認められた固有の自衛権、つまり自分の国が攻撃された場合の自衛権であると解すべきであると思うのであります。集団的自衛権、つまり自分の国が攻撃されもしないのに、他の締約国が攻撃された場合に、あたかも自分の国が攻撃されたと同様にみなして、自衛の名において行動するということ……そういう特別な権利を生むための条約を、日本の現憲法下で締結されるかどうかということは、先ほどお答え申し上げましたようにできないのでありますから、結局憲法で認められた範囲というものは、日本自身に対する直接の攻撃あるいは急迫した攻撃の危険がない以上は、自衛権の名において発動し得ない、そういうように存じております。「6・3〈衆・外務委〉57号4頁（外務省条約局長）」と集団的自衛権について否定していたのです。

日米軍事同盟の安保条約

日本におけるこうした動きを背景に、アメリカでは55年から日米安保条約改定にむけた検討が始まっています。極東地域における軍事行動のために米軍が日本に駐留する権利を引き続き維持することに加え、極東有事には米軍の行動に自衛隊も参加させることにあったのです。

こうしたなか、57年2月、今の安倍政権のように憲法9条の改悪に強い執念をもやしていた、戦犯をとかれた岸信介首相が登場し、次々とアメリカの動きに積極的に呼応していきました。57年6月には、MSA協定の約束に基づき、第一次防衛力整備計画を決定、第二次、第3次と防衛力増強の計画をもとに自民党政権の下で、着実に実行していくのです。

岸首相は57年6月19日、この第一次防の決定を手土産に訪米し、アイゼンハワー大統領との会談で安保改定にむけた委員会設置などの合意をとりつけ、念願の安保条約の「双務化」にむけた交渉を開始したのです。

憲法改正原案を作成する内閣憲法調査会も57年8月、野党委員が参加を拒否したまま、安保条約改定と車の両輪をした、憲法改正プログラムをもちこみました。

しかしこれに対し、アメリカの戦争に巻き込まれると国民は安保改定反対闘争と連日、数万、数十万のデモが国会を取り巻き、59年から始まった安保条約改定についての国会審議は、政府の答弁がしばしば行き詰まり、訂正を繰り返し、追い詰められ、岸内閣は60年5月23日、衆議院の議場に警察官を導入して改定安保条約の批准を強行可決したのです。祖父を目標にした安倍首相の今回の安保法制強行成立の似たような行為だったのです。

その結果、衆議院が承認した条約の批准案は参議院で審議に入れず、憲法第60、61条の規定をよりどころに、「自然成立」という前例のないやりかたで国会通過をはからざるを得ませんでした。岸内閣は退陣に追い込まれ、アイゼンハワー来日も中止となり、岸内閣の憲法改悪の企ては挫折したのです。

60年改訂の安保条約は、「日本国とアメリカ合衆国との間の相互協力及び安全保障条約」と、名称に「相互協力」が追加され、日本の基地を「極東における平和と安全の維持」のために米軍が使うことを引き続き認めるだけでなく、「日本の施政権下における、いずれか一方に対する武力攻撃」が発生した場合には、日米が共同してこれに対処するとの新規定が盛り込まれました。日本の領域外の「極東」で行動する米軍と共同してたたかうということまで盛り込むわけにはいかず、在日米軍基地が攻撃された時は、自衛隊が米軍基地を守るために共同してたたかうと「相互防衛」の形式をとったのです。

この在日米軍との共同行動について、「在日米軍に対する攻撃は、日本の領土、領海、領空を侵さずしてやれるものではない。それを排除するという意味においては、日本は個別的自衛権を発動するということです」と、それが集団的自衛権の行使にあたらないことを強調しました。林修三法制局長官は「いわゆる集団的自衛権という名のもとに理解されることはいろいろあるわけでございますが、その中で一番問題になりますのは、つまり他の外国、自分の国と歴史的あるいは民族的あるいは地理的に密接な関係のある他の外国が武力攻撃を受けた場合に、それを守るために、たとえば外国へまで行ってそれを防衛する。こういうことがいわゆる集団的自衛権の内容として特に強く理解されておる。この点は日本の憲法では、そういうふうに外国まで出て行って外国を守るということは、日本の憲法ではやはり認められていないのじゃないか、かように考えるわけでございます。そういう意味の集団的自衛権、これは日本の憲法上はないのではないか、さように考えるわけでございます。」と述べているのです。

さらに改訂された安保条約では、旧条約で前文に努力目標として掲げられた「自衛力漸増」が義務として条文に規定されました。この制定によってその後一貫した軍備増強の政策が展開され、「双務化」によって「対等」な関係になったどころか、日本はいっそう深く、多面的にアメリカの影響下に組み込まれることとなったのです。

66年6月、北ベトナムへの爆撃開始によってアメリカによるベトナム戦争が全面化するや、日本は米原子力潜水艦の「寄港」基地とされ、さらに補給・修理・休養の最前線基地として欠かせない役割を果しました。アメリカの施政権下にあった憲法の適用のない沖縄からは、B52戦略爆撃機がしばしば直接ベトナムへの爆撃のために飛びたったのです。

条約が10年間効力を存続した後は、「いずれの締約国も、他方の締約国に対しこの条約を終了させる意思を通告することができる」と定められた安保条約「固定期限」終了の70年を前にした69年11月、佐藤首相は訪米し安保条約の条文には手をつけない「自動延長」の形をとりつつ、ニクソン米大統領との共同声明を発表しました。沖縄の「核つき返還」や日米共同作戦の対象範囲拡大、自衛隊増強を約束するなど、日米の軍事協力をより強化させる内容のものでした。

自衛隊違憲論、集団的自衛権違憲論

〝憲法下でも固有の自衛権を持つことを認められて、自衛隊は、憲法9条が保持を禁止している「戦力」ではなく「自衛権」を行使するための必要最小限度の実力である〟という解釈で、安保、自衛隊の存続をはかることを当時の国民側はたやすく信用しませんでした。60年以降、安保、自衛隊の違憲論が盛り上がりました。60年代に入りアメリカのベトナム戦争が本格化し、日本が全面的に加担するにつれ、戦争加担に反対する立場からの国民側の違憲論が強まりました。空襲の記録や補償の運動もこの頃から始まったのです。

また、沖縄返還に伴う米軍との共同作戦行動への危惧からの追及や、恵庭・長沼・百里裁判など自衛隊を違憲とする立法裁判が数々行われ、政府の解釈に対し大きな影響を与え、自衛隊の海外派兵の禁止、さらに集団的自衛権行使違憲の解釈が打ち出されました。個別的自衛権行使に基づく自衛隊の合憲性を確保理由づける側面と同時に、その活動を縛るものとなったのが、安保国会でも政府側でも示されたいわゆる1972年見解です。

集団的自衛権と憲法との関係

憲法は、第9条において、同条にいわゆる戦争を放棄し、いわゆる戦力の保持を禁止しているが、前文において「全世界の国民が……平和のうちに生存する権利を有する」ことを確認し、また、第

13条において「声明、自由及び幸福追求に対する国民の権利については、……国政の上で、最大の尊重を必要とする」旨を定めていることからも、わが国がみずからの存立を全うし国民が平和のうちに生存することまでも放棄していないことは明らかであって、自国の平和と安全を維持しその存立を全うするために必要な自衛の措置をとることを禁じているとはとうてい解されない。しかしながら、だからといって、平和主義をその基本原則とする憲法が、右にいう自衛のための措置を無制限に認めているとは解されないのであって、それは、あくまで外国の武力攻撃によって国民の生命、自由及び幸福追求の権限が根底からくつがえされるという急迫、不正の事態に対処し、国民のこれらの権利を守るための止むを得ない措置としてはじめて容認されるものであるから、その措置は、右の事態を排除するためとられる必要最小限度の範囲にとどまるべきものである。そうだとすれば、わが憲法の下で武力行使を行うことが許されるのは、わが国に対する急迫、不正の侵害に対処する場合に限られるのであって、したがって、「他国に加えられた武力攻撃を阻止することをその内容とするいわゆる集団的自衛権の行使は、憲法上許されないといわざるを得ない」との見解をはっきり明言したのです。しかしながら今回の安保国会で、1972年見解が集団的自衛権の行使の根拠と政府はしましたが、そのような記載は全くなく、砂川判決と同じように全く虚偽で、その意味でも今回の安保法制は無効と言えるのです。

日米共同のガイドラインと湾岸戦争

75年4月、長く続いたアメリカのベトナム侵略戦争は、大国アメリカの敗北に終わりました。そのこともあってか76年7月には日本の役割拡大について議論する日米防衛協力小委員会が設置されたのです。

「1985年に、日本の自衛隊が憲法による制約を脱して海外派兵が可能になる状況がくるであろう。アメリカと日本の両軍が、共同の指揮機構をもって、共同作戦態勢をとって、北東アジア作戦にあたる」と77年6月、スチウェル・元駐韓米軍事司令官が発言していたのです。そして78年11月、小委員会の論議の結果をまとめたはじめての「日米防衛協力のための指針」が作成されました。

1990年8月2日、78年11月の、小委員会の論議の結果をまとめたはじめての「日米防衛協力のための指針（ガイドライン）」が更新され、現在まで何回か更新され日米間、共同軍事行動の趣旨となっていったのです。

イラク軍がクウェートに侵攻し、同国を「併合」したと発表。国連安保理は米ソ冷戦で機能を失っていた時代と異なり敏速にイラク非難の決議を採択、91年1月15日までの期限をきってクウェートからの撤退を求めました。

しかしこれが実行されなかったことを理由にアメリカは1月17日、国際的な合意を待たずに多国籍軍を組織して軍事力行使に踏み切り、大規模な戦闘行動が展開されました。イラクのフセイン大統領が2月26日、すべての国連決議を受け入れることを表明し、戦闘は事実上の敗北宣言をし終了しました。この戦争による死者は多国籍軍が480人、イラク軍が10万人から12万人、民間人が16万人から21万人にのぼりました。

この時アメリカは日本に対し国連決議を口実に編成された多国籍軍への自衛隊の参加を求めました。海部内閣はまず資金援助を行いました。しかし自衛隊派兵というアメリカの要求をかわすことができず、多国籍軍の輸送、通信などの活動を自衛隊が支援するための「国連平和協力法案」を臨時国会に提出、自衛隊そのものの派兵も企てましたが、自衛隊海外派兵反対の国民の運動によって廃案に追い込まれたのです。戦後現在までこのように自衛隊の海外派兵の企ては反対阻止されてきたのです。

91年1月17日、多国籍軍がイラク軍への攻撃を開始し、ピンポイント爆弾など悲惨な戦闘の模様が連日テレビでも報道されるなかで、海部内閣は95億ドルの追加支援とともに、中東における被災民移送のため、政令による自衛隊機の派遣を決定しました。しかし、自衛隊機の派遣については現地からの要請がなかったことから不発に終わりました。何とか海外派兵の実績を残したいとする海部内閣は、湾岸戦争終結後の4月26日、機雷除去のため、自衛隊掃海艇のペルシャ湾派遣を閣議決定によって強行したのです。

さらに海部内閣は91年9月19日、あらためて「国連平和維持活動等に対する協力に関する法律案」を国会に提出しました。法案は、廃案となった国連協力法案から多国籍軍への参加の部分を除くことで集団的自衛権行使との批判をかわし、さらにPKO参加5原則を提示し、武力行使を行わないので海外派兵にあたらないとの装いをこらすことによって、公明党、民社党の取り込みをはかりました。

法案は11月に発足した宮沢喜一内閣に引き継がれ、92年6月15日、法案は自公民3党によって採決が強行され成立しました。

94年9月、クリントン政権の国防次官補に任命されたジョセフ・ナイは、ヨーロッパその他の地域での軍事同盟よりも日米安保の「再定義」を優先することを強調し安保条約の条文は変えずに、その内容を「再定義」することによって日米軍事同盟の再編・強化をはかろうとしました。

96年4月17日、来日したクリントンアメリカ大統領と、橋本龍太郎首相は会談後、「日米安保共同宣言―21世紀に向けての同盟」を発表しました。日米共同作戦の対象を「日本の施政の下にある地域」から、「日本周辺地域」に拡大することを公然と宣言するとともに、この新たな日米協力の強化を具体化するために78年の「日米防衛協力指針」を見直すことが確認されました。「ガイドライン」見直し作業は、97年9月に終了し、「周辺事態は地理的概念ではなく、事態の性質に着目したもの」との政府説明が付され、拡大解釈の余地を広げました。従来からの「後方支援」という用語を「後方地域支援」という新造語に置き換え、海外での武力行使はあくまでも違憲としつつ、「戦闘行動が行われている地域とは一線を画される日本の周囲」で行われる補給、輸送、整備等の支援であり、「武力行使との一体化」をしないから集団的自衛権の行使にはあたらないし、海外派兵にもあたらないとしました。

新ガイドラインを国内法として具体化するための「周辺事態法案」は、第二次橋本内閣によって98年4月に閣議決定され、99年5月、「周辺」の意味を限定したうえで「周辺事態法」が成立させられました。

しかし野党の激しい追及にあって小渕内閣は、「日本の周辺地域に限定しており、中東やインド洋、地球の裏側は考えられない」と答弁せざるを得ませんでした。

イラク戦争に参加

2001年9月11日、同時多発テロが発生するや、アメリカはこれへの報復と称してアフガニスタン、続いてイラクへの無法な戦争を開始、日本への参戦を迫ってきました。

その結果、「周辺地域」、「武力行使との一体化はしない」との言い訳の矛盾をさらけ出しました。アフガニスタンを日本の「周辺地域」というのは明らかに無理があるのです。そこで小泉純一郎内閣は、①テロ対処目的なら世界のどこの紛争であっても、②活動の期間を通じて戦闘が行われることのないと認められる地域＝「非戦闘地域」なら外国の領域であっても派兵できると、従来の見解を大幅に拡大し、「テロ特措法」ではインド洋へ、「イラク特措法」ではついにイラク本土へ自衛隊を派兵しました。

このように当時アメリカが日本に求めたのは米軍の単独の軍事作戦に対する参加ではなく、国連の多国籍軍への参加、それも「後方支援」であったのでした。そこで政府はまず、国連の集団安全保障措置、多国籍軍などへの参加を確保しようとしたのです。

また、内閣法制局は、湾岸危機に際しての自民党による自衛隊を派兵しろ、という強い要求に対して、海外での武力行使は違憲という線を堅持しつつ、そうした多国籍軍等への自衛隊の後方支援活動に途を開く解釈を提供しようとはかりました。

そこで、新たにクローズアップされたのが「武力行使との一体化」論でした。自衛隊が武力行使をせず、かつ「他国の武力行使と一体化しないような」ものなら許されるとしたのです。「武力行使との一体化論」はなんとか自衛隊を海外に出すための方便でしたが、これが後々、自衛隊の活動を縛ることとなるのです。集団的自衛権についてはそれゆえに当時の小泉首相は国会で当然否定した答弁をしています。

内閣総理大臣

集団的自衛権の行使について検討すべきとのご指摘であります。検討は結構であります。歓迎いたします。集団的自衛権とは、自国と密接な関係にある外国に対する武力攻撃を、自国が直接攻撃されていないにもかかわらず実力をもって阻止する権利と解されています。我が国がこのような集団的自衛権を行使することは、憲法第9条の下で許容されている必要最小限度の実力行使の範囲を超え、許されないと考えております。将来に向かって政策論として議論するのは結構でありますが、集団的自衛権に関し小泉内閣の見解を変更することは考えておりません。

内閣総理大臣

……私は集団的自衛権を認めるんだったならば、憲法は改正した方がいいと思っております。憲法を改正しないで集団自衛権、これまで積み重ねてきた政府解釈を変えるということは小泉内閣ではするつもりありません……。

内閣総理大臣

憲法は我が国の法秩序の根幹であり、特に憲法第9条については過去50年余にわたる国会での議論の積み重ねがあるので、その解釈の変更については十分に慎重でなければならないと考えております。

日米軍事同盟の強化と改憲の動き

こうして、97年の改定ガイドライン以来の憲法9条と日米軍事同盟の矛盾は極限に達し、改憲をめぐる動きが展開されるようになっていきました。

2000年10月、ブッシュ政権の時国務副長官に就任したアーミテージ氏らが「日米同盟は米国の世界的安全保障戦略の中心で、集団的自衛権の行使の禁止は同盟国としての制約となってこの制約を除去することによってより緊密で効率の高い防衛協力が可能になるであろう」といわゆるジャパンハンドラーといわれているアーミテージリポートによる日本への集団的自衛権行使を要求していました。そのための憲法改正の要求の流れは当時の自民党国防部会が作成した「我が国の安全保障政策の確立と日米同盟、日米安保体制の強化、そのための日米の防衛技術協力、武器輸出三原則の見直しなど」を見ればわかるように、集団的自衛権行使ができるような憲法改正の流れが出来上がっていったのです。その後2007年、2012年と2回に亘りこのレポートが出され、日本において集団的自衛権行使と憲法改正の圧力と流れになっていったのです。12年の第3次アーミテージレポートには「日本が強い米国を必要とするに劣らず、米国は強い日本を必要とする」「日本の防衛及び地域の緊急事態における米国との防衛を含めた日本の責任範囲を拡大すべきである」「軍事的により積極的な日本をもしくは平和憲法の改正を求めるべきである。集団的自衛権の禁止は同盟の障害である。平和時、緊張、危機、及び戦争時の防衛範囲を通して完全な協力で対応することを我々の軍隊に許可することは責任ある権限行動であろう」と書かれています。

01年1月には国会に憲法調査会が設置され、戦後初めて国会の場で公然と改憲論議が展開されることとなりました。05年10月には自民党が「新憲法草案」、同31日に民主党が「憲法提言」を発表し政党間の改憲案の競い合いも始まりました。そして07年5月、自民・公明は、安倍政権の下で投票権を18歳以上などとする妥協はしたものの、最低投票率もない、際限のない宣伝ができる、公務員教育者の選挙運動が規制された、問題の多い国民投票法を強行成立させたのです。

これに対し、国会で憲法調査会の論議が始まった01年5月3日の憲法記念日からは、市民側は憲法会議と市民団体が実行委員会をつくって統一した集会を開くという新たな共同が実現しました。

04年6月には大江健三郎、井上ひさし、梅原猛、奥平康弘、小田実、加藤周一、澤地久枝、鶴見俊輔、三木睦子の9氏が「九条の会」のよびかけを発表しました。よびかけは、「憲法制定から半世紀以上を経たいま、九条を中心に日本国憲法を『改正』しようとする動きが、かつてない規模と強さで台頭してきています。その意図は、日本を、アメリカに従って『戦争する国』に変えるところにあります」と指摘し、「日本と世界の平和な未来のために、日本国憲法を守るという一点で手をつなぎ、『改憲』の企てを阻むため、一人ひとりができる、あらゆる努力を、いますぐ始めることを訴えます」というものでした。

２００４年1月には当時自民党幹事長だった安倍晋三氏が衆議院予算委員会で法制局に対し次のような質問をし、当時の法制局の秋山政府特別補佐人から当然集団的自衛権行使否定の答弁を受けています。

安倍委員

……「わが国を防衛するため最小限度の範囲にとどまるべきものである」、こういうふうにありますが、「範囲にとどまるべき」というのは、これは数量的な概念を示しているわけでありまして、絶対にだめだ、こう言っているわけではないわけであります。とすると、論理的には、この範囲の中に入る集団的自衛権の行使というものが考えられるかどうか。

その点について、法制局にお伺いをしたいというふうに思います。

秋山政府特別補佐人

……御質問の後段の、憲法解釈において政府が示している、必要最小限度を超えるか超えないかというのは、いわば数量的な概念なので、それを超えるものであっても、わが国の防衛のために必要な場合にはそれを行使することというのも解釈の余地があり得るのではないかという御質問でございますが、憲法9条は、戦争、武力の行使などを放棄し、戦力の不保持及び交戦権の否認を定めていますが、政府は、同条は我が国が主権国として持つ自国防衛の権利までも否定する趣旨のものではなく、自衛のための必要最小限度の実力を保有し行使することは認めていると考えておるわけでございます。

その上で、憲法9条のもとで許される自衛のための必要最小限度の実力の行使につきまして、いわゆる3要件を申しております。我が国に対する武力攻撃が発生したこと、この場合にこれを排除するために他に適当な手段がないこと、それから、実力行使の程度が必要限度にとどまるべきことというふうに申し上げているわけでございます。

お尋ねの集団的自衛権と申しますのは、先ほど述べましたように、我が国に対する武力攻撃が発生していないにもかかわらず外国のために実力を行使するものでありまして、ただいま申し上げました自衛権行使の第一要件、すなわち、我が国に対する武力攻撃が発生したことを満たしていないものでございます。

したがいまして、従来、集団的自衛権について、自衛のための必要最小限度の範囲を超えるものという説明をしている局面がございますが、それはこの第一要件を満たしていないという趣旨で申し上げているものでございまして、お尋ねのような意味で、数量的な概念として申し上げているものではございません。

この秋山内閣法制局長官の答弁でも明らかなように、我が国の自衛権の行使は、武力攻撃から我が国や国民を守るための措置であり、したがって我が国に対する武力攻撃の発生をその発動の要件とするのに対して、集団的自衛権は、我が国に対する武力攻撃が発生しておらず、国民や国の存立が直接危険にさらされていない状況下での武力行使である点において、個別的自衛権とは決定的にその性格を異にするものなのです。

安倍政権の日米軍事同盟強化による軍事大国化の策動

２００６年9月に発足した第一次安倍晋三内閣は教育基本法改悪や防衛庁の防衛省への昇格などを強行し、その強権政治が国民の強い反発をうけて1年そこそこで政権の座を下りました。しかし、12年12月、政権に復帰した安倍首相は引き続きアメリカの要求を忠実に実行することに務め、今回の集団的自衛権容認・戦争法制定に向けての条件づくりをすすめました。

13年10月3日には日米安保協議委員会、11月27日には国家安全保障会議設置法、12月6日には特定秘密の保護に関する法律、国家安全保障会議と閣議において、「外交政策及び防衛政策を中心とした国家安全保障に関する基本方針」としての「国家安全保障戦略」と、これを踏まえた「防衛計画の大綱」、「中期防衛力整備計画」を決定したのです。武器輸出三原則も閣議決定で緩和してしまいました。安倍首相がいう「国際協調主義に基づく積極的平和主義」が「国家安全保障の基本理念」の中心にすえられ、その内容として、「日本の平和と安全」、「日米同盟の強化」とともに、「平和で安定し、反映する国際社会」の構築をあげ、具体的には自衛隊に海兵隊能力、敵基地攻撃能力などが盛り込まれ、軍事力強化による積極的平和主義という概念を作り上げこれに基づいて次々と軍事大国化をすすめていったのです。

こうしたうえに、ついに、今回集団的自衛権行使容認の閣議決定、新日米ガイドラインの策定そして安保関連法制の成立の強行を行ったのです。

3、自衛隊が行使できる「自衛権」は、あくまで「個別的自衛権」

このように戦後の歴史の中で、自衛隊が行使できる「自衛権」は、あくまで「個別的自衛権」であり、「集団的自衛権」は、間違いなく行使できないはずであったのです。このように、自衛のための必要最小限の実力行使の容認は、「集団的自衛権」の否定とセットになっていたのです。

このようにして、政府解釈によって合憲とされた個別的自衛権の自衛隊は、現実の運用の中で、国民の間に次第に受け入れられ、相当数の学者らも、上記のような合憲論を受け入れるところとなりました。しかし、そうではあっても、自衛隊が、「集団的自衛権」を行使できないということは、その大前提であり続けたのです。新安保法制の審議中、国会において、憲法学者3人が、自衛隊に関しては合憲との立場に立ちながら、新安保法制を違憲と判断していることは、以上のような経緯をたどることによって、理解しやすくなります。

そして、このような解釈は、前述したように政府見解としても、終始一貫しており、内閣法制局の説明として行われたのみならず、歴代の総理大臣もみずからその旨を国会で明らかにし、政府答弁書等においても表明されてきたのです。

また、法案審議の過程で、確立された政府見解を変更することに関して、「日本を取り巻く安全保障の環境が変化したのであるから、政府がその解釈に変更を加えるのは当然です、したがって、安保法制への変更は憲法の枠内の問題であって、憲法違反にはならない」との政府側の見解が示されました。しかし、これは、前述したように、外国に対する武力攻撃に対して武力行使を認める「集団的自衛権」は、憲法9条の下では行使する余地がないとする一貫した政府解釈を一変するものであり、「集団的自衛権」を行使しないということによって、かろうじて、自衛隊が合憲性の枠内に踏みとどまっていたわが国憲法の安保法体制の整合性をそれこそ根底から覆すものであり、それこそ憲法改正手続きによってしか行い得ないもので、クーデターと批判されるような憲法破壊行為なのです。言うまでもありませんが、憲法は時の政府の誤った権力行使、恣意的な権力行使、権力の暴走を許さないための歯止めとして存在するのです。憲法によって権力に縛りを掛け、恣意的な解釈運用を許さず、それによって、国のあるべき姿と国民の権利を守ろうとするのが立憲主義の精神です。上記の見解は、その憲法を改正するという手続きを取らず、時の政権のその時々の時局判断次第によって、いかに日本国憲法の根幹である個人の尊厳、生命にかかわる重要な事柄であっても、いかにそれまで安定的に解釈運用されてきた事柄であっても変更が可能であるとする議論であって、まさに、立憲主義の精神そのものを崩壊させる暴論と言わなければなりません。内閣法制局の解釈を担ってきた歴代の法制局長官が、疑問の声を上げたのも、また、元最高裁長官もこの歴代の政府の解釈見解については既に法規範性となっていると見解を出したのも、まさにこの点にありました。そのような暴挙が許されるなら、それこそ、日本国憲法のもとに構築されてきた日本の法体系は大きく揺らぎ、法の支配は根底から危うくなってしまうのです。

今回の内閣の行為、国家の立法行為は、まさしく憲法破壊と言われるような明白かつ違憲の無効な行為であること間違いないのです。

三、憲法破壊の安保法制の国会審議

次に「憲法破壊の安保法制の国会審議」について述べます。

憲法破壊の安保法制の国会審議は国家賠償法上の国民の平和的生存権や人格権、憲法改正決定権を侵害する違法な加害行為に当たることです。

２０１５年の安保国会で強引に成立させた安保法制は、立憲主義にも平和主義にも議会制民主主義にも違反した、違憲違法なもので、内閣及び国会議員による原告ら国民への各権利に対する加害行為が成立し、国会で立法行為が違法行為として国家賠償請求できる最高裁の昭和60年、平成17年の立法行為、即ち国会が違憲違法な「人を殺し殺される」内容をもった法律を制定し、議会制民主主義の手続きにも反して国民の先ほどの三つの権利を明白に侵害したものとして国家賠償請求できるとして違法性の要件にも該当するものです。

その違法な国会審議の重要な加害行為違法行為として考えられる具体的事実について抽出してみました。

1、ポツダム宣言も知らずに国家主権・国民主権を投げうつ

新安保法制案の国会提出に先立って、国家主権を投げ打って、国民主権を全く無視し、安倍首相は4月29日、ワシントンの米上下両院合同会議で演説し、新安保法制案の成立を「この夏までに必ず実現します」と公約したのです。

その上で、安倍内閣は5月14日、新安保法制案を閣議決定し、15日、国会の場に提出しました。与党政策責任者会議では、国民よりも上記のアメリカへの約束通り、「夏までの成立」をめざす方針まで確認しています。

5月26日衆院本会議で審議入りしました。

安倍晋三首相は答弁で十分な審議が必要であるにもかかわらず「今国会の確実な成立を期す」と明言しました。

その前に行われた20日の党首討論で日本共産党の志位和夫委員長は、戦後70年の節目の年にあたって日本が過去の戦争にどういう基本姿勢をとるかが重大問題になっていると提起し、首相に「過去の日本の戦争は『間違った戦争』だという認識はありますか」と端的に問いました。

安倍首相は、村山富市首相談話など「節目節目にだされている政府の談話を全体として受け継いでいく」とのべるだけで、善悪の判断を正面から答えず、そこで志位氏は、「ポツダム宣言のこの認識を認めないのか」と問いただしました。首相は「私はまだ、その部分をつまびらかに読んでいない。論評は差し控えたい」と答え、戦後日本の原点となったアジア太平洋戦争が違法なものであったとする「ポツダム宣言」すら読んでいないなどとのべ、言を左右に「間違った戦争」との認識を避けたのです。

2、武力行使の3要件と専守防衛

5月27日の衆院安保法制特別委員会を舞台に安保法制案の審議が始まり集団的自衛権の3要件のやりとりも行われました。集団的自衛権を行使できる「存立危機事態」の判断基準について、安倍首相は「国民生活に死活的な影響が生じるか否かを総合的に判断する」として、単なる経済的な影響では該当しないと述べました。さらに「武力行使の新3要件」を満たせば、他国の領域でも集団的自衛権を行使できるとの見解を示しました。

首相はこれまで、日本への石油供給ルートにあたる中東のホルムズ海峡が機雷で封鎖されれば、「経済的なパニックが起こる」と指摘でき「我が国の存立が脅かされ、国民の権利が根底から覆される明白な危険」があるなど「武力行使の新3要件」を満たす可能性があると訴えてきました。

しかしながら、首相は「単に国民生活や国家経済に打撃が与えられたことや、生活物資が不足することのみで存立危機事態に該当するものではない」とも説明。ホルムズ海峡の機雷封鎖で、生活物資や電力の不足によりライフラインが途切れることなどで、「国民の生死に関わる深刻、重大な影響」が生じるかどうかが判断基準になるとしました。

さらに、首相は「海外派兵は一般に自衛のための必要最小限度を超え、憲法上許されない」と述べつつ、機雷の除去は認められるとの考えを強調。「水中の危険物からの民間船舶の防護を目的とするもので、受動的かつ限定的な行為。外国領域であっても、新3要件を満たすことはあり得る」と答弁しました。

また、首相は集団的自衛権を行使できる例として、機雷除去のほかに邦人輸送中の米艦防護、そして新たに北朝鮮を念頭に置いた有事を挙げました。首相は「我が国近隣において米国に対する武力攻撃が発生。攻撃国は我が国をも射程に捉える相当数の弾道ミサイルを保有し、我が国に対する武力攻撃の発生が差し迫っている」状況を例示。「弾道ミサイルによって甚大な被害を被る明らかな危険がある」として、存立危機事態に該当しうると説明しました。

民主党の長妻昭代表代行は「専守防衛の定義が変わったのではないか」とただしましたが、首相は「全く変わりない」と否定したのです。

他国への攻撃でも「わが国の存立が脅かされるから、これを防衛するのは専守防衛」というのが首相の説明ですが、自国が攻撃されていなくても自衛権を行使できるようにするのは明らかな変更で、専守防衛に変わりないというのは全く嘘です。

このように、一連の安保法制は、専守防衛を柱とする戦後日本の安保政策を大きく転換するもので、審議を尽くさなければならず、それがこのような重要な法案であればなおさら当然で、委員会では、首相が質問に直接答えなかったり、答弁書を延々と読み続けたり、野党議員を挑発するなど不誠実な態度も見られ、議論が深まりませんでした。

3、憲法学者3氏の安保法制違憲論

6月4日の衆院憲法審査会で、「立憲主義」をテーマに招致された参考人の憲法学者3氏がそろって、集団的自衛権行使を可能にする戦争法案について「憲法に違反する」との認識を表明しました。

長谷部恭男氏は「集団的自衛権が許されるという点は憲法違反だ。従来の政府見解の基本的な論理の枠内では説明がつかないし、法的安定性を大きく揺るがす」と表明しました。

小林節氏は「憲法9条2項で軍隊と交戦権は与えられていない。9条をそのままに、仲間を助けるために海外に戦争に行くというのは、憲法9条、とりわけ2項違反だ」と述べました。

笹田栄司氏は、従来の政府の憲法解釈は「ガラス細工だが、ギリギリのところで保ってきている。今の定義では踏み越えてしまったので違憲だ」と述べました。

衆院憲法審査会に参考人として出席した憲法学者3人全員が安全保障関連法案を「違憲」と言明したのを受け、衆院特別委員会の審議の最大の焦点が、法案の中身から法案の違憲性に移りました。「違憲発言」で法案の正当性が根幹から揺らいだことで、政府・与党は防戦を強いられました。

5日の特別委は、専門家3人の「違憲」発言を受けて審議の潮目が変わりました。それまでは、どういう状況なら集団的自衛権の行使が許されるのかの基準に議論が集中していたのですが、法案の違憲性が中心になりました。民主党は「政府は法案を撤回した方がいい」と追及しました。

政府側は「憲法解釈は行政府の裁量の範囲内」と反論しました。「政府が合憲と判断すれば合憲」と主張するのに等しいのです。

安倍政権は憲法解釈変更の閣議決定に際し、一内閣の判断で憲法解釈を変え、憲法が国家権力を縛る「立憲主義」をないがしろにしたと批判された経緯もあるのに、今回の学者や野党側の「違憲」との指摘も、正面から受け止めようとはしませんでした。

4、審議を重ねれば重ねるほど矛盾

共産党の志位委員長との党首討論で「武力行使と一体でない後方支援という国際法上の概念が存在するのか」と安倍首相に正したのに対し、安倍首相は「国際法上そういう概念はありません」と述べました。この概念が世界で通用するものでないことを認めたのです。

そしてまた、衆院の安保法制特別委員会で野党側は、「戦闘地域」にまで行き米軍等への兵站を行う自衛隊のリスク、集団的自衛権行使の違憲性などを繰り返し追及。中谷元・防衛相、岸田文雄・外相らは答弁不能に陥り、たびたび審議は中断しました。特別委員会で野党側が政府に要求した統一見解や法案の関連資料提出にもまともに応じないなど、法案審議の行き詰まりが深まりました。衆院で法案が審議入りしてから1カ月間の特別委での審議中断は54回にのぼりました。通常国会会期末までに衆院通過という政府・与党が想定していたシナリオは大幅に狂い始めました。

砂川事件最高裁判決や、「集団的自衛権の行使は憲法上許されない」と結論付けた政府見解をねじまげ戦争法案を正当化した「合憲」論が次々破綻するもとで、安倍首相らが憲法解釈を変更した唯一の理由で持ち出したのが「安全保障環境の根本的変容」というものでした。

日本共産党の宮本徹議員は6月11、19両日の衆院安保特別委で「他国に対する武力攻撃によって、政府の安保法案の言うような『存立危機事態』なるものに陥った国が、一つでもあるか」と追及。岸田外相は答弁不能になり、「実例をあげるのは難しい」と答弁。憲法解釈変更の理由――戦争法案の立法事実がないことが明らかになりました。

安倍首相は集団的自衛権行使の具体例として中東・ホルムズ海峡の機雷封鎖事案を繰り返しあげました。6月15日の衆院安保特別委で日本共産党の赤嶺政賢議員は、同海峡の機雷封鎖にたびたび言及してきたイラン自身が米国などとの対話を進めるなど海峡封鎖の可能性はさらに低くなっていることを示し、安倍政権による憲法解釈変更は「現実の国際政治と無関係に行われたものだ」と批判しました。

安保法案は、審議を重ねれば重ねるほど矛盾や欠陥が露呈していきました。衆院憲法審査会で参考人の憲法学者全員が「違憲」と主張したことを契機に、法案の合憲性に対する国民の疑念も一気に膨らみました。

5、国民や政治家の反対意見が増加

時がたつにつれ、法案そのものや、今国会での成立に反対する国民の意見が増えていきました。共同通信社が6月下旬に実施した全国電話世論調査によると、安保法案に「反対」との回答は58・7％で、5月の前回調査から11・1ポイント上昇しました。法案の今国会成立に「反対」との答えも63・1％で、前回より8ポイントも増えています。

自民党元幹部や歴代政権の閣僚経験者4氏が6月12日、日本記者クラブで記者会見し、安倍政権の「安保法制」に反対する意見を声明や口頭で表明しました。

山崎拓氏「歴代政権が踏襲してきた憲法解釈を、一内閣の恣意で変更することは認めがたい。法案が成立すれば、わが国の安保政策の重大転換となり、平和国家としての国是は大いに傷つくことになる」。

藤井裕久氏「集団的自衛権とは何か。完全に対等な軍事同盟です。その特徴の一つは仮想敵国をつくること」「アメリカは軍事的、経済的な肩代わりを日本に求めている。こんなことをやっていたら日本は本当に間違った道を進むことになる」。

亀井静香氏「日本は戦後、国際的にいわゆる『普通の国』ではない国でいく国是で進んできました。それを一内閣、一国会で国家のあり方をがらっと変えてしまおうとしている。いまリスクがある、ない、なんていっているが、そんな生やさしいものではない。戦闘行為をやって戦死者が出るのが当たり前なんです」。

武村正義氏「いわゆる後方支援で、たたかっている米軍などに弾薬や戦闘機の油などを自衛隊が運ぶことはまさに兵站活動そのものです。相手国から見れば当然、攻撃対象になります。国の形を変える大きな政策が、議論が未成熟なまま一挙にケリをつけられようとしている。

国民世論が納得しないまま一方的に強行採決すれば、大きな禍根を残すでしょう」。河野洋平元衆院議長は6月9日、日本記者クラブで記者会見し、安倍政権が「戦争法案」を今国会中に成立させようとしていることについて、「いかにも早急すぎるし乱暴すぎる」と指摘し、「一回引っ込めて再検討したほうがいい」と語りました。

5月22日放送のTBS系「時事放談」で、自民党の重鎮だった野中広務・元官房長官、古賀誠・元自民党幹事長が、安倍政権に厳しい言葉を連ねました。野中氏は「死んでも死に切れない気持ち」と語り、古賀氏も「恐ろしい国になっている」と繰り返しました。

6月13日、東京、宮城、千葉、長野、静岡、奈良、福岡など列島各地で集会やデモが行われ、「海外で戦争する国をつくる憲法違反の戦争法案を必ず止める」の声がわきあがりました。

東京都内で開かれた「STOP安倍政権！　大集会」には、北海道から沖縄まで全国から1万6000人が参加。「日本中から国会を圧倒的に包囲し、戦争法案を廃案に追い込もう」の発言が相次ぎました。

京都市では、臨済宗相国寺派管長の有馬頼底氏や作家の瀬戸内寂聴氏らが呼びかけた「戦争立法NO！　京都アクション」が行われ、30度を超える蒸し暑さのなか、2300人が「戦争法案とめよう」とアピールしました。

国会周辺では、「総がかり行動実行委員会」が国会包囲行動を実施。2万5000人が詰めかけ、法案提出以降、最大規模になりました。東京・渋谷では、「戦争立法反対！　渋谷デモ」が行われ、若者ら3500人が繁華街を行進しました。デモに先立って、若者憲法集会が都内で開かれ、1300人の若者が参加しました。

千葉県大集会には４０００人、愛知県弁護士会の大集会には４０００人余。これより先、大阪弁護士会の集会に４０００人が参加しました。

6月18日夕、93歳になる作家の瀬戸内寂聴さんが、戦争法案に反対する国会前集会に参加して、「戦争を二度と繰り返してはなりません」と訴えました。

「去年、ほとんど寝たきりでした。最近の状況を見たら、寝ていられないほど心を痛めました。このままではだめだよ、日本は怖いことになっている」と切り出しました。

6月20日、戦争法案にレッドカードを突き付けようと、赤いファッションアイテムを身につけた女性たちが国会を包囲しました。「女の平和」行動。前回の2倍を超える1万5000人が手をつなぎ、「戦争法案いますぐ廃案」などと唱和しました。

集団的自衛権行使容認の「閣議決定」に反対する学者らでつくる「立憲デモクラシーの会」は6月24日、衆院第二議員会館で会見を開き、「集団的自衛権の行使を容認する点、外国軍隊の武力行使と自衛隊の活動との一体化をもたらす点で、日本国憲法に明確に違反している」と批判。「立憲主義をないがしろにし、国民への十分な説明責任を果たさない政府に対して、安全保障にかかわる重大な政策判断の権限を与えることはできない」として法案の撤回を求めました。

6、衆議院で強行採決

他国を武力で守る集団的自衛権行使容認を柱とする安全保障関連法案は15日の衆院特別委員会で、最初から新安保法制案はこのような矛盾欠陥だらけであることが明らかとなり、政府の説明責任も国会で果たせず、そのため国民の多くの反対運動が広がり、世論調査でも反対が増えたにもかかわらず、自民、公明両党の賛成で強引に可決させてしまいました。

この前の7月10日夜、奥田愛基《あき》ら若者が結成したSEALDsが続けている毎週金曜日の国会正門前行動の参加者が、初めて1万人を超え、1万5000人が集まりました。

衆院での強行採決と前後して、弁護士会の歴代会長による声明や宣伝行動が全国に広がりました。日本弁護士会が7月9日、国会内で2回目の学習会を開きました。

日弁連の村越進会長は、「国民の意見に背を向け、国会の数の論理だけで押し切ることになれば、無理が通れば道理が引っ込む世界になってしまう。安保法案は採決することなく、いったん廃案にすべきだ」と述べ、日弁連として法案廃止に全力をつくす決意を表明しました。

強行採決前日の14日夜、採決強行反対と法案の廃止を求める「総がかり行動実行委員会」の大集会が東京・日比谷野外音楽堂で開かれ、2万人を超える人が駆けつけました。

7月15日、国会周辺は、「採決するな」の緊急早朝行動から採決強行後の夜の国会正門前大集会まで終日、廃案を求める怒りの声で包まれました。3日間連続抗議の初日です。

続々と詰めかける列は続き、法案提出後最大規模の6万人に膨れ上がりました。

戦争法案の強行採決に反対し、必ず廃案にしようと15日から17日までの3日間、国会正門前で行われた夜の連続緊急抗議行動。抗議行動初体験の人を含む多くの若者が各地から参加して、声をあげました。

少なくとも全国39都道府県の地方紙のおもな社説・論説が、法案の撤回、廃案を求める首長や民意を無視する安倍政権に対して厳しい批判を掲げました。

7月24日、「民主主義を取り戻せ！　戦争させるな！」と呼びかける「安倍政権NO！　首相官邸包囲」が行われ、私もSEALDsの若い人たちと一緒に安倍政権に反対する声明の会の代表として参加し、7万人が日比谷集会や、国会議事堂をとりまく4カ所で抗議行動を展開しました。私も教育団体を代表して日比谷野外音楽堂の壇上で日本の教育が軍国主義的に変わってきていることへの反対意見を述べ、戦争法案への反対をＳＥＡＬＤｓの若者や小林節さんと一緒に訴えました。

「日本キリスト者平和の会」は7月19日、「戦争法案の強行採決に抗議し、廃案を求める声明」を発表しました。

安保法案に反対する宗教者による全国集会が8月24日、東京都千代田区の星陵会館で開かれました。呼びかけたのは、宮城泰年・聖護院門跡門主、山崎龍明・「戦争法案」に反対する宗教者の会代表、小武正教・念仏者九条の会代表、小橋孝一・日本キリスト教協議会議長など19人。宗教、宗派を超え約３５０人が集まりました。

「戦争立法ぜったい反対」「ママは戦争しないと決めた　パパも戦争しないと決めた」――。戦争法案に反対する子育て中の母親たちが7月26日、東京・渋谷駅周辺で初めての街頭宣伝とデモを行いました。暑い中、約２０００人が参加しました。参議院で審議が始まる前日です。6人が13日に記者会見をして呼びかけ、同日までに1万７０００人を超える賛同が寄せられました。29都道府県に「ママの会」がつくられたことも報告されました。

7月に発足した「安保関連法案に反対するママの会」が全国各地に広がりました。

7、参議院での審議で増々の矛盾

安保法案が7月27日の参院本会議で審議入りしました。このとき政府・与党は9月中旬の成立を狙っていました。

本会議では、衆院に続いて新安保法制案の「違憲性」が相次いで指摘されました。安倍首相は、憲法学者らが一致して「集団的自衛権の根拠にならない」と指摘している1959年の最高裁砂川判決を持ち出して「憲法に合致したもの」と強弁するなど、完全に破綻した議論を繰り返す答弁に終始しました。民主党の北沢俊美議員は「選挙で勝っても、憲法違反は正当化できない。それが立憲主義だ」と強調。「国民が求めているのは対案ではなく廃案だ。われわれは、良心をかけ、廃案を目指してたたかう」と述べ、対決姿勢を鮮明にしました。

日本共産党の市田忠義副委員長は、法案の違憲性を、①米国が世界のどこであれ、戦争に乗り出した際、これまで「戦闘地域」とされてきた場所にまで自衛隊がいって軍事支援―兵站を行う、②形式上「停戦合意」がされても、なお戦乱が続く地域に自衛権を派兵し、治安活動をさせること、③これまで政府が一貫して「憲法違反」としてきた集団的自衛権の行使を容認したこと――の3点から指摘。「現行憲法が持つ、この70年の重みをもう一度かみしめるべきだ」として、憲法9条が支えとなって戦後、一人の外国人も殺さず、一人の戦死者も出さなかったこと、国際貢献活動の担保として機能してきたことを強調しました。

政府・与党は、法案が参院に送付されてから60日以内に議決されない場合、衆院の再議決によって成立させる「60日ルール」の適用についても「参院の判断に従う」として否定しませんでした。

翌28日夜、東京・日比谷公園野外音楽堂は、開会の30分前に超満員になり、入りきれない人たちが集会と並行して「安倍政権は、いますぐ退陣」などとコールしながら、私も参加しましたが国会請願デモを行いました。

ところが、磯崎陽輔首相補佐官が新安保法制案についてとうとう「法的安定性は関係ない。わが国を守るために必要な措置かどうかを気にしないといけない」などと言わざるを得なくなり、立憲主義否定の暴言をして波紋を広げました。政府・与党自ら、集団的自衛権行使を禁じたこれまでの憲法解釈を180度覆しながら法案の「法的安定性」を強調してきただけに、重大な発言でした。

7月28日から参院安保法制特別委員会で始まった新安保法案の論戦では、法案の違憲性や危険な内容とともに、米国が起こす戦争をいつでも、世界中どこでも「切れ目なく」支援する、米国に従属した究極の法案としての本質が浮き彫りになりました。

29日の特別委で共産党の小池晃副委員長は、米軍の対潜水艦作戦に対する海上自衛隊の洋上給油を想定した海自の内部文書を暴露。さらに戦争法案で米軍のミサイルや戦車など、あらゆる武器・弾薬が輸送できることになると指摘し、中谷防衛相は「除外した想定はない」と認めました。

8月3日には共産党の井上哲士議員が、非人道兵器とされるクラスター爆弾や劣化ウラン弾の輸送も排除されないことを追及。自衛隊が行う兵站の内容は法律上も実態上も無制限であることが浮き彫りになりました。中谷防衛相は、核兵器や毒ガスなどの大量破壊兵器も法律上輸送可能とも答弁しました。

参院段階でも政府の答弁不能による審議中断が繰り返され、参院特別委での中断は114回に及びました。

集団的自衛権行使の具体例としてパネルまで持ち出して安倍首相があげた「邦人輸送の米艦防護」について「邦人が乗船しているかどうかは絶対条件ではない」と言い出すなど、参院の論戦では政府があげた集団的自衛権行使の事例が総崩れしました。

参院での論戦で、戦争法案が新ガイドラインの全面的な実行法であることや、その具体化に向けた自衛隊中枢の暴走が大問題になりました。

共産党の小池副委員長が8月11日に暴露した統合幕僚監部の内部資料は、国会審議開始前の5月下旬に作成されたにもかかわらず、法案の「8月成立」を前提に統合幕僚監部が部隊の運用計画を策定していたことを明らかにしました。しかも同文書は、米艦防護の「ＲＯＥ」策定、「軍艦の調整所」の設置、法成立を前提とした南スーダンＰＫＯの行動拡大が明記されていました。

さらに9月2日に共産党の仁比聡平参院議員が明らかにした内部文書には、河野克俊統合幕僚長が昨年12月の訪米時に、米軍幹部に対し戦争法案の今年夏までの成立を表明していたことが記述されていました。野党側は内部資料の確認と統合幕僚長の国会招致を求めましたが、政府・与党はかたくなに拒否しました。

8、12万人の国会前の反対行動に

8月23日、首都圏の学生たちでつくるＳＥＡＬＤｓが呼びかけた全国の若者たちが、安保法制案の廃案を求めていっせいに立ち上がりました。北海道から沖縄まで、確認できただけでも21都道府県で集会やデモ、ロングラン宣伝などが行われました。

日本弁護士連合会は8月26日、院内学習会「『安全保障法制』を問うＰａｒｔ３」を参院議員会館で開催。この日までに日弁連が取り組んできた安保法制案反対の請願署名33万９２４４人分を国会に提出しました。同日、史上初の「オール法曹、オール学者」３００人が一堂に会しての合同記者会見を行い、「戦争法案は廃案しかない」とアピール。同日夜には、日弁連が主催して、「立憲主義を守り抜く大集会＆パレード」を開催しました。

8月26日に東京都内で開かれた「１００大学有志の共同行動」では全国の87大学、２５３人の大学教員が一堂に記者会見を行い、「学者の会」の呼びかけ人の一人、佐藤学・学習院大学教授は「各大学で自主的な動きがわきおこり、かつてない広範な共同がつくられている」と述べました。

違憲立法・戦争法案の廃案と安倍政権の退陣を迫る「国会10万人・全国100万人大行動」が8月30日に行われました。北海道から沖縄まで列島津々浦々に戦争法案と安倍政権への怒りのコールがとどろきました。国会大行動を呼びかけた総がかり行動実行委員会が「12万人の参加で成功しました。全国1000カ所以上で数十万の人がいっせいに行動に立ち上がった」と紹介すると、大歓声がわきあがり、戦争法案に反対する最大の全国行動になりました。主催者は9月8日からの大宣伝、国会集会、座り込みの連続行動を提起し、「安倍政権を倒すまで必ずやりぬこう」と訴えました。

9、元最高裁長官の山口繁氏も違憲判断

元最高裁長官の山口繁氏が9月3日、共同通信の取材に応じ、安全保障関連法案について「集団的自衛権の行使を認める立法は憲法違反と言わざるを得ない」と述べました。

政府、与党が1959年の砂川事件最高裁判決や72年の政府見解を法案の合憲性の根拠と説明していることに「論理的な矛盾があり、ナンセンスだ」と厳しく批判しました。

「憲法の番人」である最高裁の元長官が、こうした意見を表明するのは初めてでした。高村正彦自民党副総裁は、憲法学者から法案が違憲と指摘され「憲法の番人は最高裁であり憲法学者ではない」と強調しましたが、その元トップが違憲と明言しました。

政府、与党は、砂川判決が「必要な自衛の措置」を認めていることを根拠に、限定的な集団的自衛権の行使容認を導き出しましたが、山口氏は当時の時代背景を踏まえ「集団的自衛権を意識して判決が書

かれたとは考えられない。憲法で集団的自衛権、個別的自衛権の行使が認められるかを判断する必要もなかった」と語りました。

72年の政府見解は「必要な自衛の措置」を取り得るとする一方で「集団的自衛権の行使は憲法上許されない」と明記。歴代政権も引き継いできました。政府、与党は、この見解を行使容認の論拠としつつ、安全保障環境の変化を理由に結論部分を１８０度転換しました。

山口氏はこの点について「72年見解の論理的枠組みを維持しながら、集団的自衛権の行使も許されるとするのは、相矛盾する解釈の両立を認めるものです。72年見解が誤りだったと位置付けなければ、論理的整合性は取れない」と断じました。

その上で「従来の解釈が国民に支持され、９条の意味内容に含まれると意識されてきた。その事実は非常に重い」と主張。「それを変えるなら、憲法を改正するのが正攻法だ」と述べました。

さらに、こうした憲法解釈変更が認められるなら「立憲主義や法治主義が揺らぐ」と懸念を表明。「憲法によって権力行使を抑制したり、恣意的な政治から国民を保護したりすることができなくなる」と危ぶみました。

10、立法事実がないことが増々明らかに

参院の審議の中で、政府の立法事実がないことが増々明らかになりました。

安倍首相は、２０１４年7月の集団的自衛権行使容認の閣議決定後の記者会見で、日本人親子が乗船した米艦船のパネルを示しながら、「海外で突然紛争が発生し、そこから逃げようとする日本人を同盟国であり、能力を有する米国が救助者を輸送しているとき……日本人の命を守るため、自衛隊が米国

の船を護る。それをできるようにするのが今回の閣議決定です」とのべ、「国民の命と平和な暮らしを守るため」であることを強調しました。

ところが、参院の質疑では、中谷防衛相は「邦人が乗っているかは判断の要素の一つではあるが、絶対のものではない」と、首相の説明を否定し、安倍首相も「日本人が乗船していない船を護り得る」とそれまでの説明を覆しました。「日本人の命と幸せな暮らしを守るための法制だ」という説明を大きく変えました。日本人が乗っているかどうかは問題ではなく、日本が攻撃されていなくても米艦防護を可能にするための法案であることが明確になりました。

安倍首相は、この集団的自衛権行使容認の閣議決定直後の衆院予算委員会で、自民党の高村副総裁から、集団的自衛権行使の「典型的な例を話してください」といわれて、唯一、「ホルムズ海峡での機雷の除去」を例示し、「この海峡の地域で紛争が発生し、機雷が敷設された場合……我が国の存立が脅かされ、国民の生命、自由及び幸福追求の権利が根底から覆されることとなる事態は生じ得る」と説明しました。「ホルムズ海峡の機雷除去」を武力行使の目的を持って武装した部隊を他国の領土、領海、領空へ派遣するいわゆる海外派兵は一般に許されない中、例外的な例」などと説明し、「それ以外は今我々の念頭にない」と繰り返しました。

ところが、イランの核問題の協議が前進するとともに、イラン側から「機雷敷設などありえない」と不快感が示されていることが国会でくりかえし指摘され、その非現実性が追及されると、安倍首相は「特定の国がホルムズ海峡に機雷を敷設することを想定しているわけではない」などと弁解し始めました。

「念頭にあるのはホルムズ海峡における機雷掃海のみ」と言っていたにもかかわらず、参院での審議がはじまると、衆院では「さまざまな迂回路があるので、想定し得ない」としていた「南シナ海での機雷掃海」も「新3要件に当てはまれば、対応していく」と前言をひるがえしました。

さらに、9月には、「ホルムズ海峡における機雷掃海は新3要件に該当する場合もあり得る」とする一方で、「今現在の国際情勢に照らせば、現実の問題として発生することを具体的に想定しているものではありません」と遂に二転三転し、このような言明に追い込まれてしまいました。

「典型例」がいつの間にか「例外」となり、ついには「現実の問題として発生することを想定していない」と否定しました。

安倍首相の説明は一体何だったのか。メディアからは「政府が安保法案を必要とする根拠としてきた立法事実が、そもそも非現実的だったのです。こじつけのような理由で集団的自衛権の行使に道を開き、米国との軍事同盟を強化することが、果たして日本とアジア・太平洋地域の平和と安定に資するのか、逆に軍事的緊張を高めることにならないか」、「なぜ、集団的自衛権を行使できるようにしなければ、国民の声明や財産を守ることができないのか。この根本的な問いに、安倍首相は日本人が乗った米艦の防護や中東ホルムズ海峡の機雷掃海を持ち出したが、その説明は審議の過程で破綻した」と批判されたのです。

これまでの憲法解釈を180度転換して集団的自衛権行使をする「存立危機事態」の具体例の説明がことごとく崩れました。立法事実を国民に説明できなくなったのです。濱田邦夫元最高裁判事は、中央公聴会の公述人として「国民の納得性というものがあって初めて新しい法律というのはできるべきもの」だが、「立法事実そのもの、政府、安倍総理等の答弁というのがどんどん変わって、現在ではいずれも該当しないということになっている……それでも強行採決をするというのはどうも納得がいかない」と訴えました。

11、参院での採決をめぐっての国会の混乱

9月に入ると、参院での採決をめぐって国会は一気に緊迫しました。自民党内でいわゆる「60日ルール」を使って戦争法案成立を強行する動きが浮上したり、自民党総裁選をめぐっても戦争法案審議との関係で緊張が走ったりしました。

野党7党・会派の党首会談が9月4日、国会内で開かれ、政府案の強引な採決を阻止することと、来週再び党首会談を開き、どうやって阻止に追い込むか対応を協議することで一致しました。野党7党・会派の党首会談は9月11日にも開かれ、国民の声に応えて、野党が一致結束して、「安保法案」=戦争法案阻止のために、あらゆる手段をつくしてがんばりぬくことを確認しました。

学生と学者たちは9月6日、東京・新宿駅近くの歩行者天国で廃案を訴えました。強い雨が降るなか、大通りは1万2000人であふれました。

戦争法案の廃案、安倍政権の退陣を求めて10日、「総がかり行動実行委員会」とSEALDsが国会正門前での連続行動をスタートさせました。雨が降るなか、4000人が参加。映画監督のジャン・ユンカーマンさん、被爆者の代表らが次つぎとスピーチ。「追い詰められているのは安倍政権です。退陣までたたかいぬく」との発言に大きな拍手が起こり、「戦争したがる総理はいらない」とコールしました。

戦争法案に反対して国会正門前でマイクを握った、本件裁判の原告となっている日本原水爆被害者団体協議会事務局長の田中熙巳《てるみ》さんは、次のように訴えました。

全国に生き残っている被爆者は18万人います。この被爆者が47都道府県に会をつくって、これまで核兵器の廃絶と被害に対する国の責任を問うて、70年、あるいは60年たたかってきました。

60年というのはなぜか。原爆を落とされて10年間、私たちは完全に放置されました。日本政府が初めて対策をたてたのは原爆が投下されてから12年後です。実にささやかな援護でした。

それから60年、「戦争は絶対にしてはいけない。再び私たちとおなじ苦しみを味わわせてはいけない」という思いでたたかってきました。

そのたたかいの支えになったのは日本国憲法であり、第9条であります。原爆の被害を受けて、日本は絶対に戦争しないことを決めたのが9条です。私たちにとって本当に励ましであります。

私たちは世界にむかって憲法9条は21世紀の政治の規範だと言ってきました。この9条が今、大変な危機におちいっています。9条を変えることは絶対に許すことはできません。

9条の解釈をいいかげんに変えて、集団的自衛権の行使を容認する安倍政権は許すわけにはいきません。ただちに、退陣させるべきです。

これから戦争になれば、最後の戦争は核戦争です。核戦争では人類が滅びます。それは被爆者が、体験を通して信じていることです。

安保法制案を審議する参院安保法制特別委員会は、前記の野党の要求を受け入れざるを得なくなり、16日に地方公聴会を横浜市で開催することを決定しました。

一方、国会前では11日にも若者はじめ1万の市民が戦争法案廃案の声をあげました。野党は同日、民主党、日本共産党などで7党党首会談を開き、法案阻止のためあらゆる手段を尽くしてがんばりぬくことを確認しました。

政府・与党が描いた16日決着という強行日程は、こうした野党共闘と国民の厳しい抵抗で押し返されたのです。

15日の中央公聴会には、参院としては史上最大の95人の応募がありました。すべて「反対」の立場。全国の大学、地域、地方の山村でも、反対の動きはぐんぐん広がりました。

緊迫する週初めの9月14日夜、「強行採決絶対反対」「廃案」を訴える4万5000人の人波で国会正門前の車道と歩道が埋め尽くされました。廃案を迫る大行動は午後1時からの座り込みから、夜の若者による集会まで連日続きました。午後6時半からの「総がかり行動実行委員会」による大集会では、民主党の岡田克也代表、日本共産党の志位和夫委員長ら野党各党の代表らがスピーチして手をとり合いました。ノーベル賞作家の大江健三郎さんらがマイクを握りました。

安保法制案に反対し、廃案を求める声が国会の内でも外でも増々広がる中で、安倍政権と自民・公明の与党は、採決を強行する動きを強めました。15日の中央公聴会、16日の地方公聴会をうけ、その直後にも締めくくり総括質疑と採決を強行しようとしました。

参院安保法制特別委員会は15日、識者ら6人を招き、中央公聴会を開きました。過去10年間で最多となる95人の応募者から選ばれた学生団体・ＳＥＡＬＤｓの奥田愛基氏ら4氏が、法案の採決に強く反対を表明しました。

●中央公聴会4氏の発言

○合憲性チェックしたか疑う／元最高裁判所判事・濱田邦夫氏

今法案は、憲法9条の範囲内ではないというのが、私の意見です。わが国の最高裁は、憲法や成立した法律について違憲であると判断した事例が非常に少ない。ではなぜ日本では裁判所に、憲法判断が持ち込まれないかというと、内閣法制局が60年以上にわたり、非常に綿密に政府が提案する案の合憲性を審査してきたからです。今回の法制は、この伝統ある内閣法制局の合憲性のチェックがほとんどなされてないと疑っています。これは将来、司法判断にいろいろな法案が任されるような事態にもなるのではないか。

政府側は砂川判決と昭和47年政府見解をあげますが、判決や法文そのものの意図とはかけ離れたことを主張する。これは悪しき例であり、とても法律専門家の検証に耐えられない。47年見解も作成経過、当時の国会答弁を考えると、政府側が強引に「外国の武力行使」の対象を「我が国」に限っていたのを、「日本に対するものに限られない」と読み替えをするのは暴論です。法案は最高裁で違憲ではない、というような賛成派の楽観論には根拠がありません。

私がここに出た理由としては、日本の民主社会の基盤が崩れていくという大変な危機感があったからです。言論・報道・学問の自由、大学人がこれだけ立ち上がって反対しているということは、日本の知的活動についての重大な脅威であることの象徴です。

○私たち主権者、世代超え反対／SEALDs・奥田愛基氏

つい先日も国会前では、10万人を超える人が集まりました。この行動は国会前だけではありません。私たちが調査した結果、日本全国２０００カ所以上、数千回を超え、累計１３０万人以上が路上に出て声を

あげています。

強調したいのは、政治的無関心と言われていた若い世代が動き始めているということです。私たちはこの国の民主主義のあり方、未来について、主体的に一人ひとり考え、立ち上がっています。「政治のことは、選挙で選ばれた政治家にまかせておけばいい」。この国にはそのような空気があったと感じています。それに対し、私たちこそが主権者であり、政治について考え、声をあげることは当たり前なのだと考えています。その当たり前のことを当たり前にするために、これまでも声をあげてきました。いまやデモは珍しいものではありません。路上に出た人びとがこの社会の空気を変えたのです。

いまの反対のうねりは、世代を超えたものです。70年間のこの国の平和主義の歩みを、先の大戦で犠牲になった方々の思いを引き継ぎ、守りたい、その思いが私たちをつなげています。私は今日、そのなかの一人として、国会に来ています。

この法案の審議のはじめから過半数近い人びとが反対していました。そして月を追うごとに反対世論は拡大しています。

結局、説明をした結果、しかも国会の審議としては異例の9月末までのばした結果、国民の理解を得られなかったのですから、もうこの議論の結果はでています。今国会での可決は無理です。廃案にするしかありません。

政府・与党が戦争法案の締めくくり総括質疑を行うことを提案し、強行採決を狙うなか、参院安保法制特別委員会の地方公聴会が9月16日、横浜市で開かれ、4氏が意見陳述しました。野党推薦の公述人からは「参院の良識を放棄したと判断されないために、しっかりとした審議をつくすべきだ」など強行採決反対の意見が相次ぎました。

広渡清吾・日本学術会議前会長は、「公聴会は、これからもっと法案の審議を充実させようというためにやるのがコンセンサスだ。公聴会終了後、ただちに強行採決するなら、まさに参院の良識が問われる」と指摘。「法案強行は民意を無視し、民主主義、国民主権にそむくものだ」と強調しました。

水上貴央弁護士は、「公聴会が採決のための単なるセレモニーにすぎないならば、私はあえて申し上げる意見を持ち合わせていない」と述べ、鴻池祥肇委員長が職権で締めくくり総括質疑の開催を決めたことに強く抗議。「公聴会を開いたかいがあったというだけの十分かつ、慎重な審議をお願いしたい」と述べました。

国会は16日夜、参院安保法制特別委員会の鴻池祥肇委員長と自民・公明両党が安保法制案の締めくくり総括質疑を設定しましたが、野党が猛反発するなか委員会開会のめどが立たず深夜にもつれ込みました。国民の声を聞く地方公聴会を開いたその日に、採決を前提にした締めくくり質疑を行おうとする暴挙です。

委員会に先立つ理事会の開催前から野党議員が理事会周辺に押し寄せて猛抗議。たびたび休憩となり、委員会が開けず、断続的に協議が続きました。今週中に安保法制案の成立を狙う与党側と、国民の声に応え断固阻止で結束する野党側の攻防は緊迫の度合いを増し、16日深夜から17日にかけ、特別委員会での強行採決を許すのか、予断を許さない状況が続きました。

委員会に先立って野党側は、今後の国会対応をめぐって党首会談や書記局長・幹事長会談、参院国対委員長会談を断続的に開催。同日夕に開かれた民主、維新、共産、社民、生活、参院会派「無所属クラブ」の6党・会派の党首会談では、①採決を前提とした締めくくり総括質疑を委員長職権で設定したことに断固抗議し、開会に反対の立場で結束してたたかうこと、②委員会採決を強行した場合は内閣不信任や問責決議案などあらゆる手段を駆使して、結束してがんばりぬくこと――の2点を確認しました。

16日、国会周辺に駆けつけた3万5000を超える人が「強行採決絶対反対」「安倍政権はただちに退陣」と議事堂にむけて怒りのコールを響かせました。雨のなか、押し寄せる人波が絶えず、歩道に加え車道の一部が人で埋まりました。「総がかり行動実行委員会」やSEALDsによる大行動です。

○私は声を上げ続けます／T-nsSOWL・高校2年生　あいねさん

安倍首相は安保関連法案を、国民の平和と安全を守る法案だと言います。しかし世論調査では、国民の8割は〝説明不足〟、過半数が反対意見を示しています。

こんな中で憲法違反と言われている法案を強行採決する。これは私が中学校で習った、憲法9条、立憲主義、民主主義などの理念、多くのことに反しています。

これで国民の命と安全など、本当に守れるのでしょうか。

自衛隊の命を奪わないためにも、日本は武力による平和づくりではなく、平和外交による平和構築をするべきだと私は思います。

日本は第二次世界大戦での過ちを認め、謝罪し、世界各国と信頼関係をつくる、平和外交による平和構築をするべきだと思います。それこそ私の望む日本の本当の姿です。

私たちはまだ十数年しか生きていません。あと70年近く、日本で生きたいんです。今もそうですが、未来のことを考えると、この法案は恐怖でしかありません。私たちは国民の意思を無視する首相に、この国の未来など任せられません。

日本が本当の民主主義国家ならば、私たちの声が反映されるはずです。高校生であろうが、大学生であろうが、おとなだろうが、私が日本国民である以上、おかしいことにはおかしいと、声を上げ続けます。

戦争法案の採決をめぐり情勢が緊迫するなか、各社世論調査で、戦争法案の「今国会での成立に反対」が54％で、前回8月調査より、「賛成」はマイナス1ポイント、「反対」は3ポイント増えました。同法案の国会での審議が「尽くされていない」が75％、今国会での成立について「必要ない」が68％でした。

テレビ朝日の調査でも、安倍内閣が同法案について「国民に十分説明していると思わない」人が80％に上りました。「思う」との回答は11％でした。

産経新聞社とＦＮＮの合同調査でも、今の国会での成立に59・9％が「反対」と答え、前回8月調査から3・5ポイントアップ。「賛成」は32・4％で1・9ポイント減りました。

ＮＨＫは11日～13日に調査し、今の国会で成立させるという政府・与党の方針に「反対」が45％、「賛成」が19％でした。国会の審議も「尽くされていない」が58％でした。

ＴＢＳ世論調査は、政府の説明は「不十分」と83％が回答しています。

12、異常な与党の参院での強行採決

戦争法案が9月17日の参院安保法制特別委員会で大混乱のなか強行採決されてしまいました。政府・与党は同日夜、参院本会議に法案を緊急上程。民主、維新、生活、日本共産党、社民の各党は中川雅治参院議院運営委員長の解任決議案、中谷元・防衛相の問責決議案を提出するなど、成立阻止へ徹底抗戦

しました。

参院安保法制特別委員会は、安保法制案に関する国民の意見を聞いた地方公聴会直後に、鴻池祥肇委員長が法案採決を前提とした締めくくり総括質疑を開催しようとしたために、16日夕刻から17日未明まで混乱していました。17日午前には、鴻池委員長が一方的に締めくくり総括質疑の開催、質疑終局まで職権で決めたため、民主党が鴻池委員長に対する不信任動議を提出しました。ところが、与党は不信任動議の否決後、締めくくり総括質疑すら行うことなく、審議打ち切りを強行。「国民の声を聞け」「反対、反対」との抗議の声が飛び交うなか、与党議員が暴力的な強行採決に踏み切りました。衆参両院の審議で、戦争法案の違憲性・危険性が浮き彫りになり、答弁不能に追い詰められた政府・与党による国政史上最悪の暴挙でした。

この決議に対し、決議不存在無効の声明が弁護士らの関係者から出ています。いかに異常な審議だったか以下の事実からよくわかります。

審議打切りと同時に委員長席の周りを与党議員が取り囲んで野党議員を排除し、異常な混乱と怒号の中で、採決がなされ、議員に取り囲まれた鴻池委員長の議題設定等の声は全く聴き取れない状態で、佐藤正久委員が両手を上げ下げするのに合わせて与党議員が起立と着席を繰り返す異様な光景は、テレビ中継されて多くの国民の目に焼き付いています。

その時の同委員会会議録速記の記載は、次のようになっています。
○理事（佐藤正久君）　他にご意見もないようですから、討論は終局したものと認めます。
これより採決に入ります。

我が国及び国際社会の平和安全法制に関する特別委員長鴻池祥肇君不信任の動議に賛成の方の起立を願います。

〔賛成者起立〕

○ 理事（佐藤正久君） 起立少数と認めます。よって、本動議は賛成少数により否決されました。

鴻池委員長の復席を願います。

速記を止めてください。

〔速記中止〕

〔理事佐藤正久君退席、委員長着席〕

○ 委員長（鴻池祥肇君）……（発言する者多く、議場騒然、聴取不能）

〔委員長退席〕

午後4時36分

ここで速記は終わっているのです。

そして同会議録には、委員長の職権で付記がなされ、「速記を再開し」、平和安全法制整備法案と国際平和支援法案について、「右両案の質疑を終局した後、いずれも可決すべきものと決定しました。なお、両案について附帯決議を行った」とされました。

また、委員会に実施の報告がなされなかった横浜での地方公聴会は、委員会の審議に組み入れられる余地はなく、同議事録には、「参照」として「横浜地方公聴会速記録〔本号（その二）〕に掲載」と記載されました。つまり、横浜での地方公聴会は、実質的に委員会の審議に反映されることがなかったのはもちろん、形式的にも委員会の審議の中に位置付けられなかったのです。

17日も、国会前は、朝から強い雨のなかでも人で埋まりました。夕方になってから国会を包囲する人波はふくらみ続け、正門前にむかう人でどの交差点もごったがえしました。「強行採決もどきは無効」「戦争法案廃案あるのみ」「安倍政権をみんなの力で倒そう」と力強くコールを続けました。行動を呼びかけたのは「総がかり行動実行委員会」とＳＥＡＬＤｓです。

参院本会議に緊急上程された安保法制案をめぐる与野党の攻防は9月18日も激しく繰り広げられ、法案の行方は19日未明までもつれ込みました。民主、維新、共産、生活、社民の野党5党は、安倍内閣不信任決議案を衆院に共同提出するなど戦争法案の阻止のために結束して対決。国会周辺は、安保法案に反対する数万人の市民が取り囲み、「戦争法案を絶対通さない」「安倍内閣いますぐ退陣」と抗議の声をあげ続けました。

野党5党は18日午前、国会内で党首会談を開き、安倍内閣に対する不信任決議案を提出し、今後も憲法の平和主義、立憲主義、民主主義を守るために各党が協力していくことを確認しました。

一方、参院本会議では、中川雅治議院運営委員長の解任決議案、中谷元・防衛相の問責決議案につづいて、山崎正昭議長の不信任決議案、安倍晋三首相の問責決議案を野党が連続して提出しました。

政府・与党は、衆院本会議での内閣不信任決議案の否決を受けて、参院本会議を再開し、安保法案の強行採決に踏み切る構え。

国会の中でがんばる野党と心をあわせて、安保法案を絶対に許さないと、18日も朝から夜まで「安倍内閣はいますぐ退陣」のコールが国会を包みました。夜がふけるにつれて人波が増え続け、「総がかり行動実行委員会」が主催する国会前集会には午後7時半で4万人を超える人が参加したと報告されました。

正門前集会を引き継いだSEALDsの奥田愛基さんは「憲法違反でめちゃくちゃな法案は廃案しかない。どんなことがあっても民主主義は終わらない」。

13、9月19日を絶対に忘れない

ついに憲法を踏みにじり、日本を「戦争する国」につくりかえる新安保法制即ち戦争法が9月19日未明、参院本会議で強行採決され、自民、公明などの賛成で可決・成立しました。民主、維新、共産、生活、社民の各党は内閣不信任決議案を提出するなど結束して政府・与党の暴挙を糾弾し、法案に反対しました。

国会を包囲した市民の抗議の声が響きわたるなか、強行採決された安保法。政府・与党は11本の法律を2本にまとめ、一国会で一括審議させる暴挙にでました。その衆参での審議でも、法律そのものの違憲性・危険性が浮き彫りになり、政府答弁も二転三転するなどボロボロに。しかも、国民の7割が反対を表明しているにもかかわらず、与党は暴力的なやり方で委員会、本会議での採決を強行するなど、平和主義、立憲主義、民主主義を破壊する暴走を重ねました。

国会周辺には多くの市民が駆けつけ、18日朝から19日未明にかけても、絶えることなく抗議の声をあげ続けました。

19日未明まで続いた安保法案をめぐる攻防。国会正門前は、あらゆる世代の参加者で埋め尽くされていました。連日、未明まで抗議を続けたSEALDsをはじめ、若者たちは安倍晋三政権による採決強行の後も明るく、「この怒りは忘れない」との思いであふれていました。

安保法の成立強行の翌日9月20日、「学者の会」は171人が会見を開き、抗議声明を発表。会の名称を「安全保障関連法に反対する学者の会」に改め、新たなたたかいに踏み出すと宣言しました。発起人の広渡清吾・日本学術会議前会長は「反対運動を豊かに発展させて国民多数の意思を国会の多数にし、そこに立つ政権を誕生させ、安保法を廃止し閣議決定を撤回させる。歴史上初めての市民革命的『大改革』を市民とともに成し遂げよう」と訴えました。

「安保関連法に反対するママの会」も25日、国会内で記者会見し、安保法廃止にむけた取り組み、再出発の決意を語りました。「希望」の花言葉を持つガーベラを手に全国のママたちが集合。同会発起人の西郷南海子さんは「採決はまったく認められない。すでに『戦前』とも言えるような日々の暮らしの中から、反対の声を上げ続ける。私たちは選挙を待っているだけではない」と話しました。

14、その後、説明は一切なし

解釈改憲の閣議決定の時は、安倍首相は「解釈は私、内閣総理大臣がするもの」と言っていたりしていましたが、この後のこの安保国会において安倍首相は、国民の強い広範な反対運動・意見を意識して、「今後も粘り強く丁寧に説明する」と言わざるを得なくなりましたが、強引に成立させたこの安保法案について、その後国会などにおいて説明は一切したことがありません。それのみならず、臨時国会をこの後野党が要求したにもかかわらず、臨時国会を開かず、またその後、野党から廃止法案が提出されても、これを全く審議しようとしませんでした。そして、とうとう2017年7月10日の参議院選挙で安倍政権は、野党共闘が全国で成立したこともあり、憲法改正が争点にならないようにし、選挙を戦いました。しかし結果として改憲勢力が3分の2を獲得できるや否や、憲法9条改正を将来に目指して、憲法審査会も再開し、自民党は改憲に突進し、憲法改正の動きを強めてきています。まさしく、今日本は安倍政権の下、立憲主義に反した独裁政治と批判せざるを得ないような状況に置かれてしまっています。

以上の通りであり、この安保国会は法案の内容はもちろんのこと、手続きにおいても立憲主義にも平和主義にも議会制民主主義にも違反した違憲違法なもので、内閣及び国会議員は原告ら国民への各権利に対する加害行為が成立し、最高裁昭和60年、平成17年の立法作為の違法性の要件に明らかに該当するのです。

四、戦争法の殺し殺される危険性

1、はじめに

このような一義的に明白な違憲の内閣国会の行為によって国民は明白な権利侵害を受けたことについて、本件新安保法制による自衛隊の海外への出動行為は、まさしく海外で他国の国民を殺し、また、殺される戦争参加が現実となること、このような戦闘参加行為の中で、自衛隊員の生命身体が侵害され奪われること、外国での他国の戦闘に参加することによって自衛隊員のみならず日本国民の多くの関係者に平和的生存権侵害、生命身体精神の安全を含む人格権侵害が生じるその危険性重大性と高度の蓋然性とその違憲性、そして人間を殺し殺される戦争法案ゆえに法案の内容の違法性が重大であることについて、次に述べていきます。

2、国会審議の中で

（1）2015年安保国会で民主党の岡田氏が、他国軍の支援を拡大する法案では、自衛隊員の危険が高まることを認めるよう求めました。だが首相は「（活動範囲の）概念を合理的に整理し直したので、リスクとは関わりがない」と否定しました。安保法案の閣議決定時に「戦争に巻き込まれることは絶対ない」と発言しました。そのことの根拠を問われると「国の存立が脅かされない限り武力行使はしないし、後方支援も戦闘現場になれば撤収するから、あり得ない」と主張しました。

首相の断定的な発言に具体的な裏付けはなく、岡田氏は討論後、記者団に「『絶対ない』と言ってしまうと、まともな議論にならない」と問題視しました。

首相は「戦後日本を守ってきた抑止力は日米同盟と自衛隊の存在だ」と解説。安全保障関連法案を成立させることで「より日米同盟の絆は強くなり、効率的に抑止力を発揮できることになるのは自明の理だ」と強調しました。

日本を取り巻く安全保障環境については、北朝鮮が進める核・ミサイル開発や、領空侵犯に備えたスクランブル（緊急発進）の増加を指摘。「こうした現実を踏まえ、立法府の責任とは何かを考え、決めるべきは決め、やるべき立法はつくっていく姿勢がとても大切」と、同年夏の法案成立に向け国会審議を急ぐよう求めました。

共産党の志位氏は5月27、28両日の特別委で安倍首相を連続追及。①法案で可能となる「戦闘地域」での自衛隊の米軍等への「後方支援」＝兵站によって、自衛隊が攻撃されれば武器を使用、戦闘になるなど憲法違反の武力行使にあたり、「殺し、殺される」戦闘に道を開く、②戦乱の続く地域での自衛隊の治安活動が「殺し、殺される」戦闘に安易に転化する、③集団的自衛権を発動し、米国とともに海外での武力行使に乗り出す――という戦争法案の三つの重大問題を追及しました。

この論戦の中で安倍首相は、兵站を行う自衛隊が相手側から「攻撃を受ける」可能性があり、自衛隊が「武器の使用を行う」可能性も認めました。

それでも政府は、憲法違反であることをごまかすために、「武力行使ではなく武器の使用だ」「他国が行う武力行使との一体化ではない」という理屈を持ち出しました。しかし、外務省は志位氏の追及に「武器の使用」という概念は国際的に存在しないことを認めました。

安倍首相はこのように抑止力と言いながらも、話し合い解決ではなく、安倍流の積極的平和主義の名のもとの軍事力強化の流れの中で、増々中国、北朝鮮との関係は悪化していくばかりであることへの批判が、国民からも多く寄せられています。

3、違憲性違法性は明白

次の通り本件新安保法制は、法案の中味や政府の答弁、また、特に元内閣法制局長官の意見からも、戦争によって人間が殺し殺される危険性が十分あり、権利侵害と危険性、蓋然性が深まるとともに、その立法内容の違憲性違法性は明白であることを以下述べます。

(1) 集団的自衛権の行使の戦争参加による明白な危険性、違憲性と法案の違法性と国民への権利侵害性

①武力攻撃事態法などの改正で、日本はどこからも攻撃されていないのに、集団的自衛権を発動して、米国などの戦争に自衛隊が参戦し、海外で武力行使する。

この発動要件である新3要件を満たしているかの判断は、国会審議の首相政府答弁をみると、総合的に判断せざるを得ないとか、そのときになってみなければ分からないとか、日本の政権の大幅な裁量に任せており、しかも秘密保護法で秘密になっており、事実上いくらでも無限定に戦争参加が広がる恐れがあり、歯止めがありません。7月30日の参院平安特委で安倍首相は「どのような武力行使がどのように許されるかは、実際に発生した事態の個別的な状況に照らして総合的に判断する必要がある」としつつ、「法律にこれを規定することは困難である」「個別的自衛権の場合も同様で、この必要最小限度について、かかる規定は設けられていなかった」と答弁しています。

②日本と密接な関係のある国に対して武力攻撃を行った国と日本との間では国際的な武力紛争が生じていない下で、日本政府が「存立危機事態」と認定してその国に対して武力行使することは、日本の紛争状態を引き起こす、日本が先制攻撃を行うことになります。

国会審議の6月22日の参考人質疑で、元内閣法制局長官・宮﨑礼壹氏は「自国防衛と称して、攻撃を受けてないのに、武力行使をするのは、違法とされている先制攻撃そのものだ」

また元法制局長官・阪田雅裕氏は「敵となる相手国に我領土を攻撃する大義名分を与えるということでもある。国民を守るというよりは、進んで国民を危険にさらすという結果しかもたらさない」と述べています。安保法制は、日本が攻撃されず、相手側の攻撃の意思も関係なく、日本の側から他国の紛争に軍事的に介入する道を開くものです。

それは相手国から反撃されても構わない立場に自らを置くことを意味することになり、多くの国民に対して、反撃されることも含め戦争参加の恐怖感、現実に反撃し殺す、反撃され殺される自衛隊員のみならず、国民も反撃され平和的生存権、生命身体精神及び人格権の侵害の危険性を生じさせます。

③ 集団的自衛権を行使する相手国と想定する米国は、先制攻撃戦略を公然と掲げ、ベトナム戦争でもトンキン湾事件を仕立て上げ、イラク戦争でも結局はフセインの大量破壊兵器の存在はなかったにもかかわず、情報を操作し、国際法違反の先制攻撃を繰り返してきたのです。日本が集団的自衛権を行使すれば結局、武力紛争の一方の側について、アメリカが今まで行ってきたような先制攻撃（いわゆる侵略戦争）に参戦し、自衛隊員も国民も自国でないアメリカのため大義のない、殺す、殺される戦争に巻き込まれ、生命身体精神を侵害される危険性は大で、国民の平和的生存権、生命身体精神の人格権の侵害は大となります。

その危険性は重大です。米国が起こした戦争は今まですべて先制攻撃戦争を実行し、グレナダ侵略、リビア爆撃、パナマ侵略は国連で非難決議が出ています。これに対し、日本政府は戦後ただ一度も米国の戦争を国際法違反と批判したことはありません。全て賛成・支持・理解でした。その意味では集団的自衛権行使によって米国の戦争に参加することは、憲法違反のみならず国際法違反に該当する恐れも十分あります。

国会審議で安倍首相は6月26日の特別委員会で朝鮮有事を念頭に「存立危機事態」を説明しています。

集団的自衛権行使の可能性の最も高い北朝鮮にアメリカが先制攻撃に踏み切れば、朝鮮半島への出撃基地になる沖縄をはじめとした在日米軍基地、米軍に対する後方支援を行う自衛隊の基地は直ちにミサイル反撃の目標になる蓋然性が十分あります。元名護市長の稲嶺進氏は「法案が成立すれば、我が国が戦争に巻き込まれるリスクが高まり、米軍基地が集中する沖縄が標的にされる可能性は大だ」と指摘し、70年前に捨て石にされた歴史から、「軍隊のいるところが戦場になります。沖縄は再び戦場になる」と懸念を示して法案の撤回を求めました。また同様に各地の基地周辺地域、経済都市、原発周辺地域も含め国民も生命の危険を生じます。

集団的自衛権行使の可能性の高いもう一つの中国もそうです。尖閣諸島の接続地域に軍事艦船（フリゲート艦）が侵入し、また、南シナ海でも埋め立て施設建設が進められており、安倍政権が主張する「抑止力」なるものは、実際には何も役に立っておらず、増々軍事力でなく平和的解決が必要であることが認識されています。もし米国対中国で軍事的衝突が起きれば、在日米軍基地や、米軍に対する後方支援を行う自衛隊の基地は、直ちにミサイル反撃の目標になり、沖縄はもちろんのこと、各地の基地周辺地域、経済都市、原発周辺地域も含め、国民の生命の危険を生じさせることが明白です。ASEANと中国の間では2002年「南シナ海における関係国の共同宣言」（DOC）を採択している中で、地域内の国々が自主的に紛争の平和的解決を目指して努力している中に、日本がASEAN地域の軍事支援をしたりと、ことさらこの地域の緊張を高め、地域の平和をかく乱するようなことは増々中国の日本にたいする敵対心を一層あおり、地域に混乱をもたらすだけです。最近の防衛大綱や中期防衛計画が中国への対抗を示していることにも注意を向けなければなりません。

（2）「戦闘地域」での後方支援の明白な危険性違憲性と日本国民への権利侵害危険性

① 前述しましたが従来の周辺事態法、テロ特措法、イラク特措法は、米軍支援について「武器・弾薬の提供」「戦闘作戦行動に発進準備中の航空機への給油・整備」を除外していました。しかし今回の重要影響事態法と国際平和支援法では「武器の提供」以外をすべて可能とし、非戦闘地域をはずし、地理的限定もなくしたのが今回の新安保法制です。

後方支援と呼んでいる活動は、弾薬、武器・弾薬・兵員などの輸送、壊れた戦車の修理、傷病兵の医療、通信情報での支援などです。これらの活動は、国際的には「兵站《へいたん》」（ロジスティクス）と呼ばれる活動で、軍事行使と一体化のものであること、軍事的な常識であるにもかかわらず、日本政府はこの奇妙な概念を使って憲法判断をしてきました。

米軍の「海兵隊教本」でも「兵站は戦闘と一体不可分、戦闘行為の中心構成要素」とされています。「これらの活動の全ては、予想外の出来事、我々の間違いあるいは敵の行動によって容易に影響され妨害される」「兵站の部隊、設備、施設は、単なる攻撃対象ではなく、軍事行動の格好の標的であることを認識することが重要である」とあります。兵站は大量の物資を計画的に届けるために、事前に綿密な計画を立てなければならないから、対テロ戦争のような突然の攻撃に大変弱いという指摘もあります。米海兵隊の「エネルギー戦略と実施計画」（２０１０年発表）でも、「輸送車隊は伝統的戦闘やテロ攻撃に弱く攻撃目標になる」と強調しています。米陸軍死傷者のイラク、アフガンなどで10～12％は補給任務であり、ＩＥＤ（路肩爆弾）などでは犠牲者が6～8割も出ています。

米陸軍の環境政策研究所の報告（09年9月作成）によると、03年から07年までの5年間にイラクとアフガニスタンでの補給任務での死傷者数は、陸軍だけで、イラクで２８５８人、アフガンで

188人、あわせて3000人を超えています。
水と燃料の輸送でこれだけの被害が出ているのです。これが戦場の実態です。

② 提供できる弾薬についても、ロケット弾も戦車砲弾も榴弾、砲弾も無反動砲も運ぶだけでなく外国軍に提供もできます。特別委の審議で防衛大臣の中谷氏は「クラスター爆弾、劣化ウラン弾なども輸送でき核兵器の運搬も法文上排除していない」と述べています。

戦闘作戦行動に発進準備中の航空機への給油は「武力行使の一体化の」問題として99年の周辺事態法審議の際、大森政輔内閣法制局長官は慎重さが必要であると予算委員会で述べ、最近『ジュリスト』にも「一番典型的な武力行使の一体化」と発言しているように、まさしく給油は「戦闘行為と密接不可分」で武力行使と一体の戦闘行為です。

これら戦闘地域の後方支援の行為は、すべて米軍等の戦闘部隊への「兵站」そのもので、戦闘行為の不可欠な一部で、イラク派遣訴訟でも非戦闘地域に限定されているイラク特措法に違反し、武力行使と一体とされ憲法9条1項に違反しているとの違憲の判示がありましたが、より今回の法は戦闘地域に拡大されているので明白な違憲行為になるのです。このイラク派遣は、陸上自衛隊幕僚部が作成されたイラク行動史でも違憲の武力行使であったことが明らかにされています。「責任者が今回は純然たる軍事作戦であった」と述べ、「制圧射撃訓練を実施していた」「危ないと思ったら撃てと指揮」「ロケット弾・迫撃砲の14回23発の攻撃で一つ間違えば甚大な被害に結びついた可能性もあった」「部隊の車列が群衆に取り囲まれ銃を所持する現地民も含まれていた」ことが書かれています。

このようにイラク派遣による例から見ても非戦闘地域から今回の法では戦闘地域に広がった後方支援は、自衛隊員が殺し、殺される危険が一層増大されており、外地にいるNGO活動の人びと、海外勤務者旅行者など反撃を受ける可能性が増大し、この後方支援も、武力と一体化した、9条違反の明白な違憲の行為で、国民の平和的生存権、生命身体精神の人格権に重大な権利侵害を与える危険性があります。

（3）新3要件は歯止めにならず、アメリカなどの戦争に加担することによる国民の権利侵害危険性の重大性

集団的自衛権の新3要件は歯止めにならず、アメリカの戦争に加担する場合、他国の場合でもそうですが、日本政府よりはアメリカ政府軍部の判断が主であり、戦争参加による被害及び国民への権利侵害は重大なもので危険性が極めて大きいです。

①まず「他国に対する武力攻撃」が発生しているか否か、その重大性程度を我が国が自主的客観的に判断できません。

前記の国会審議で宮崎礼壹元内閣法制局長官は「情報は上げて要請国からの情報に頼らざるをえないし、ことは緊急を要する、結局要請国の言いなりにならざるをえない」と述べ、政府も我が国が、米国など他国への武力攻撃を直ちに認定することは難しいと認めているのです。結局米国の言いなりにならざるを得ません。ベトナム戦争の時、トンキン湾事件で米国に対する武力攻撃という情報そのものが米国によるでっち上げだったことが米国のその後の調査・報告によっても明確になっています。今後そのようなことが起こった場合、米国に対する攻撃がないなかで、米国の先制攻

撃の戦争に対しても米国の要請に応じて、日本が支援の武力攻撃をする危険性が生まれることも十分あり得ます。

相手からの武力攻撃があったと言えるか否かさえ曖昧でも行使されるように基準も不明確で、実際にはベトナム戦争だけでなく集団的自衛権すべてが米ソと同盟国によって行使されたことが示すようにいつでも濫用される危険性を持っているのです。アメリカは2001年の同時テロ以降、現実に攻撃が発生していなくても国益のため将来の危険に備えて武力行使する先制攻撃もありうる戦略を公式に打ち出していることからも、考えなければなりません。

② 明白な危険であるかどうかも時の政府の大幅な裁量に任せているので、無限定にいくらでも広がります。日本に対する武力攻撃が発生したさいの武力攻撃事態と比べて、攻撃が発生する以前の極めて早い段階から「存立事態」と認定できるとしていることの重大性、危険性があります。安倍政権は前記の国会審議でもこれを認めています。

中谷防衛相は、「存立危機事態が認定されるような場合が、同時に我が国に対する武力攻撃事態が予測又は切迫しているとは認められないこともあり得る」とのべ、武力攻撃が予測されない場合でも存立危機事態と判断することがあると明言しています（8月26日、参院平安特委）。

予測事態であれば、防衛出動の待機命令が出され、武力攻撃の危険が切迫または発生した場合は防衛出動の措置がとられます。従来、政府は「武力攻撃の発生した時点」とは「相手が武力攻撃に着手したとき」で、自衛隊を発動して攻撃することが可能としてきました。しかし、武力攻撃が予測もされない段階で、「存立危機事態」が認定されるのであれば、武力攻撃予測事態で防衛出動の待機命令が出される以前から、防衛出動命令が発令され武力行使を実施することになります。日本への攻撃が予測もされない場合でも、「総合的に判断」などといって、日本が先に攻撃することになるのです。先に攻撃すれば、相手から「先制攻撃」と批判されてもしかたがありません。

武力攻撃が認定できなくても意図が推測されれば、「攻撃の意思がない場合でも3要件に当てはまれば、存立危機事態になり得る」ということは、時の政府の判断でいくらでも、今までも日本政府が違憲としてきた集団的自衛権の行使が拡大していく危険性が十分にありうるのです。

阪田雅裕元法制局長官は、国会の参考人質疑で、「交戦権がない結果として、従来、我が国は、外国が攻めてきたときも必要最小限度の実力行使しかできないんだ。それは何のための必要最小限度であったかというと、その外国の侵略行為を排除するため必要最小限度なので、敵が撃ち方をやめているのに、ずっと追いかけていって外国の領土、領海に入る、そして敵をせん滅するというようなことは許されないと述べてきた」「今回、もし集団的自衛権が、限定的であるとしても行使した場合に、そもそもそれは外国に行って戦うことを意味するわけですから、この交戦権との関係で、必要最小限度というのは一体何なんだろう」（6月22日、衆院・平和安全法制特別委員会）と指摘しています。

個別的自衛権の場合は、我が国への攻撃を排除するのが必要最小限度で、追いかけて外国の領土まで行かないということでありましたが、集団的自衛権の場合は外国で戦うことになるので、必要最小限度にはならないというもっともな指摘です。

③ 安倍政権は「日米防衛協力のための指針」（新ガイドライン）などで、アメリカに対しては、安保法制が成立する前の昨年の8月にこの新安保法制案を成立させると約束してきました。そのアメリカとの「日米共同作戦計画」に基づき、集団的自衛権行使として、米軍と一体となって自衛隊が武力

行使する中で、米国に対する攻撃を排除するのだから、米軍が必要とする限り作戦は継続されることになり歯止めはありません。米軍の護衛作戦や兵站活動、戦闘捜索、救難活動を実施しているさなかに、自衛隊が「必要最小限度だから」と言って止められることは現実的に不可能で「必要最小限度」の判断も米軍によるものであり、結局は最後まで米国の戦争に付き合うことになります。これは前記の国会審議でも明らかとなっています。

米国のイージス艦への攻撃を排除するだけで、米国への攻撃が終結するわけではありません。米国を攻撃してくる敵国のミサイル発射地点などを攻撃したり、それに対する反撃などによって戦闘がさらに拡大する可能性も当然あります。そのような状況で、誰が、どの様にして、日本の「存立危機事態」の終結をするのでしょうか。

しかも、米国と共同の戦争をしている中で、日本の危機事態は「終結」したから、あとは米国だけで戦争を続けてくれなどという言い分が通用するはずがありません。

（4）新安保法制には国際平和維持活動以外の治安維持活動に参加し、「駆け付け警護」なども可能にするためのＰＫＯ（国連平和維持活動）協力法改定も含まれています。その中で日米共同作戦計画について「共同計画の策定を行う」と変更し、2015年11月、日米一体で軍事作戦を計画、実行する「同盟調整メカニズム」の常設運用が始まりました。自衛隊と米軍が秘密に包まれた作戦を進め、南スーダンでのＰＫＯに自衛隊の「戦闘部隊」を派遣する準備も進められています。南スーダンには新安保法制国会審議の時、自衛隊の施設部隊約350人が派遣されていますが、従来のＰＫＯ法では、他国軍隊の防護・救援（駆け付け警護）や現地での治安維持、それら任務遂行のための武力行使などはできませんでした。ところが、日本政府は11月15日の閣議で南スーダン国連平和維持活動（PKO）に参加する陸上自衛隊に安全保障関連法に基づく「駆け付け警護」の新任務を付与する実施計画の変更を決めました。20日から順次派遣される交代部隊が新任務を担い、とうとう派遣されてしまいました。

紛争当事者間で停戦合意が成立していることや、紛争当事者が日本の参加に同意していること、中立的立場を厳守することで、これらの条件が満たされない場合、撤収できると定め、武器の使用は必要最小限度のものに限ったにもかかわらず、この5原則も守らず、南スーダンは戦後日本の国是を脅かしかねない危険な情勢にある中、駆け付け警護などできるようにし、武器使用条件も緩和して、南スーダンの首都ジュバは安定していると言って派遣させてしまいました。

自衛隊の宿営地がある首都ジュバでは16年7月に大統領派と反政府勢力との大規模な武力衝突が発生して270人以上が死亡。10月中旬にはジュバから約600キロ離れた地域での戦闘で50人以上が死亡しました。

政府は治安情勢の厳しさを認めながらも、現地を視察した稲田朋美防衛相は「ジュバ市内は比較的落ち着いている」と強弁し、最高責任者の安倍首相も、その旨強調しています。

これは後で明らかにされた南スーダンの日報で、戦闘状態があったことが明白になり、稲田・元防衛相、安倍首相の嘘も明らかとなっています。反政府勢力は国家に準ずる組織とは言えず、停戦合意などの5原則は維持されているという論法ですが、それは現実を直視しない、安保関連法に基づく新任務付与の実績づくりを優先した派遣継続ありきです。

このように、南スーダンは多数の人が殺され、戦闘状況で派兵すれば自衛隊員が殺し殺される蓋然性、危険性が大で、その重大な違憲性違法性は明らかとなっています。イラクやアフガンの紛争例を見る限り、内戦状態の下で他国軍が現地の市民と戦闘員を見分けるのはほぼ不可能です。仮に南スーダンで自衛隊員が誤って一般市民を射殺すれば現地の市民感情が爆発するだけでは済まされません。国際人道法違反で外交問題に発展する可能性もあります。

南スーダンで政府側についている自衛隊は反政府側にとっては「敵」になるため、当然リスクも高まります。

国連PKO専門家として世界各国で紛争解決にあたってきた伊勢崎賢治・東京外語大教授は、衆院の参考人質疑で、「国家もしくは国家に準ずる組織でなければ、武器の使用は国際法上の武力行使に当たらないという日本独自のロジックは、現代の国際人道法の運用には全くない」「国際人道法に関係なく殺せると発信したら大変なことになる」と指摘し、「自衛隊が今まで無事故で済んだのは、奇跡と捉えたほうがいい。今回の安保法制でその任務が拡大するわけだから、奇跡で済む可能性は非常に薄くなる」（7月1日、衆院安保特委）と述べています。

また、千葉大の栗田禎子教授（中東・北アフリカ近現代史）は、「（武装勢力も）米国の同盟国である日本が武装してアフリカや中東に来ることを知っている。政府は、その脅威や深刻さを自覚できていない」「駆け付け警護と称し、対立するどこかの部族の一員を暴徒として殺したら、その部族は自衛隊を敵視する。自衛隊は内戦の当事者となる」（東京新聞、8月21日付）と警告しています。

そして、自衛隊員が南スーダンの少年兵に銃を向け殺す事態も生じうるのです。

（5）このように、結局は海外での武力行使、戦争を始めるのも終わるのも、日本は自主的に決められず、米軍などと一体となって海外で武力行使することになり、日本国が初めて海外で戦争する国になり、自衛隊員だけでなく多くの日本国民がまさしく数々の犠牲となる危険性をもった今回の安全保障法制は、人間を殺し殺される危険性のあるものです。憲法9条の条文に一義的に反し、戦争に参加することによって平和的生存権、生命身体精神の人格権、また、他の基本的人権の規定にも明白に違反し、これらの権利を著しく侵害することになるのです。

五、安保法制制定以降、その実施による重大な権利侵害

今まで国家賠償法上の加害行為として安保法制の成立手続き国会審議での違憲性違法性とその立法内容の殺し殺される危険性・違憲性・違法性を述べてきました。これからは、その違憲立法の新安保法制制定以降の違憲の新安保法制の実施・軍事行動による明白な権利侵害について述べていきます。

1、安保関連法に基づく「米艦防護」などの新任務

毎日新聞2019年3月30日朝刊の施行3年目についての記事を紹介します。

集団的自衛権の限定的な行使を可能にし、自衛隊の役割を拡大した安全保障関連法は29日、施行から3年を迎えた。自衛隊はこの間、安保関連法に基づく「米艦防護」などの新任務を次々と実施してきた。4月には安保関連法の「国際連携平和安全活動」を初めて適用し、エジプト・シナイ半島でイスラエル、エジプト両軍の停戦を監視する多国籍軍・監視団（ＭＦＯ）の司令部に自衛官2人を派遣する方針だ。ただ、

自衛隊の役割の拡大は、専守防衛を逸脱する恐れもはらんでいる。

日本防衛のために監視活動を行う米軍艦艇や航空機を自衛隊が防護する「武器等防護」は、２０１８年に16件実施。16年のゼロ、17年の2件から急増した。日本に重要な影響を与える事態の際に、地理的制約がなく、自衛隊が米軍を後方支援することも可能になり、そのための共同訓練も重ねている。自衛隊と米軍の「一体化」は、日本の役割拡大でもある。米国を狙った中距離弾道ミサイルの迎撃もその一つ。ミサイルが発射されれば、同法に基づいて集団的自衛権を行使し、日本政府が秋田市と山口県に配備を目指している。陸上配備型迎撃ミサイルシステム「イージス・アショア」と日米共同開発の迎撃ミサイル「ＳＭ３ブロック２Ａ」で迎撃することができる。有事の際、同法に基づき米軍の後方支援を迫られる可能性もある。ただ、米国の他国に対する武力行使への支援を強めることは、「武力行使の一体化」とみなされかねない。さらに、前線に物質を送る「兵站機能」は、国際的には戦闘行為と一体と見なされており、自衛隊が攻撃対象となる危険性もはらむ。一方政府は昨年12月に閣議決定した中期防衛力整備計画（中期防）で、海自護衛艦「いずも」型の「空母化」改修を盛り込んだ。短距離離陸と垂直着陸が可能な最新鋭戦闘機Ｆ３５Ｂの搭載が念頭にある。政府は常時搭載しないとし、政府見解で保有できないとしてきた「攻撃型空母」ではないと説明する。しかし、Ｆ３５Ｂを艦上で運営すれば行動範囲は広がる。敵基地攻撃に転用する余地が残り、「専守防衛」の枠をはみ出す恐れがある。また、米軍機を搭載しての「後方支援」を迫られる可能性もある。岩屋氏は会見で「新たな任務で（自衛隊に）リスクが増える可能性はある。それを限りなくゼロにするため訓練をしっかりと行う」と強調した。だが、野党は「『いずも空母化』など日本の安全保障の根幹的な原則から逸脱しているような状況が見受けられる。安保関連法制を廃止する準備をしなければならない」（立憲民主党の福山哲郎幹事長）などと反発を強めている。

シナイ派遣も「実績」

政府は、安保関連法に基づく新たな「実績」として、イスラエル、エジプト両軍の停戦監視活動をする「多国籍軍・監視団（MFO）」に自衛官2人を派遣する。MFOと両国との連絡調整が主な任務。4月2日にも閣議決定する予定だ。「積極的平和主義」を掲げ、自衛隊派遣に前向きな安倍政権にとって、MFO側からの派遣要請は「渡りに船」で派遣につながった。同法は国連主導でない平和維持・監視などの枠組みにも自衛隊が参加することを可能にした。国連平和維持活動（PKO）への派遣と同じく、紛争当事者間の停戦合意など「PKO5原則」が適用される。1992年のPKO協力制定以来、自衛隊は国連PKOへの参加を重ねてきた。ただ、現在の自衛隊派遣は、南スーダンPKOに送った司令部要員4人だけ。施設部隊の派遣は、17年5月に南スーダンPKOから陸上自衛隊部隊が撤収後は途絶えている。PKOが従来の「停戦監視」から、近年は「住民保護」や「治安維持」など、よりリスクの高い任務に移ってきていることが、派遣がしにくくなっている主な要因だ。

外務省幹部は、MFOからの要請について「受け入れ国が望んでおり、しかも比較的安全。安保関連法の実績も積めて、これ以上ない案件だった」と語る。

とはいえ、治安上の懸念がまったくないとは言えない。トランプ米大統領は25日、シリア領のゴラン高原についてイスラエル主権を承認した。これに対し、アラブ諸国は猛反発している。管義偉官房長官は記者会見で「（シナイ半島への）特段の影響はない」と語ったが、「イスラエル周辺の緊張が高まる可能性がある。

2、今までと違って何ができるようになったか

まずもう一度、自衛隊の活動について何が今までと違ってできるようになったか、重要なので国会審議などからまとめて整理し述べておきます。

16年3月29日に施行された、この新安保法制には、前述した国会の審議にもみられたように、①「戦闘地域」での米軍などへの後方支援の拡大、②戦闘状態になっている地域での治安活動、③地球のどこでも米軍を守るための武器使用④集団的自衛権行使など、自衛隊の海外での武力行使を可能にする仕組みが盛り込まれています。このように地球上どこでもアメリカが起こす戦争に、世界中で、切れ目なく、自衛隊が参加する道を切り開くものであることを改めて私たちは認識しなければなりません。

第1に「戦闘地域」での米軍などへの自衛隊の軍事支援の拡大の危険性です。武力行使をしている米軍などへの補給、輸送などの軍事支援兵站（後方支援）を定めた二つの法律、重要影響事態法と国際平和支援法で、二つの法律に共通する最大の問題は、政府が今までは非戦闘地域しか行けなかったのを「戦闘地域」としていた場所にまで自衛隊が入って軍事支援を行うことです。

その瞬間に戦闘行為が行われている場所でなければ、自衛隊の活動期間中に戦闘行為が行われる可能性がある場所―これまで政府が戦闘地域としてきた場所でも、自衛隊の軍事支援ができるように変更されたことです。

先ほどの安保国会で「戦闘行為が行われる可能性があるところまで自衛隊が行くことは、自衛隊自身が相手方から攻撃される可能性があるということになる」とただした質問に対して安倍首相は

自衛隊自身が攻撃される可能性を認め、攻撃されたら「武力を使用することになる」と答弁したのです。しかし、首相は、それが戦闘・武力行使になるとは認めようとしなかったのです。

次に、軍事行動支援の内容も拡大されました。以前の周辺事態法、テロ特措法、イラク特措法では補給に関して、「弾薬、武器の提供を含まない」、「戦闘作戦行動に発信準備中の航空機への給油、整備は行わない」としていましたが、重要影響事態法と国際平和支援法では「武器の提供」以外はできるようになり、地理的限定もなくなりました。

米軍のミサイルも戦車も輸送できることを認めました。提供できる弾薬についても「特に排除をしている規定はない」と述べロケット弾も戦車砲弾もりゅう弾砲も無反動砲も、外国軍に提供できることを認めました。

国会審議の項でも述べましたが中谷防衛相はクラスター爆弾、劣化ウラン弾なども輸送できるとして、「核兵器の運搬も法文上は排除していない」などと述べたのです（同8月5日）。一方で、安倍首相や防衛相は、核兵器の輸送は「全く想定していない」と述べましたが、法律への明記を求められると、「必要ない」「かえって不適切」と拒否したのです。

さらに、空中給油を含め、戦闘に向かう航空機への給油も「戦闘現場」でなければ制限はありません。

第2に、PKO法（国連平和協力法）改定で可能にした戦闘が続いている地域での治安維持活動の危険性です。①「国連が総括しない人道復興支援活動や安全確保活動等」に自衛隊が参加でき、②「安全確保義務」―治安維持活動と、「駆けつけ警護」の二つの業務を拡大し、③武器使用基準を拡大し、任務遂行型の武器使用を認めたことです。

形式上「停戦合意」が作られているけれども、なお混乱、戦乱が続いているようなところに自衛隊を派兵して、治安維持活動などをさせることになるのです。

「安全確保業務」といっても重要施設の警護、検問所を設置しての検査、街路の巡回、家宅捜査などは、どれも戦闘に至る可能性は低くありません。狙撃されたり、検問所が攻撃されたり、自爆テロが仕掛けられたりします。任務遂行型の武器使用が許されたことで地元住民に発砲し、本格的な敵対関係に陥る危険があるのです。ＰＫＯ法改定による新任務の「駆けつけ警護」も加わり、自衛隊員が「殺される」危険と共に、外国人を「殺してしまう」危険性も十分です。

第3に、地球のどこでも米軍を守るための武器使用の危険性です。

新安保法制は、自衛隊法95条の2を新設して、米軍などの武器の防護をするための規定を追加しました。従来は憲法9条の関係から武器を守るための機関は警察だけでしたが、それが自衛隊に容認されました。ところがこの安保国会で、とうとう驚くほどに米軍防護を自衛隊法に規定拡大し、武器使用任務も容認緩和させてしまったのです。安保国会では多数の関連法案の審議を一挙に通過させようとしたため、この裏の集団的自衛権と呼ばれている、私から言わせればまさしく違憲の日米共同軍事行動ができる米軍防護の規定を大した議論なく成立させてしまいました。この「武器など」には「船舶、航空機、車両、有線電気通信設備、無線整備又は液体燃料」などを含み、地理的制限もなく、戦闘現場に向かう空母の防護もできることを認めています。

「武器等防護」は、米軍の原子力空母もステルス戦闘機も対象になり、自衛隊が使用する武器は、ミサイルも含め「制限規定」はなく、狙撃等の判断は「現場の艦長なり指揮官等」が行うことなどを認め、現場の判断での事実上の集団的自衛権行使に踏み出す危険性があることになったのです。施行以降の違憲の日本政府のアメリカ軍と自衛隊の軍事行動はこの規定からです。

第4に、集団的自衛権行使による侵略国の仲間入りの危険性です。安倍政権は日本が攻撃されていなくても、他国への武力攻撃を排除するために、集団的自衛権を行使することを「存立危機事態」と呼んでいます。「米国が先制攻撃を行った場合でも、新3要件を満たしていると判断すれば集団的自衛権を発動するのか」に対しても、安倍首相は「個別具体的な状況に照らして、総合的、客観的に判断する」というだけで発動を否定していないのです。

この戦争法と呼ばれている新安保法制の、殺し、殺される危険性は今までも述べてきた通りです。

3、自衛隊の軍事行動

次に、新安保法制施行後実施の自衛隊の軍事行動を、新聞記事を中心に述べていきます。これらも新安保法制を強引に成立させて原告国民の平和的生存権、人格権、憲法改正決定権を侵害させた従来の要件に加えて、その危険な法案に基づいての日本の自衛隊の米軍とのPKOなどの軍事行動は特に、国民の平和的生存権、人格権、憲法改正決定権を侵害したものであるという、その加害事実について述べていきます。

(1) 新安保法制に自衛隊による米軍の武器防護とPKO活動

① 2017年1年間で米軍と自衛隊との訓練中のアメリカ艦船と米軍機の給油をそれぞれ1回ずつ行ったと発表しました。初の実施でした。新安保法制は、前述してきた通り、自衛隊が自らの武器・弾薬や艦船・航空機などを警護する「武器等防護」任務の対象を米軍にも広げたものです。米艦船や米軍機などが攻撃された際、警護している自衛隊が「防護」のために武器を使用することが

可能となりました。報道では、2017年5月に海上自衛隊のヘリコプター搭載護衛艦「いずも」が米海軍の貨物弾薬補給艦に、2017年11月に航空自衛隊のF15戦闘機が米空軍のB1爆撃機に、日本周辺の太平洋上で「武器等防護」を実施した日時や場所、対象になった米艦船と米軍機、警護した自衛艦や自衛隊機の種類など具体的な内容は一切明らかにしませんでした。2017年、米軍は北朝鮮に軍事的圧力を加えるため、原子力空母やB1爆撃機などを朝鮮半島周辺に展開させ、自衛隊との共同訓練も頻繁に繰り返していました。自衛隊は核兵器搭載可能なB52爆撃機との共同訓練も複数回行っているのです。それにもかかわらず、米軍に対する「武器等防護」任務の実施がなぜ計2回にとどまったのか、一切不明で闇です。新安保法制に基づいて海上自衛隊の艦船が2017年4月から、日本海に展開する米イージス艦に複数回にわたり給油を行ったことも報じられていますが、防衛省は実施状況を公表していません。一方、安倍政権は新安保法制の下、「従来の延長線上ではない」（首相）と軍事力の強化を進めているのです。空自の最新鋭ステルス戦闘機F35Aに搭載し、「敵基地攻撃」も可能な巡航ミサイル（射程500キロ）の導入経費が平成18年度予算に初めて盛り込まれたのはその典型です。ヘリ搭載護衛艦「いずも」を空母に改修し、短距離離陸・垂直着陸ができるF35Bが「いずも」を使用することも想定されているのです。後記でも述べます。

② 国連平和維持活動（PKO）の一環として陸上自衛隊が2016年5月まで参加していた国連南スーダン派遣団（UNMISS）が、任務を妨害する相手の「先制的殺傷」を含む武器を容認していることが2018年、明らかにされました。東京新聞には2018年4月23日に、「南スーダンで2016年7月、政府軍と反政府勢力の大規模戦闘が起きた際、国連平和維持活動（PKO）

に派遣中の陸上自衛隊部隊が、通常武器をもたない隊員も含め全員に武器携行命令を出したことが分かった。派遣隊員は当時を『戦争だった。部隊が全滅すると思った』と証言。ＰＫＯ参加には「紛争当事者間の停戦合意」など5原則を満たすことが条件で、政府は当時「武力紛争ではない」と説明していたが、参加の根拠が崩れていた可能性が強まった」と派遣隊員や防衛省幹部が明らかにしたことの記事がでています。２０１６年7月の南スーダンでの大規模戦闘は報道のほか、防衛省が公表した後記でも述べる陸自部隊の日報にも「戦闘」の表記を用いて記され、概要は判明しています。ただ、部隊がどう対応したかは、２０１７年2月に公表した日報の「警備の態勢」が1ページ全て黒塗りになるなどわかっていませんでした。派遣部隊によると、宿営地にある首都ジュバで大規模戦闘が始まったのは２０１６年7月8日夕。10日には宿営地から１００メートルに位置するビルに反政府勢力約20人が立てこもり、政府軍との間で激しい銃撃戦になりました。このため隊長が、インフラ整備に当たり普段銃を持たない施設部隊も含め、全員に携行命令を発令。銃撃戦がさらに拡大した際の正当防衛や緊急避難措置として、宿営地内の武器庫から小銃を取り出し実弾を装填して備えました。流れ弾に当たる恐れがあるため住居用の建物から出られず、小康状態になった際、宿営地内の避難用コンテナに避難。発砲にいたる場面はなかったが、派遣隊員は「まさに戦争のど真ん中。彼らが宿営地内に入ってくれば部隊は全滅すると思った」と振り返ったとの報道がなされています。

（2）北朝鮮問題を利用、口実とした違憲の新安保法制の実施、軍事行為について

北朝鮮問題の解決の唯一の道は、経済制裁強化と共に「話し合いによる平和的解決」、これ以外

にありません。国連安保保障理事会が17年9月11日に全会一致で採択した直近の対北朝鮮決議第2379号が「事態の平和的、外交的かつ政治的解決」、「対話を通じた平和的かつ包括的な解決」を強調していました。韓国の文在寅大統領は「（朝鮮戦争を経験した）この地で、戦争の破壊を繰り返すべきでない。我々は平和的手段による朝鮮半島非核化を諦めず追求する」、ドイツのメルケル首相は「ドイツ政府はどのような武力解決も全く不適切だと判断するし、外交努力と国連安保理決議の制裁実現が正しい答えだ」、フランスのマクロン首相は「北朝鮮を政治解決のための交渉の席につかせなければならない。フランスは事態の拡大を拒否し、平和につながる対話の扉は閉じない」、世界の多くの首脳も「対話による平和的解決」を主張していたのです。その時、安倍首相は「国難突破解散」をとなえた2017年9月25日の記者会見で、「対話のための対話は意味がない」、「今後ともあらゆる手段による圧力を最大限まで高めていくほかに道はない」と強調し、異常なまでの「圧力一辺倒」「対話否定論」をくりかえし、「すべての選択肢はテーブルの上にあるという米国の立場を支持する」とトランプ大統領の唱えるアメリカの軍事力行使をも容認していたのです。韓国にもわざわざ強硬な対応を助言までして拒否されていたのです。しかしその結果は、平昌オリンピックを契機として、2018年4月17日の、南北首脳会談で朝鮮半島の非核化、朝鮮戦争終結に向けた南北平和合意が成立し、とうとう6月12日米朝首脳会談が開催されるまでに至りました。ここで北朝鮮側は朝鮮半島の非核化を、アメリカは北朝鮮との国交正常化を目指すことにし、今も交渉が続いています。

ところが安倍政権は先ほどのように重要な国民への全面的な情報開示をしないで国民の全く知らないところで、この北朝鮮の脅威を口実として、この違憲の新安保法制に基づいた数々の拡大した軍事行動を行ってきたのです。米朝会談が6月12日に開かれた直後、菅官房長官は記者会見を開いて「日本にいつ北朝鮮のミサイルが向かってくるのかわからないような状況は今回の米朝会談で明らかになくなりました」と答えていたのです。しかしながら、２０１９年3月の2回目の首脳会談では、北朝鮮の金正恩朝鮮労働党委員長が一部の核施設廃棄の見返りに経済制裁のほぼ全面的な解除を要請し、トランプ米大統領が全核施設の廃棄を求めて折り合えず、物別れに終わったと報道されました。しかしこれで、話し合いがすべてできなくなったのではありません。困難でありながらも、話し合いは続いています。先は見通しできませんが。

しかしその後の安倍政権は今までの圧力一辺倒ではなく話し合い解決を模索し、ヨーロッパの制裁決議案提出には協力しない姿勢をみても、以前と違ってきています。そうとなると余計、北朝鮮の攻撃を理由として自衛隊の軍拡化を図ってきましたが、その理由もその口実もできなくなっています。

さかのぼって見てみると、北朝鮮は、２０１７年3月から5月にかけて、8回も短距離・中距離弾道ミサイルの発射を強行。7月からはＩＣＢＭ（大陸間弾道ミサイル）の発射実験を実施し、9月には6回目の核実験も強行するなど、を繰り返してきました。これに対し、トランプ米政権の側も、北朝鮮に対し空母や戦略爆撃機の派遣など軍事的威嚇を強化。大統領自身が「グアムに何かしたら、誰も見たことがないようなことが北朝鮮で起こる」（8月）などとどう喝を繰り返し、軍事的緊張が頂点に達していました。このような米朝の軍事的対立がエスカレートしているもとで、前述した「米艦防護」も日本海での米イージス艦への給油も、地域の軍事対軍事の緊張をさらに加速するものとなります。万一、米朝間で軍事衝突が起こった場合、日本が自動的に参戦し、戦争の当事国となる危険が現実のものになっているのです。元内閣官房副長官補の柳沢協二氏も先ほどの「米艦防護」について、「敵国から襲われた米艦を守ることは、もはや戦闘です」、「相手は軍隊ですから、もしも自衛隊が武器を使用すれば、日本も戦争の当事国になります」（「朝日」8月22日付）と指摘しています。「国民の安全を守り、地域の安全を維持する」どころか、こうした危険が新安保法制によって具体的にもたらされ原告の平和的生存権、人格権を侵害しているのです。

（3）日米共同軍事同盟の強化と「敵基地攻撃」能力

①安保法制に基づいて2017年9月改定（2018年4月発効）された、米軍と自衛隊の間で燃料、弾薬などを相互に融通し合う米軍主導の「日米物品役務相互提供協定（ACSA）」に基づき、18年4月以降、米軍からの要請に基づき、月1回のペースで給油しています。

「燃料補給」について、「ACSAにしたがって、自衛隊が実際にそのような活動をしていると承知している」と認めつつも、「物品や役務の提供状況を個別具体的に明らかにすることは運用の詳細が明らかになるのでコメントは控えたい」などと、具体的な内容を明らかにしていません。

また集団的自衛権行使の危険も現実のものとなっているのです。小野寺防衛相は2017年8月の国会閉会中審査で、北朝鮮が米領グアム島を狙ってミサイルを発射した場合、「米側の抑止力が、打撃力が欠如するということは、これは日本の存立の危機に当たる可能性がないとはいえない」「存立危機事態になって新3要件に合致するということになれば、対応できる」（8月10日、衆院安保委）と述べたのです。グアムに向かうミサイルが、安保法制法で集団的自衛権を行使できる「存立危機事態」にあたるとしたのです。

実際には現在の自衛隊はグアムに向かうミサイルを迎撃する能力を保有していないので、現実的な議論ではありませんが、仮に米国の領土に向かうミサイルを自衛隊が迎撃することは、新安保法制でも許されていません。安保法制を審議した衆院安保特別委員会（2015年6月29日）で横畠内閣法制局長官は、「いわゆるミサイル防衛については、我が国に向かうミサイルについての場合のみ」と明確に答弁しているのです。小野寺防衛相の発言により、政府の解釈次第で無限定に発動されかねない安保法制の具体的な戦争の危険性があらためて鮮明になっているのです。

米領に向かうミサイルを自衛隊が迎撃すれば、その時点で日本は発射国からみれば、敵国となり、日本自身が攻撃対象になるのです。柳沢氏も「グアムを守るための戦争を日本が自ら引き寄せることになる。そのリスクをどう考えるのか。日米同盟の強化こそが抑止力だという固定観念があるから、あの発言になるのでしょうが、深い考察に基づいた発言とは思えません」と批判しています（朝日新聞8月22日付）。それにもかかわらず最近でも同じような発言をして野党・国民から、批判されています

② 米軍は頻繁に戦略爆撃機をグアムのアンダーセン基地から朝鮮半島へ派遣し、韓国空軍や日本の航空自衛隊の戦闘機F15との共同訓練をくりかえしています。航空自衛隊や米太平洋軍が発表しているだけでも、航空自衛隊は2017年に13回（10月31日までに）、東シナ海や九州周辺で戦略爆撃機B1との共同訓練を実施しています。国際連合憲章第2条3項4項の違反の「武力による威嚇」を行っているのです。

小野寺防衛相は「米国の飛行機が北朝鮮を攻撃するときに、日本が重要影響事態を認定して後方支援するのか」という質問に「総合的なことを勘案して判断する」（8月10日、衆院安保委）と述べています。北朝鮮との軍事的緊張がかつてなく高まっているなかで、集団的自衛権を行使す

る「存立危機事態」も「重要影響事態」における戦闘中の米軍への兵站支援も、政府の判断次第であり得るとしています。

北朝鮮の核・ミサイル開発は容認できませんが、その解決方法は憲法9条が示している話し合いの平和的・外交的解決しかありません。新安保法制を発動して戦争の当事国になるようなこのような具体的な動きこそ原告の平和的生存権、人格権への明らかな侵害となるものです。

③北朝鮮が核・ミサイル開発を加速するなか、安倍政権は「ミサイル防衛」の強化をはじめかつてない軍拡をすすめようとしています。さらに、自民党内や政府関係者の中には横に長い日本列島では地理的にも「ミサイル防衛」には限界があるとして、「敵基地攻撃能力」保有を提起するものや、日本も米国の核兵器配備もしくは核保有などを検討すべきだとする議論も展開されているのです。

防衛省は、2018年度軍事費の概算要求で5兆2551億円をさらに1300億円も上積み（2・5％増）し、安倍政権下で、軍事費が13年以降6年連続増となり、「ミサイル防衛」費に17年度（649億円）の3倍近い1191億円を要求しているのです。

しかも、イージス艦搭載の迎撃ミサイルを地上に配備する「イージス・アショア」（当面、2基を計画）は、最初は1基800億円程度とされていましたが、実際は山口と秋田に2基、他の経費も含めて5000億円ほどになり、地元は勿論のこと多くの国民からの批判が出ています。

④日本の「ミサイル防衛」システムは、米国の圧力に応じて導入したもので、飛来する弾道ミサイルをイージス艦搭載の海上配備型迎撃ミサイル（SM3）で対処するという2段構えです。

防衛省は「ミサイル防衛」対応のイージス艦について、「現状日本全体を防護する場合、3隻必要となり、検査などを考慮すると継続的な対処が困難となる」（2017年「防衛白書」）として、8隻増やす計画です。射程を500キロから2000キロ（迎撃可能高度は1000キロ）に伸ばしたSM3ブロックⅡAも導入しようとしています。PAC3は、飛距離を延ばし命中精度を向上させた改良型PAC3MSEの導入（2020年配備予定）をすすめています。そして、イージス艦搭載の迎撃ミサイルを地上に配備する「イージス・アショア」の導入を決定しているのです。もともと、「政府関係者によると、アショア導入をめぐっては17年6月ごろまで、首相官邸は「費用対効果が低い」と消極的だったのです。北朝鮮は移動式発射台を多数持ち、同時多発攻撃が可能とされ、アショアを加えても、「100発100中で迎撃するのは技術的に不可能」（防衛省幹部）とみるため」（「朝日」10月13日付）と報道されています。十分な議論と検討もなく、決定されたのです。しかも、配備は2023年度予定とされており、防衛省関係者は「5年も経てば北朝鮮のミサイル技術がアショアより上回っている可能性がある」と疑問を呈しているのです。

⑤「ミサイル防衛」について、「迎撃は困難」「高額であてにならない」と指摘する論者の多くがとなえているのが、「敵基地攻撃（反撃）」能力の保持です。マスコミでも、「政府はミサイル防衛態勢の強化を図っているが、北朝鮮の脅威を抑止する上では限界があることは明白になってきた」（産経新聞、8月30日付など）として、「敵基地攻撃」能力の「早期検討」が叫ばれています。

「いわゆる攻撃的兵器を保有することは、自衛のための最小限度の範囲を超えることとなるから、いかなる場合にも許されない」（88年4月6日、参院予算委、瓦防衛庁長官）という立場を越えようとしています。

防衛庁・省はこれまで「敵基地攻撃」用の装備体系として、①敵の防空レーダー破壊能力、②航空機の低空侵入能力、③空対地誘導弾または巡航ミサイル、④敵基地に関する正確な情報収集能力の四つが必要と説明してきました（03年3月27日参院外交防衛委、守屋防衛局長の答弁など）が、このような装備体系は憲法上できず、したがって保有してこなかったのです。

「敵基地攻撃」があらためて議論されるようになったのは、北朝鮮のミサイル開発に対抗するためです。２００６年の北朝鮮のミサイル発射のさい、額賀防衛庁長官（当時）や麻生外相（当時）が「敵基地攻撃」に言及しました。韓国の大統領報道官が「日本の閣僚が相次いで朝鮮半島への先制攻撃の可能性と武力行使の正当性を論じているのは、それ自体が深刻な事態だ」と強く反発するなど、東アジア各国で非難が高まりました。

国内でも自民党の山崎拓・安全保障調査会長（当時）が「非常に乱暴な議論だ。国是である専守防衛に反するし、重大な憲法違反になる」と強調するなど、批判が広がり、麻生氏らも矛を収めざるをえなかったのです。

安倍政権が閣議了承した13年版「防衛白書」は、「あるべき防衛力の機能」として、「自衛隊は、これまで、いわゆる敵基地攻撃を目的とした装備体系を保有しておらず、このような「打撃力」については米軍に依存することにしているが……敵基地攻撃能力の保有を現実に考えるべきではないかとの議論がある」と初めて「敵基地攻撃」能力の保有に言及しました。そして、同年末に決定された新「中期防」は「弾道ミサイル発射手段等にたいする対応能力」を検討し「必要な措置を講ずる」とうたっていますが、「敵基地攻撃」能力保有をめざしていることは、小野寺防衛相も認めているのです。

そして、自民党安全保障調査会は17年3月、「敵基地攻撃」能力の保有などの提言を政府に提出したのです。「敵基地反撃」能力などといっていますが、「巡航ミサイル」など、これまでも検討されてきた「敵基地攻撃」能力の保有にほかなりません。柳沢協二・元官房副長官補は「アメリカの報道に頼ることにも問題はある」と指摘、「敵基地攻撃」について、「そもそも、地下に格納され、あるいは移動式発射台に搭載されたすべてのミサイルを把握し、同時に破壊することは不可能だ。そして、残存したミサイルによる報復攻撃が来る。それが核であったら、今度は日本が破滅する」としてきた「敵基地攻撃」能力の保有は、非現実的であるだけでなく、かえって日本の平和と安全を危うくすることになるのです。原告らが本件裁判で主張している、まさしく具体的な危険性をもって、原告らのみならず日本人全体の命を失うことになるのです。

（3）そしてとうとう2019年の2月28日、自衛官をエジプト・シナイ半島の多国籍軍・監視団に派遣する方針を正式に発表しました。派遣される要因は陸上自衛隊の佐官二人。シナイ半島でイスラエル、エジプト両軍の停戦監視活動を行う「多国籍軍・監視団」（ＭＦＯ）の司令部要因として両国とＭＦＯとの連絡・仲介を担うことで派遣の根拠は、安保法で新設された「国際連携平和安全活動」です。国連以外でも国際機関の要請があれば自衛隊を派遣できるよう、旧ＰＫＯ協力法を改正したもので、シナイ半島に派遣されれば、同活動の初適用になります。

ＭＦＯは国連が統括しない米軍を中心とする軍事的活動です。以下は東京新聞２０１９年の3月5日の社説です。「当面は要員派遣にとどまるにしても、政府は将来の部隊派遣を視野にいれているのではないか。その際、自衛隊員は国連が統括しない、より危険な活動に従事させられることになりかねない。歴代内閣が憲法違反としてきた「集団的自衛権の行使」を一転、できるようにした安保法は、違憲訴訟も各地で起きている。にもかかわらず安倍内閣は、自衛隊が平時から米軍艦艇などを守る「武器等防護」を18年に16件実施するなど安保法に基づく自衛隊活動を積み重ねてきた。MFOへの要員派遣にも、安保法の適用事例を拡大し、既成事実化する狙いがあるのではないか。19年に3年を迎える安保法の施行後、安倍内閣は「防衛計画の大綱」を改定して事実上の空母保有を認めるなど平和憲法の「専守防衛」に反対する動きが続く。MFOへの要員派遣もその一環だとしたら見過ごせない。国会での徹底した議論が必要だ。今まで以上の違憲性が強い安保法制の実施が行われようとしているのです。

六、自衛隊の実態と変遷

以下は、安保法制違憲訴訟の各地の準備書面を参考に紹介します。

1、自衛隊の実態と先制攻撃敵基地攻撃能力の変遷

専守防衛から安倍首相のいう「積極的平和主義」即ちアメリカと共に世界中で戦争ができる集団的自衛権行使体制に変化していることを、あらためて自衛隊の実態と先制攻撃敵基地攻撃能力の変遷を中心に述べていきます。

① 前にも述べた2015年の新安保法制とガイドライン策定にあたって、わが国の防衛・安全保障

政策の国是とされてきた「専守防衛」からの根本的な転換がありました。

第二次安倍内閣は、2013年12月17日、国家安全保障会議及び閣議において決定した「国家安全保障戦略」において、国家安全保障戦略の基本理念について、「日本さえ平和であれば良い」という一国平和主義に加え、「日本が軍事的活動を行わないことが国際平和に寄与する」とした考えを「消極的平和主義」と位置づけた上で、これらを否定し、「国際協調主義に基づく積極的平和主義」なる概念を打ち出して、その意味を、日本国憲法前文の「いずれの国家も、自国のことのみに専念して他国を無視してはならない」とする理念を、人道支援はもとより、国連平和維持活動や多国籍軍の活動に代表される自衛隊海外派遣を強化し、米軍とともに全地球的に積極的に活動することこそ、国際平和に寄与することだと、論理を全面的に転換したのです。

この日米共同の軍事関係行動は、以前にも述べましたが「日米防衛協力の指針」いわゆる日米協力ガイドラインによって行われています。はじめの1978年の第一次ガイドラインは日本周辺を含めて米軍と自衛隊が共同作戦することが規定され、以降自衛隊基地の日米共同使用が活発となりました。97年の第二次ガイドラインは極東における米軍の戦争に自衛隊が参加しうる道がつけられ、米軍と自衛隊の共同演習が活発となり、日米共同統合作戦センターが設けられ、座間に陸上中央即応集団司令部が移ってくるなど、日米両軍の司令部の一体化が進められました。2014年には自衛隊と米軍の共同作戦を指揮する共同運用調整所が常設されました。2015年にはイラク戦争を経て、第三次ガイドラインが作られ、米軍と自衛隊の共通戦争マニュアルを作り両軍の作戦を一体化して、日本の専守防衛のための米軍協力というものではなく、明確に海外での日米の共同作戦として一体化するものでした。そのことをまず述べておきます。

2、自衛隊の現在の兵力及び装備

兵員は、陸上自衛隊員が13・6万人、海上自衛隊員が4・2万人、航空自衛隊員4・3万人です。上記を、英国際戦略研究所（IISS）『ミリタリーバランス』2016年版によるEU主要国の現役兵力数、また米軍の兵力数と自衛隊の兵力推移とを比較してみると、重要なことは、自衛隊の常備兵員数が、ドイツ、フランス、イギリス、イタリアと比較して、陸・海・空のどの部門でも大きく上回り、また1990年の冷戦崩壊時と較べ、軒並み半分以下に減員し、アメリカですら32％削減しているのに、自衛隊は冷戦期の規模をそのまま維持していることです。

その理由は、EU各国が冷戦後、軍備縮小へと向かった間に、自衛隊はその努力を全くせず、「専守防衛」の看板のまま、日米同盟の強化を進めてきたからです。

日本国民の多くは、かような事実を知らず、「普通の国」であるEU各国の軍隊より、「専守防衛」の日本の自衛隊の方が少ないと思っています。

自衛隊の正面装備について主なものを挙げると、次のとおりです。

・戦　車：690両、装甲車：960両
・戦闘機：約350機
・護衛艦：47隻、潜水艦17隻
・ミサイル：対弾道弾ミサイル、対航空機・対ミサイル用誘導ミサイル

などとなっています。

防衛出動となれば、これらの「戦力」（プラス米軍戦力）をもって、武力行使を行うこととなります。

3、2015年ガイドライン改訂による防衛政策の転換

2013年から始まったガイドライン改訂の動きは、米国の、2011年イラク撤退後のインド・アジア太平洋地域重視戦略への転換によるものであり、この地域の情勢が緊迫するなか日米同盟の強化により抑止力を高めたいという政府の思惑とも一致するものでした。この動きに呼応し、2013（平成25）年12月に発表された平成26年度～平成30年度中期防においては、すでに、陸自全部隊を指揮する統一作戦司令部としての「陸上総隊」の創設が盛り込まれています。2012（平成24）年から、米国第1軍団が、アジア太平洋地域での新たな統合任務部隊体制の強化へ向けて役割を移行してきたのにともない、自衛隊の第1軍団との司令部機能の一体化を図るためであり、これにより、陸海空のすべての部隊で、米軍の合同・統合任務部隊司令部の指揮下での、日米共同作戦体制が完成することになり、自衛隊が米軍のインド・アジア太平洋地域での軍事体制に組み込まれていくことになります。

2014（平成26）年7月1日、集団的自衛権の行使容認が閣議決定され、2015（平成26）年4月27日、日米ガイドラインが再改訂されました。これにより、自衛隊と米軍の一体化が質的にも地理的にも拡大しました。

これに先立ち、2015（平成27）年3月6日には、防衛省設置法改正案が閣議決定されました。自衛隊の運用について、背広組がトップを務める「運用企画局」を廃止し、制服組が中心の統合幕僚監部に一元化して権限を集中することになりました。

防衛相と幕僚長との直接のやりとりが可能となり、文民統制は機能不全となるのです。国家安全保障会議には、統合幕僚長も同席することが多く、増々制服組の影響力が強まることとなりました。

2015（平成27）年5月下旬、統合幕僚監部によって「日米防衛協力の指針及び平和安全法制関連法案について」と題する文書が作成されましたが、その文書中の、後に国会で野党から暴露された「ガイドライン及び平和安全法制関連法案を受けた今後の方向性」（以下「今後の方向性」という）では、安保法制案の審議中にもかかわらず、すでに日米連合司令部の設置や東シナ海・南シナ海への自衛隊の関与のあり方の検討など、いかなる形で日米軍事体制（日米の軍事一体化）を敷いていくかが示されており、統合幕僚監部が、明らかにこれまでの「文民統制のもとでの自衛隊」という一線を越えて踏み込んでいく様子がうかがえます。さらに、「軍軍間の調整所」という記述からは、自衛隊が自らを、すでに米軍と並列される一個の「軍」として認識していることもうかがえます。このような経緯の中で次のような事件も起きています。朝日新聞の2018年4月17日の記事です。

防衛省統合幕僚監部指導通信システム部に所属する30代の男性3等空佐が2018年4月16日夜、国会近くの路上で、民進党の小西洋之衆院議員に向かって「お前は国民の敵だ」（この部分は空佐は否定していますが）と罵声を浴びせていたことがわかりました。陸上自衛隊のイラク派遣時の日報問題を巡る混乱が続く中、シビリアンコントロール（文民統制）のあり方が問われる不祥事が再び起きたのです。識者は「戦前の軍隊のようだ」と批判しています。

小西氏は国会でイラク派遣日報問題を連日取り上げていました。取材に「自衛官が国会議員に暴言を吐くとは空前絶後の大事件で身の毛がよだつ。河野統幕長は即刻辞任すべきだ」と述べました。

昭和史に詳しい作家で、この裁判で証人申請している半藤一利さんは朝日のこの記事のコメントで「何を考えているのか。1938年に衆院で国家総動員の審議中、説明員の佐藤賢了・陸軍中佐（当時）が、議員に「黙れ」と一喝した件があったが、当時を思わせる」。

「イラク派遣部隊の日報の問題を見ても、あるものをないと言ったり、首相や防衛相ら自衛隊を統制する側の文民も、される側の自衛官も、それぞれの自覚が無く、シビリアンコントロールや民主主義の形が分かっていないのではないか」とコメントしています。

それにもかかわらず、小野寺防衛大臣は事件直後にこの自衛官を弁解・擁護したり、最終的に防衛省は昇進に直接影響する懲戒処分に至らない処分を4月2日にしましたが多くの批判を浴びました。全くこの問題の重要性を認識していないのです。

4、自衛隊装備の変貌

①まず最初に今年、2019年の1月8日の東京新聞の朝刊を紹介します。

高額な米国製武器の購入

わが国は、日米の相互防衛援助協定に基づく有償武器援助契約（FMS）により、単価も維持費も高額な米国製武器を大量に購入しています。契約金額や納期はあくまで契約時の見積もりに過ぎず、米国の都合により増額や延期がなされ、いわば米国の言いなりです。しかも、高額兵器は、部品も含めて維持管理に高額な費用がかかるうえ、機体構造が複雑であるため、重大な事故の場合、修理に膨大な費用と時間を要するのです。

わが国の防衛関係費は平成25年度から4年連続で過去最高となっており、平成28年度からは5兆円を超えています。2018（平成30年）度の予算案における軍事費の総額は5兆1911億円で前年度に比べ1・3％増、その内FMSに基づく装備品等の購入額は4102億円で前年度を506億円上回ります。

さらに、２０１７（平成29）年度補正予算案の防衛費も２３４５億円で、１回の補正予算での計上額としては最大です。

高額兵器の購入がその主な要因となっており、兵器調達の面で米国との一体性、対米従属がいっそう深まっているといえるのです。

② ２０１８（平成30）年度に向けて、前述した通り中国や北朝鮮の脅威を口実に自衛隊の装備はエスカレートし、名実ともに「専守防衛」の縛りが取り払われようとしています。

ア、政府は、２０１８年（平成30）年１月、概算要求には掲げられていなかった「長距離巡航ミサイル」の導入を閣議決定し、２０１８（平成30）年度予算案に関連経費22億円を計上しました。導入が決定されたのは、ノルウェー製の「長距離弾道ミサイル ＪＳＭ（22億円）」であり、最新鋭ステルス戦闘機Ｆ35Ｂに搭載される予定です。「長距離巡航ミサイル」は、敵国が発射したミサイルを撃ち落とすのではなく、発射の兆候や準備段階で、敵国のミサイル発射基地を破壊する、敵基地攻撃能力を有する兵器です。ＪＳＭの射程は５００㎞で、日本海上空から北朝鮮国内への攻撃が可能です。さらに導入を検討している米国製の長距離巡航ミサイル「ＪＡＳＳＭ」「ＬＲＡＳＭ」の射程は９００㎞に及び、日本海から発射すれば中国あるいは北朝鮮の全域に到達する能力を有します。このような兵器を保有することは、先制攻撃も可能にすることから、他国に侵略的・攻撃的脅威を与えることは言うまでもありません。（巡航ミサイルの）性能上は北朝鮮の核施設や弾道ミサイル発射基地などを攻撃することも可能な装備です。将来の敵基地攻撃能力保有への布石となり、中国北朝鮮など周辺国の反発が予想されるものです。

イ、２０１８年1月26日、防衛省は、前述の「いずも」を戦闘機の発着が可能な攻撃型空母艦に改修し、Ｆ35Ａステルス戦闘機の派生型であり、短距離離陸、垂直着陸できる最新鋭ステルス戦闘機Ｆ35Ｂを搭載する検討に入っていることを明らかにしました。小野寺防衛相は、２０１７年の会見では「最新鋭戦闘機Ｆ35Ｂの導入や、護衛艦『いずも』の空母への改修に向けた具体的検討は、現在行っていない」と述べ、否定していました。

ウ、「他国の領域に対して直接脅威を与えるようなものは禁止されている」（１９７０年3月30日　衆院予算委員会中曽根康弘防衛庁長官）といって、ＩＣＢＭ（大陸間弾道弾）やＢ52のような戦略爆撃機、空母などは持てないとしてきました。敵基地攻撃能力についても「誘導弾などによる攻撃を防御するのに、他に手段がないと認められる限り、誘導弾などの（他国領域の）基地をたたくことは法理的には自衛の範囲に含まれる」（１９５８年2月29日　衆院内閣委）として、法理上の可能性にとどまり、他に手段がないという限定を付してきました。また、巡航ミサイルなどを実際に持つことが「他国への侵略的脅威」とならないかの検討も必要としてきました。

　しかしながら、２０１８年度予算に取得費を盛り込んだ長距離巡航ミサイル「ＪＳＭ」は、航空自衛隊が配備を進める最新鋭ステルス戦闘機Ｅ35Ａから発射し、射程は約５００キロ、日本海上空から北朝鮮内陸部への攻撃も可能です。「ＪＳＭ」などとともに導入が検討されている射程９００キロの「ＬＲＡＳＭ」や「ＬＲＡＳＭ-ＥＲ」を配備すれば、日本の領域から北朝鮮全土やロシア東部の軍事拠点が射程範囲になります。これらの装備の導入は「他国に脅威となる兵器であり」、従来の政府説明における「他国の領域に対して直接脅威を与えるようなものは禁止されている」（1970年3月30日）兵器となることは言うまでもありません。

しかしながら、安倍政権は、「その具体的な限度は、その時々の国際情勢、軍事技術の水準その他の諸条件により変わり得る相対的な面がある」との見解に立っています（防衛白書232頁）。結局、「必要最小限度」を超えるか否かはその時々の解釈次第で、もはや、客観的にみて攻撃能力をもつ防衛装備品を揃えていけば、「専守防衛」という日本の防衛政策の基本姿勢はもはや空文化しているのです。

③12月18日、安倍政権下の二度目の「防衛計画の大綱」と「中期防衛力整備計画」を閣議決定しました。その19日の朝日新聞・朝刊の記事です。

安保法制後の防衛大綱

政権発足1年後の2013年末、初めての国家安全保障戦略（NSS）とともに決めた前の大綱は、向こう10年を見通して策定したものだ。これを5年で前倒し改定するのは、16年の安全保障関連法の施行を受け、軍事への傾斜を強める意図がうかがえる。見過ごせないのが、自衛隊の打撃力の格段の強化だ。憲法9条のもと、日本は専守防衛を原則としている。他国から攻撃を受けた場合、自衛隊が「盾」となって防御し、「矛」の役割を担う米軍が反撃するのが役割分担だ。より多くを日本に求める米国の意向を受け、自衛隊の攻撃的な能力は少しずつ整備されてきたが、今回は一線を越えたと言わざるをえない。「空母」の導入だ。ヘリコプターを搭載する海上自衛隊の「いずも」型護衛艦を改修し、短距離で離陸し、垂直着陸ができる米国製の戦闘機F35Bが使えるようにする。政府はかねて、自衛のための執拗最小限度を超える攻撃型空母は憲法上保有できないとしてきた。改修後のいずもは戦闘機を常時艦載しないので、「空母」

に当たらないと説明するが、詭弁というほかない。

将来的には南シナ海やインド洋、中東に派遣され、米軍機の給油や発着に活用される可能性も否定できない。相手の射程の外から攻撃できる長距離巡航ミサイルの保有も記された。政府与党は、自衛隊員の安全確保が狙いと説明しているが、敵基地攻撃能力の保有につながる。「専守防衛は変わらない」との意図を政府与党は強調しているが、その能力をみれば、従来の「盾」から「盾も矛も」への転換は明らかだ。大綱の主眼は、北朝鮮ではない。軍拡を進める中国の脅威への対処にある。北朝鮮のミサイル危機のさなかに決めた陸上配備型迎撃ミサイルシステム「イージス・アショア」の導入を追認したのは、中国のミサイルに対抗する狙いがあるためだ。だが、巨額の投資に見合う効果があるかは疑わしい。政府は導入を再考すべきだ。

中期防が示した5年間の防衛費は過去最大の27兆4700億円。政府はコスト削減などで25兆5千億円に抑える方針だが、本当に実現できるのか。

トランプ米大統領の求めに応じた米国製兵器の大量購入が防衛費を圧迫している。米国製のステルス戦闘機F35は、「いずも」で運用できるB型を含め、計105機を追加購入する。その総額は1兆2千億円に上る見通しだ。最新鋭の兵器を買い揃えることが、日本の安全保障にとって真に有効な処方箋なのか。政府はもう一度考えるべきだ。国連のグテーレス事務総長は5月に発表した「軍縮アジェンダ」でこう指摘している。「高まった緊張や危険は、真剣な政治的対話や交渉によってのみ解決できる。兵器の増強では決して解決できない。軍事に過度に頼ることなく、外交努力を通じて緊張を緩和し、地域の安定を保つ。いま必要なのは、総合的な安全保障戦略にほかならない。

このように自衛隊の装備は日米一体化となった海外派兵を目的可能とする外征の自衛隊として専守防衛を超えて敵基地攻撃能力を持つ、まさしくフルスペックの集団的自衛権行使をできるものに日米軍事一体化の下で飛躍的に拡大しているのです。

5、自衛隊訓練の変貌

① 安倍首相は、「自衛隊の訓練や配置は、わが国の意思を世界に示す抑止力の大きな要素である」としました。安保関連法制定後、日米の共同訓練も質的にも量的にも地理的にも格段に増大しました。平成29年版防衛白書は「平素から共同訓練を行うことは、戦術面などの相互理解や意思疎通といった相互運用性を深め、日米共同対処能力の維持・向上に大きく資するのみならず、日米それぞれの戦術技量の向上を図るうえでも有益です。とりわけ、実戦経験豊富な米軍から習得できる知見や技術は極めて貴重であり、自衛隊の能力向上に大きく資するものです」。

「また、効果的な時期、場所、規模で共同訓練を実施することは、日米間での一致した意思や能力を示すことにもなり、抑止の機能を果たすことになる」「共同訓練・演習については、国内のみならず、米国への部隊派遣などにより拡大してきているとともに、日米共同方面隊指揮所演習、対潜特別訓練、日米共同戦闘機訓練など軍種・部隊レベルにおいても、相互運用性及び日米の共同対処能力の向上の努力を続けている」としており（平成29年版防衛白書２９３頁）、実戦さながらの訓練が日常的に実施されていることがうかがわれます。米国側からすれば、「日本に対する武力攻撃が発生した場合、日米両政府は、……自衛隊は防衛作戦を主体的に実施し、米軍は自衛隊を支援・補完する」という再改訂ガイドラインの日米の役割分担の見直しにおいて、自衛隊が主体的に防衛作戦を実施できるよう、自衛隊の実戦能力を向上させる狙いもあるのです。訓練を通して米軍との一体運用が進み、自衛隊の役割は着実に広がりつつあるのです。

② そして米軍と自衛隊の共同演習は18年度公表されたものだけで65件あり、施行前の15年度の20件と比べ3倍以上にのぼっています。米軍発表の自衛隊と米空母との共同演習は3年前はゼロ、2年前は14回、小野寺防衛相は「二つの空母打撃群と海上自衛隊の共同訓練は初めて」と述べ、安倍首相は「北朝鮮の脅威を挙げています。米軍の戦略爆撃機Ｂ１との共同演習は16年は1回のみだったのが17年は17回に及んでいます。17年8月の北朝鮮の「火星12」発射の時、陸上での日米共同実動演習は、米海兵隊２０００人、陸自１３００人と過去最大規模の演習となりました。日米共同統合演習として初めて国外に展開して、グアム、テニアンで強襲上陸作戦水陸両用作戦を実施し、安保法制の重要影響事態を想定し、自衛隊が米軍と共同して洋上で墜落した米軍機のパイロットを救助する訓練を実施したそうです。柳沢協二氏は「重要影響事態法に基づく捜索救助は途中でも戦闘が発生しても活動が継続できる。救助中に戦闘が発生すればそこが戦場ということだ。自衛隊は米軍の戦闘と密接に結びつき一躍を担うことになる。それにより二つのリスクが高まる。一つは自衛隊員が戦闘に巻き込まれる。もう一つは米軍の戦闘に参加することで、日本が敵とみなされ戦争を呼び込んでしまう」という危険を指摘しているのです。海上自衛隊の潜水艦「くろしお」やヘリ空母「かが」などが南シナ海で対潜訓練を実施しました。さらに日本版「海兵隊」とも呼ばれている「水陸機動団」が今秋南シナ海や南西諸島で米軍との共同演習をしました。などなど、かつてないアメリカと日本との軍事行動が行われようとして、まさしく国民の平和的生存権、人格権、憲法改正決定権を侵害しているのです。

七、南スーダン、イラク派遣の日報問題

1、はじめに

南スーダン、イラクの日報問題がこの裁判も含めて私たちに突きつけたことは、イラク戦争で被告の国が隠してきたイラクへの自衛隊派遣を、国民の反対の中で「非戦闘地域としての派遣」として強行しましたが、真実はイラクのフセインの大量破壊兵器が口実とされた派遣先の実態は戦闘地域であって、自衛隊員がまさしく殺し殺される戦場に送られたことが増々明らかにされたものと言えるのです。先に述べた自衛隊の海外派遣判例での名古屋高裁、岡山地裁判決などの判決の判示での違憲判決が正しかったことも裏付けています。そしてこのイラク戦争の時、他の国、米英などでもこの誤った戦争の教訓を総括しているのに、これを総括せず再び同じ過ちを繰り返そうとして、新安保法制を異常な国会での強行採決で通してしまいました。その上今回の本件の南スーダンＰＫＯ派遣も、政府は「ジュバは安定している」と戦闘状態を隠し続けて、原告らが主張立証してきたように派遣先はまさしく戦場であり戦闘状況で、自衛隊員が殺し、殺される状況への違憲の派遣海外派遣であり、原告らの平和的生存権が、人格権が侵害されたことになるのです。以下この問題について述べていきます。

まず本件問題の各新聞記事を紹介してこの事実からこの問題を検証しようと考えています。

私は裁判でも具体的事実は最も大切な勝利の要件であることをいつも考えていましたので、朝日新聞などの記事と布施祐仁氏の『日報隠蔽』（共著、集英社、２０１８年）を元に述べていきます。

2、南スーダン日報問題

朝日新聞の２０１８年４月15日の「戦闘状態が明らかに」という記事です。

防衛省が、情報公開請求された陸上自衛隊南スーダンＰＫＯの日報について「廃棄」を理由に不開示にしたが、実際には存在していた問題。日報に「戦闘」の表現が使われており、「停戦合意」などを参加条件にした「ＰＫＯ５原則」が崩れたとの指摘を避けるため、隠蔽したのではないかと国会で追及された。２０１７年７月に特別防衛監察の結果が公表され、情報公開や文書管理の在り方に対し、国民に多大な疑念を生じさせたと結論付けられた。

ところが、防衛省は２０１８年４月９日、南スーダンの国連平和維持活動ＰＫＯに派遣させられた陸上自衛隊が作った活動報告日報が、同省情報本部から新たに見つかったと発表した。昨年３～７月、稲田朋美防衛相当時の指示で特別防衛監察が実施されたが、情報本部は調査の対象から外されていたという。

防衛省によると、新たに見つかった日報は２０１２年７月16日～17年５月24日の一部。16年10月に受け付けた情報公開請求の対象期間16年７月～12月の一部も含まれ、南スーダンの首都ジュバで政府軍と反政府勢力が激しく対立する様子が記されていた。防衛省は16年12月、この時期の日報について不存在を理由に不開示を決定していた。

２０１８年の４月７口に小野寺五典防衛相が過去の自衛隊の海外派遣に関するすべての日報を総合幕僚監部に集約するよう通達を出し、全部署で日報の存否の確認中、情報本部の２部署の共有フォルダー内で見つかった。

小野寺防衛相は９日の参院決算委員会で「不適切な対応があったと考えざるを得ず、改めておわびを申し上げる」と述べた。

「情けないとしか言いようがない」防衛相幹部の官僚は9日夕、頭を抱えた。「イラク派遣の日報をめぐる対応もお粗末だが、南スーダンPKOの問題は昨年の特別防衛監察で決着がついたはずです。こんなことでは、防衛省の内部調査が全く信用できない話になる」。

南スーダンPKOの日報をめぐる2017年3月～7月の特別防衛監察では、陸上自衛隊の約15万2千人が監察の対象になったほか、統合幕僚監部の約500人、内部部局の約350人も対象となった。

2017年7月に防衛監察本部が公表した監察結果によると、このうち過去に南スーダンPKOの日報データを保有していたのは陸自で178人、統合幕僚監部で10人、内部部局で6人とされていた。

なぜ情報本部が監察の対象から外れたのか。防衛省によると、南スーダンPKOの日報の情報公開請求の際に文書の探索対象から外れていたためだという。「今後も他の部署に絶対にないとは言えない状況」（防衛省幹部）となってきた。

小野寺防衛相は「私ども文民が自衛隊という実力組織を管理することが、戦前の軍事の暴走を防ぐ最大の役割。【現状は】シビリアンコントロールに疑念を持たれても仕方ない」と述べ、安倍晋三首相は「自衛隊の最高指揮官として深くおわびを申し上げたい」と陳謝した。

次に、同じく朝日新聞4月15日の「問われる統幕長の自覚」という記事で、

陸上自衛隊の日報をめぐる混乱が続く防衛省で、今度は制服組トップの河野克俊統合幕僚長の発言の信頼性に疑問符がつく事態が生じた。南スーダンPKOの日報について、防衛省は当初、「破棄した」と説

明したが、その後、統合幕僚監部で見つかったとして一転、情報開示に応じた。しかし、日報は統幕だけでなく、陸自にも保管されていた。

昨年7月に公表された特別防衛監察の結果には、河野氏が報告を受けたとの記載は一切ない。当時の事務次官や陸上幕僚長らが陸自内の日報を非公表と決めたとされているだけだ。河野氏も知っていたとすれば、監察結果の信頼性にかかわる。

河野氏は安倍首相に頻繁に面会して、軍事的な助言をしている。昨年には、首相が唱えた自衛隊明記の改憲案について「ありがたい」と発言したり、南スーダンPKOの日報について、事実上、「戦闘」の言葉を使わないよう指導したりして批判を浴びた。

防衛省では、陸自のイラク派遣時の日報をめぐっても、文章の存在を1年あまりにわたって大臣に報告していなかった。政治が軍事に優越するシビリアンコントロール（文民統制）の不全が際立っている。

公文書は国民の共有財産であり、政策の検証に欠かせない。自衛隊に関する情報といえども、適切な開示が、文民統制を機能させる基礎である。事実と向き合い、教訓をくみ取る。そのためにも、ずさんな文書管理と情報公開に後ろ向きな体質を改める。河野氏はその重い責任を自覚すべきだ。

東京新聞の4月15日の記事です。「揺らぐ文民統制」で、

（本件裁判の原告代理人もつとめている）伊藤真弁護士は「ただでも、市民が軍事情報を把握するのは難しい。さらに自衛隊には、政治家も含めて軍事の素人に判断されたくないという意識が強い。そうした下地に改憲が加われば、国会議員が情報を求めても、「憲法上の組織なので、独自に責任を果たす」と拒絶しかねない」

と語り、自衛隊加憲の改憲により文民統制の破綻が決定的になるとみる。

文民統制の機能しなくなった軍事組織が、いかに危険かは歴史が示している。明治大の山田朗教授（日本近現代史）は、戦前の旧日本軍の破綻を例示したうえ「自衛隊にもその反省はあったはずだが、次第に立法府（国会）を尊重しなくなってきている。実力部隊が暴走しない二大条件は情報の公開と文民統制。これが忘れられている中で憲法を変えたら、歯止めがなくなってしまう」と話す。

「現時点でも文民統制は、利いておらず、米国の意図をくみながら、軍備を増強している。改憲によってお墨付きを得れば、情報のブラックボックス化が進む」。

山田教授は「市民が軍事について発言すること」を求め、布施さんは「そのためにも、自衛隊の活動状況が正確に開示されなくてはならない」と強調する。

山田教授は「軍事は秘密が大前提といわれるが、その部分を最小にしなければならない。具体的に「こんな装備を持っていいのか」などと監視しつつ、市民が無視されないように意思表示することが大切だ。軍事組織は専門領域だから任せろというだろうが、国土防衛とは土地ではなく、国民の生命・財産を守ること。国民への情報公開はその前提といえると語った。

3、イラク日報問題

朝日新聞、東京新聞の２０１８年４月12日から28日までの記事です。

防衛相は４月16日、存在していないとしてきた自衛隊のイラク派遣の際の活動報告日報を初めて開示した。２００４～06年の派遣期間中、現地の治安状況などを示すくだりに「戦闘」「銃撃戦」の文字が複数あり、宿営地周辺で攻撃があった詳細が記述されていた。政府が自衛隊の活動範囲を「非戦闘地域」としてきた説明との乖離が浮かび上がった。

06年1月22日の日報では、宿営地を置いたサマワの治安情勢について「銃撃戦」に触れ、「英軍に武装勢力が射撃し、戦闘が拡大」との記述がある。05年6月23日には、陸自の車列が進路脇の爆弾で被害に遭い、宿営地外での活動を自粛。日報には、「ミラーは割れ落ちている」「無数のキズ」などの解説付きで破損した車両の被害状況、爆発現場を写真で示した。05年7月5日の日報には、「サマワ宿営地付近にロケット弾着弾。連続発生の可能性は否定できず」と記してある。

当時政府は憲法解釈により海外での武力行使を一切禁じており、自衛隊活動が「他国軍の武力行使との一体化」ととられないよう、「非戦闘地域」という考え方を編み出した。小泉純一郎首相は04年11月、国会の党首討論で「自衛隊が活動している地域は非戦闘地域だ」と答弁し、厳しい批判を浴びた。日報からは、政府の説明とは違い、現場の隊員にとって危険と隣り合わせの実態が読み取れる。

小泉氏は06年6月20日に陸自部隊の撤収を表明。理由として「陸自の人道復興支援が一定の役割を果たした」と述べた。しかし、直近の5月31日サマワで自衛隊と豪州軍の車両が進行中、進路脇の爆弾が爆発。この日の日報は「爆発事案」として詳細を記録し、仕掛け爆弾【IED】の可能性を指摘した。現場写真とみられる部分は黒塗りだが、緊迫した事態が続いていたことをうかがわせる。

陸上自衛隊は、04年1月から06年9月まで約2年8カ月間、延べ約5600人を派遣。イラク南部のサマワに宿営地を設け、学校や道路の修復、医療支援などにあたった。日報について防衛省は「ない」としてきたが、昨年3月に陸自研究本部で発見。今年4月2日に存在することを認めた。

05年6月23日。イラク・サマワ郊外を走っていた陸上自衛隊の高機動車両の近くで爆発が起きた。この日の日報には、爆風で複数個所にキズを負ったという写真とともに、こぶし大の石が散乱している爆発現場の様子の写真が載せられていた。

現地の隊員は危険と隣合わせだった。

爆発事案があった翌月4日、サマワの自衛隊の宿営地付近にロケット弾が着弾。翌5日の日報には、≪付近にロケット弾着弾→連続発生は否定できず〔実行勢力不明〕≫と記された。その後、日報に記されていくのは、非戦闘地域のはずのサマワが危険に陥っていく現実だった。

約半年後の06年1月22日の日報には、前日にサマワで起きた英国軍と現地武装勢力の銃撃戦についてこう書かれていた。

≪1622〔午後4時22分〕ポリス通りで英軍に対し小火器射撃、爆発。1630〔同4時半〕小火器射撃継続。イラク警察との共同パトロールを実施、小火器射撃を受け応射〔死亡2、負傷5〕≫

≪1630〔同4時半〕ごろ、サドル派〔地元の対米強硬派〕事務所付近に英軍車両が停車し、周囲をパトロールし始めたことに反感を持ったJAM〔サドル派民兵〕が射撃し始めたことに端を発し、戦闘が拡大、イラク警察及びイラク陸軍が治安回復のため介入。死亡したのはタクシードライバー。英軍に誤射され死亡した模様≫、など。

日報には、自衛隊の宿営地周辺で銃撃戦が起きていたことをはじめ、「銃撃」「攻撃」などの文言が頻繁に登場した。

「非戦闘地域」で実際に戦闘が起きていたとすれば派遣の前提が崩れる。

陸自は06年7月にサマワからの撤収を終えた。小泉政権の跡を継いだ安倍晋三首相は06年9月29日、国会での所信表明で、イラク派遣に言及。「陸上自衛隊が一人の犠牲者も出すことなく人道復興支援活動を遂行したことは歴史に残る偉業だ」とたたえた。

だが、イラクでの緊迫した状況は、帰国後も自衛隊員を苦しめている。空白を含め03～09年にイラクに派遣された自衛隊員のうち、在職中に自殺で死亡したと認定された隊員は15年時点で29人に上る。日報で派遣部隊の活動のすべてが明らかになったわけではない。

例えば、イラク南東部の治安維持を担った英国中心の多国籍軍の状況。現地の道路の補修や給水などを担った「イラク復興支援群」の日報は２００４年３月～06年７月の３７０日分（１万４１４１ページ）が公開されたが、多国籍軍に関しては黒塗りとされた。

「ない」と説明されていた自衛隊イラク派遣の日報が２０１８年４月16日、開示された。「ずっとウソだった」「隠蔽の連鎖だ」。15年前の派遣開始前からイラクを取材してきたジャーナリストや、情報公開のあり方を追求してきた関係者は政府の姿勢に危機感を抱き、さらなる検証を求めた。

「イラク派遣当時から今まで、政府はずっと真実を隠し、ウソをつき続けている」。２００３年のイラク戦争の開戦直前から10回近く現地に入った本件裁判でも原告となったジャーナリストの志葉玲さん（42）は、日報が隠されてきた背景にイラク戦争そのものをめぐる問題があるとみる。派遣中、小泉純一郎首相（当時）は自衛隊の活動地域が「非戦闘地域」だと言った。だが、開示された日報からは、危険と隣り合わせの実態が浮かんだ。志葉さんが、自衛隊の宿営地サマワ付近でみた実情も全く異なっていた。夕刻に郊外を車で走っていると、トラックの窓から身を乗り出し、ロケット砲のようなものをかまえる男に追いかけられた。「まさに戦闘地域だった」と振り返る。米国などによる侵攻の根拠とされた大量破壊兵器も、実際にはなかったことが判明した。英国の独立調査委員会は16年、「軍事行動は最後の手段ではなかった」などと当時の政権の過ちを厳しく指摘したが、日本政府がなぜ、どのような議論を経て戦争を支持したのか、今でも十分に検証されていない。志葉さんは「『非戦闘地域』もウソで、派遣ありきだったのではないか。日報の開示をきっかけに解き明かしていきたい」と話す。

南スーダンへのPKO派遣をめぐり、早くから日報に着目して追及してきたジャーナリストの布施祐仁さん(41)は防衛省の対応について「隠蔽を表沙汰にしないように隠蔽する、という連鎖が事態を深刻化させている」と語る。

布施さんが16年10月、南スーダンPKOの日報開示を求めた際、防衛省は「廃棄した」として応じなかった。同年12月には統合幕僚監部で日報が確認されたが、17年2月まで公表しなかった。やがて明らかになった日報には「戦闘」という言葉が何度も記されていた。イラクの日報も、稲田朋美防衛相(当時)が国会で「見つけることはできなかった」と答弁した後に、陸上自衛隊内部で発見されながら、防衛相に報告されず、今年まで公表されなかった。布施さんが特に危機感を抱くのは、南スーダンの日報問題で防衛相が交代しても、イラクの日報の存在が新しく就任した小野寺五典防衛相に報告されていなかった点だ。「文民統制が機能していない。南スーダンの日報を巡る特別防衛監察で稲田氏の関与がうやむやにされたことも防衛省内の判断に影響したのではないか。いつから、なぜ日報を開示しないことにしたのか、国会で検証すべきだ」と指摘する。全国市民オンブズマン連絡会議事務局長の新海聡弁護士も「防衛情報の開示、検証は民主主義国家の根幹の問題」と指摘する。新海さんによると欧米では、政治判断の妥協性を後から検証し、誤った政策を繰り返さないため、軍隊の派遣先や活動内容は厳格に記録され、一定期間が過ぎれば公開されるという。日本の自衛隊にはこうした仕組みがない。「日本では、情報に基づく議論ができない。政治の風通しを良くする仕組みづくりや、情報隠しを許さない第三者機関の設置などを検討する必要がある」と語る。

4、両方の問題が本件裁判に投げかけたこと

（1）なぜイラク戦争の総括が正しく客観的にされなければならないのか。

第一は、このイラク戦争が、文字通り、日本の安全保障政策における決定的ともいえる転換点となったからです。アフガン戦争の際は、海上自衛隊によるインド洋での補給支援が中心でしたが、イラクの場合は、戦闘が継続する同地に、自衛隊の陸・海・空の部隊が史上初めて派兵されることとなったからです。

06年6月の日米首脳共同文書には「21世紀の地球規模での協力のための新しい日米同盟」が明記され、日米安保体制はここに根本的変質を遂げることになったのです。イラク戦争をきっかけに唱えられた「世界の中の日米同盟」が現在の安倍政権の下における「新ガイドライン」、新安保法制づくりの地ならしとなったことは明らかです。またイラク戦争開戦を受け、政府・与党は03年7月に自衛隊派兵のための「イラク特措法」を強行成立させましたが、無法な占領でイラクの治安が極度に悪化した8月になり、政府内で自衛隊派兵を先送りする声が出始めました。そこで登場したのが、アーミテージ米国務副長官（当時）で、日本政府高官に「逃げるな。お茶会ではない」と一括、これ以後、自衛隊派兵早期開始へと一気に突き進むことになったのです。

安倍首相は新安保法制の閣議決定を受けた会見（2015年5月14日）で集団的自衛権の行使が可能になったことにより、アメリカの戦争に巻き込まれるのではないかという不安があることについて、「そのようなことは絶対にあり得ない」と強弁しました。日本政府は国際法違反のイラク戦争を

いち早く支持しただけでなく、陸上自衛隊を同国のサマワに航空自衛隊をクウェートに派兵したのです。サマワでは給水や公共施設の復旧活動に携わりましたが、それでも宿営地や周辺への迫撃砲などによる攻撃が14回も行われるなど、前述した日報でも明らかにされたように隊員は死と隣り合わせの活動だったのです。一方、航空自衛隊は当初はクウェートからイラク南部へ物資などの輸送を行いましたが、陸自撤収後は、米政府の要望のもと、極めて危険な首都バクダッドへの多国籍軍の輸送に特化したのです。空自撤収までに自衛隊輸送機が輸送したのは、米兵だけで2万3000人以上に達しました。自衛隊機が輸送した米兵が、ファルージャのような各地での掃討作戦に参加し、多数のイラク住民を殺害しました。名古屋高裁は08年4月、空自による輸送活動は憲法が禁止する「他国の武力行使との一体化」にあたり、違憲だと断罪しました。「自衛隊はこれまで海外で1人も殺さず、殺されもしなかった」とされますが、少なくともイラクで人殺しの手助けは行ったといわなければなりません。イラク戦争の問題をあいまいにしたままでは、今後も将来、米国の無法な戦争に日本が肩を並べて参加することがいよいよ現実味を帯びてしまうのです。安倍首相のいう改憲案の9条1項、2項を残したとしても、自民党案のように「必要な自衛の措置をとるための実力組織」としての自衛隊を書き込めば、いわゆるフルスペックの集団的自衛権を行使することが可能となってしまう。このことは前記のイラク日報問題をみても明らかとなっているのです。

(2) 南スーダン日報問題が私たちに問うもの

南スーダンの日報で、情報公開請求に対して、合法的に対応していれば、16年9月中旬の時点で人員現況だけでなく、日報も含めて開示されていたはずです。しかしながら、そこには「戦闘」という文字が書かれていたため、開示しなかった当時、国会では野党追及に、安倍首相や稲田大臣が「これは『戦闘』ではなく『衝突』だ」、「PKO5原則も維持されている」、「だから派遣も延長するし、新任務を付与しても構わない」と新任務付与を強行したのです。もし9月中旬の時点で、現地の部隊が「戦闘」と報告している日報が公表されていれば、国会で政府が答弁している内容と、現地の部隊が書いている内容に明らかにギャップがあることが明らかになります。

本来は公表されるべき重要な派遣先の情報が国会や国民に公表されず、違法に隠蔽されたうえで、新任務付与という自衛隊にとって戦後の大きな転換点になる閣議決定を強行し、新任務付与の正当性そのものが崩れたのです。最初から新任務付与ありきの政治によって、プロセスが不正にゆがめられたその違憲性はもはや明白となっているのです。

この25年間の自衛隊の海外派遣についても、じつは本来公表されないまま、意図的に隠蔽され続けてきました。もはや司法がこれをチェックする以外ありません。であれば、これは文民統制上きわめて深刻な問題でもあります。戦前の日本には文民統制という概念がありませんでした。軍の統帥権は天皇が独占していて、国会のコントロール下にはなかったのです。そのため軍は暴走し、国会議員も国民も自国の軍が海外で何をやっているかを知ることができないまま戦争に協力させられていたのです。国会議員どころか、当時の総理大臣さえも、軍の大本営発表を聞いて初めて戦況を知るということがあったのです。そのようにして、戦争に突き進んで、アジアの多くの人びとの命を奪ったという歴史をもっているのです。

その日本が戦後、実力部隊を、文民統制が効かない状態、国会や国民の目と耳をふさぐような状態で、海外に出し続けてきたのは、非常に深刻なものです。

マスメディアでも政府はずっと「戦闘」ではなく「衝突」だと説明してきました。現地の部隊の日報には前述したように「戦闘」という文字がたびたび出てくることが一番大きな論点として指摘されていました。それに対して政府は「いわゆる辞書的な意味での『戦闘』と法的な意味での『戦闘』は違う。銃で撃ち合っていれば当然現地の自衛隊員は戦闘だと思って戦闘と書くが、PKO法上の『戦闘』の意味は、銃で撃ち合っているということではない」という説明だったのです。

つまり、「『戦闘』とは、いわゆる国際紛争の一環というのは、国対国、あるいは国対国に準ずる組織の間のものをいう」「南スーダンでおこっていることは、政府軍は国であるが、政府軍と戦っている反政府軍は国でも、国に準ずる組織でもない。だからこれは国際紛争の一環としての武力を用いた争いという、法的な意味での戦闘ではない」というロジックで反論しました。しかし、日報を細かく見ていくと、たんに言葉上「戦闘」と書いていたというだけではなく、「激しい戦闘」「戦車も出て砲撃している」「自衛隊の宿営地のすぐ近くに砲弾が落下した」など、自衛隊の宿営地のすぐ近くで激しい戦闘があった様子がうかがえる記述が多くあるのです。重大なのは、南スーダンの政府軍が国連のPKO基地に対して攻撃をしてくる可能性について明記しているのです。自衛隊自身も戦闘に巻き込まれるリスクも明記しているのです。政府軍がPKO部隊に対して攻撃をしてくると、自衛隊は当然守ることになり、自衛隊と南スーダン政府軍との間で交戦になる可能性がある。となると、憲法9条が禁じる武力行使そのものに発展してしまう可能性がでてくるのです。自衛隊は、そういう場所には本来てはいけない。だからこそ、新任務付与前の国会では、政府が「絶対に起こらない」と説明せざるを得なくなっているのです。

政府は「南スーダン政府はPKO部隊を政府として受け入れている。だから南スーダンの政府軍がＰＫＯ部隊に対して攻撃してくることはない。敵対行為をとることもない。だから、自衛隊と南スーダン政府軍の間で戦闘になることは、絶対に起こらない」と。しかし、現実には起こっていたのです。実は自衛隊以外のＰＫＯ部隊との間では、これは事前から起こっていたのです。そのことを自衛隊の日報でも現地の部隊が２０１６年７月の時点で明記していたのです。にもかかわらず、新任務付与が焦点になった９月、10月あたりの国会では「そういうことは絶対に起こらないのです」ということを強弁して、新任務付与を強行していたのです。

ひたすら、「ジュバは平穏だ」ということを繰り返し言って新任務付与をしたのです。しかし、実は２０１６年７月に、ジュバでは大規模な戦闘があり、数百人の兵士が死んでいるのです。数日後に両者の間に停戦合意が実現して、そのから先はジュバは比較的安定していくことになります。ただ、ジュバから一歩外に出ると、ジュバから追放された反政府軍の兵士たちが周辺に潜伏し、いわゆるゲリラ攻撃をしてきていたのです。それに対して、政府軍が掃討作戦を行い、イラクやアフガニスタンと同じゲリラ戦なので住民を巻き込んだ戦闘になっていったのです。村ごと焼き払ったりということも行われたのです。一般市民も殺されていくことになると、それまで兵士でもなかった一般の住民が、政府軍に家族を殺されたり、略奪されたり、レイプをされたりして、怒りをもってイラクのＩＳと同じように反政府軍に加わることにもなっていくのです。暴力の負の連鎖がどんどん拡大していったのです。

それまでは比較的安定していたジュバ周辺の、とりわけ南スーダン南部の治安は急激に悪化し、南部が最も激しい戦闘地域になっていったのです。ジュバは確かに平穏だったかもしれません。ジュバから一歩外へ出れば戦闘が拡大していくという状況のもとでは、常識的に考えれば、何かあればまたジュバに波及してくる恐れもあるわけです。そういうことはいっさい隠して、とにかく「ジュバは平穏だ。危険なのは反政府勢力が強い北部なのだ」という事実と異なる情報を出して、世論や国会の議論をミスリードしていったのです。こうしたことも、日報が公表されたことで明らかになったのです。このことは『日報隠蔽』で著者が丁寧に述べています。

第5章　世界史の中で考える

一、戦争の違法性

1、戦争違法性の流れ、国際連盟と国際連合

20世紀初頭まで、戦争に訴えることは国家の主権的自由に属し、戦争で武力行使に訴えるという行為は制限されていませんでした。

19世紀末以降、気球から飛行機へと戦争形態が拡大し、戦争の在り方、方法に対する批判が出てきました。1899年と1907年にオランダのハーグで、戦争にさまざまな規制を加えようと各国が集り、空爆は軍事施設への攻撃にとどめ、なるべく民間無差別爆撃は許されず、害敵手段、不必要の苦痛を与える兵器に使用を禁止し、国に対する被害者の請求も認めるハーグ陸戦規約条約などができました。これには日本も参加しています。

第一次世界大戦は初めて総力戦となり、戦争による膨大な死者が出たため、1920年には規約前文に「戦争ニ訴ヘサルノ義務」と書いた国際連盟が発足しました。

紛争を一定の平和的解決手続きに従ってするために国の義務を設け、それを行わずに戦争に訴えては

ならないというものでした。

もう一つは、集団安全保障の試みとして、規約に違反して戦争に訴えた国に対して、連盟国全体が対応するという仕組みでした。しかしこれは日本が脱退したり、アメリカなどが参加しなかったり、十分に機能しませんでした。

国際連盟規約で制裁が適用されたのは、イタリアのエチオピア侵略の1回だけで、日本の「満州事変」のような規約違反があった場合に何もできなかったのでした。

その欠陥を埋める努力から、1928年に不戦条約ができました。「国家ノ政策ノ手段トシテノ戦争」つまり、国際慣習法化していた侵略戦争禁止が明記されたのです。第一次世界大戦の講和会議（1919年6月、パリ）で取り決めたベルサイユ平和条約の第1編「国際連盟規約」は前文の冒頭で「締約国は戦争に訴えざるの義務を受諾し」とうたい、初めて戦争そのものの否定を打ち出していたのです。

しかしながら、第二次世界大戦が起きて第一次世界大戦以上の6000万人とも7000万人ともいう大量の死者を出してしまいました。

戦争が違法であり、犯罪であることになればその手段である軍備は全廃に向かうべきで、国際連盟は軍縮もうちだしましたが、結果として失敗し、第二次世界大戦となってしまったのです。その原因のドイツについては後で述べますが、日本は、1931年、中国東北部への侵略戦争として満州事変を起こし、1933年には国際連盟を脱退して、1937年には中国への全面的侵略戦争を開始し、日独伊ファシズム同盟を結んで第二次世界大戦に突き進んでいったのです。二度の世界大戦の教訓は軍事同盟の対抗が戦争に導いたことを反省し、その教訓に立って軍事同盟にかわる集団安全保障機構として国際連合（国連）が創設され、その国連憲章は戦争の違法性を一層勧めました。

1945年に国連ができ、紛争解決の国際的決め事である国連憲章は、武力行使と武力による威嚇を禁止し（第2条Ⅳ）各国に紛争の平和的解決義務（第2条Ⅲ）を規定し「戦争を未然に防止する平和の国際秩序」を提起したのです。

集団的安全保障体制も、第二次世界大戦の経験・反省をふまえ、国際連盟の不十分さを反省し、侵略行為の決定判断は、安保理事会が拘束力のある形で行うこと、強制措置の発動もできることとなったのです。

武力行使禁止原則の例外は、安保理事会が決定した強制措置の場合と、自衛権行使の場合（第51条）だけです。国際連盟の不十分さと、第二次世界大戦の経験を踏まえ、国連の目的として、国際の平和と安全の維持（第1項）を第一に掲げ、その他に、人民の自決の原則に基礎を置く友好関係の発展（第2項）や経済的、社会的、文化的または人道的な性質を有する国際問題の解決について、すべての者の人権と基本的自由の尊重について国際協力を達成する、（第3項）「人間の安全保障」というソフトパワーの原則を規定したのです。

国連ないし国連憲章が目指している平和は、単に武力紛争がないという意味での「消極的平和」に留まらず、植民地解放、民族自決権の実現、基本的人権の擁護、途上国の社会的経済的発展、近年では、地球環境の保護なども含む人間の安全保障、即ち本当の「積極的平和主義」です。これは、日本国憲法9条にも反映しているものなのです。

私が前から述べているコスタリカの積極的平和主義もそうです。日本国憲法が目指す平和は、まさしく前文にある平和的生存権の尊重に基づく前記の「人間の安全保障」を目指す平和で、国連憲章と基本的に一致する方向で規定されたのです。国連憲章は、軍事的強制措置をも想定する集団安全保障をとるわけですが、これに対し、日本国憲法は戦力を一切持たない憲法9条2項で軍隊放棄とともに交戦権も否定したという、世界中でもっとも平和的な規定をもったのです。この平和原則とともに人権規定でも「平和的生存権」規定など前文の「二度と戦争をしない」、「この普遍的原則に反した場合憲法の効力を失う」ことなど、世界の最先端となっているのです。

ただ、国連憲章については、安保理決議に五大常任理事国のどれも反対しない場合のみ可決するという方式をとったため、冷戦期、東西のどちらかが反対して集団安全保障が機能しないという時代が長く続き、正規の国連軍は一度も出ませんでした。

冷戦終結直後の湾岸戦争では、五大国が一致するかに見えましたが、先を急ぐ米軍主導の多国籍軍として安保理決議を出させたため、以降「安保理決議に基づく多国籍軍」というアメリカ単独主導の歪んだ武力行使が発動されることになったのです。

もう一つの例外は、国連憲章51条が定めたもので、ある国が武力攻撃を受けた場合に、「国連による解決が間に合わない場合、攻撃を受けた国が反撃する個別的自衛権だけでなく、その国と密接な関係にある国が援助し、共同して防衛にあたることができる」という「個別的・集団的自衛権」行使による武力行使です。今回の新安保法制の、国のいう集団的自衛権行使の規定です。ただし、これは国連安保理が「必要な措置をとるまでの間」に限られた、国連による集団安全保障が動き出すまでの一時的暫定的な措置なのです。この自衛権を行使した場合、ただちに安保理に報告をしなければなりません。そしてそもそも集団的自衛権行使の問題の国連憲章51条は、国連が作られるとき当初原案にはなかったのですが、ラテンアメリカ諸国が、目の前の大国米国の侵略を恐れ、ラテンアメリカ諸国が結束して反撃する権利が必要だと主張したことを、当の米国が逆用して、第二次世界大戦後の大国有利の集団的派遣体制実現のため、国連憲章にねじ込んだのが「集団的自衛権」だったのです。

そのため戦後この権利が実際に行使された典型は、米国のベトナム戦争、ソ連のアフガニスタン侵攻などで、集団的自衛権行使を理由とする侵攻はこれまで14回あったといわれていますが、もっぱら大国が「反撃」という名で大国の思惑で武力行使する口実で使われた侵略戦争というものだったのです。

国際連合は、第二次世界大戦の戦勝国である連合国を軸に結成されたという事情があり、これからは世界平和を脅かす侵略国があれば、集団安全保障で、国連自体で解決するという建前をとっています。日本はドイツ、イタリアと共に第二次世界大戦では侵略国でありました。憲法9条で一切の戦力・軍事力を放棄することで国連憲章の目的に合わせました。「恐怖と欠乏から免れ、平和のうちに生存する権利」を「全世界の国民」に実現すべく努力するよう、その先頭にたって「名誉ある地位を占めたい」と憲法で宣言し、世界中の憲法で最も平和的、先進的な平和憲法を持つことになったわけです。ファシズム国家だったドイツ、イタリアも当然、戦争放棄の条項を持ったのです。

2、戦略爆撃の規制、民間無差別爆撃の禁止

(1) 東京大空襲の1審判決は、国際法違反について「ハーグ陸戦条約の規定のうち、交戦規定等に相当する部分については国際慣習法化していたと理解する余地がある」(5頁)としました。ハーグ陸戦条約の各種交戦規定について国際慣習法化を認めたことは大きな前進です。

東京地方裁判所昭和38年12月7日判決(広島・長崎原爆投下事件　下田判決)は、結論は原告敗訴でしたが、広島長崎の原爆投下も空襲なので、空襲についての国際法について「そこに規定されてい

る無防守都市に対する無差別爆撃の禁止、軍事目標の原則は、それが陸戦及び海戦における原則と共通している点からみても、これを慣習国際法であるといって妨げないであろう」として、この判決ではまさしくアメリカの原爆投下は国際法違反であることを断罪したのです。

しかし、東京大空襲の1審判決は、東京大空襲をはじめとする空襲が国際法違反であることについて上記以外何らも述べていないことは極めて不徹底です。

1899年にハーグで第1回ハーグ平和会議が開催されました。ヨーロッパ諸国を中心に26カ国（日本を含む）が代表を派遣し、「陸戦ノ法規慣例ニ関スル条約」ならびに条約付属書である「陸戦ノ法規慣例ニ関スル規則」を採択したのです。

「陸戦ノ法規慣例ニ関スル規則」中の第2款「戦闘」中の第1章「害敵手段、攻囲及砲撃」に爆撃規制に関わる条項があります。

第23条は害敵手段に関して「特別ノ条約ヲ以テ定メタル禁止ノ外、特ニ禁止スルモノ左ノ如シ。

イ　毒又ハ毒ヲ施シタル兵器ヲ使用スルコト

（略）

ホ　不必要ノ苦痛ヲ与フヘキ兵器、投射物其ノ他ノ物質ヲ使用スルコト

これらは使用兵器と攻撃対象の双方で、重要な規制基準として機能しています。25条から27条までは主に爆撃そのものに関する規制を規定し、

「第25条　防守セサル都市、村落、住宅又ハ建物ハ、之ヲ攻撃又ハ砲撃スルコトヲ得ス」。

27条は「宗教、技芸、学術及慈善ノ用ニ供セラルル建物、歴史上ノ記念建造物、病院並病者及傷者ノ収容所」について、原則的に（「軍事上ノ目的ニ使用セラレサル限」）損害発生回避の措置義

務があることを規定しています。

東京大空襲裁判の一審で意見書を作成していただいた藤田久一教授は「第二次世界大戦において、すべての交戦国が適用すべき空爆の国際法規則は存在した」とされています。

この第二次世界大戦当時に適用されえた空爆をめぐる国際法に照らして見れば、米爆撃機の焼夷弾による無差別爆撃であった東京大空襲は、明らかに国際違法であり、かつ、東京裁判で認められた戦争犯罪に該当する行為であり、空爆に関する規則は適用されねばならないものだったのです。

（2）東京大空襲は米軍戦略爆撃機Ｂ29の多数が、夜間に低空から東京の主に住民居住区域に対して焼夷弾により繰り返し絨毯爆撃するという方法をとりました。このような空襲は、戦闘員と非戦闘員の区別原則および不必要の苦痛を与える害敵手段の禁止という戦争法の基本原則そのものに違反し、それに基づく具体的規則ともいえる軍事目標主義に違反したのです。また、このような空襲は、敵（日本）の戦争遂行（継続）能力に重要な経済能力を破壊することを目指すものであり、敵戦争能力（軍隊および軍事物）の破壊という伝統的な戦争の目的を逸脱するものでした。また、国民の抵抗する精神力を挫くという心理的効果をも狙っていたのです。戦後の国連での１９７７年ジュネーヴの追加議定書51条で明文化された文民たる住民に対する無差別爆撃の禁止と軍事目標主義に違反するものなのです。

また東京大空襲におけるＢ29爆撃機による住宅地木造家屋への焼夷弾の大量投下により一帯は火の海となり、そこに居住していた無数の文民たる住民の無差別的殺傷のみならず、その一帯の家屋の焼失をもたらしました。焼夷弾の使用が無差別攻撃による被害を一層拡大したのであり、この空襲は不必要な苦痛を与える害敵手段の使用禁止原則にも反したことは明らかです。

１９４４年10月10日に、アメリカの空母機動部隊から飛び立って艦載機延べ約１３００機が沖縄の県都那覇市を中心に奄美大島も含めた南西諸島全域にわたって行った空襲で、集中攻撃の目標となった那覇市街地は日本で初めての焼夷弾攻撃を受け、民間住宅面積の9割が焼失、焼け野原となり、多数の市民が死傷しました。東京大空襲をはじめ本土空襲の前触れとなった空襲です。

当時の日本政府が調査確認した米軍機空襲の国際法違反の具体的状況として昭和19年10月16日、朝日新聞において10・10空襲の被害状況が報道されました。

昭和19年12月7日、重光葵外相から駐スペイン須磨公使宛に、10・10空襲に対する国際法違反の抗議文提出が指示されたのです。

その指示を受けて作成された抗議文は10・10空襲に加えて、2月25日（東京）、3月10日（東京）、3月12日（名古屋）、3月13日・14日（大阪）の各空襲について、「人道的原則」及び「国際法」に違反するとして抗議したのです。

昭和20年3月29日、毎日新聞において、日本政府が米国政府に対し、10・10空襲及び前述した東京大空襲等について国際法違反として抗議した事実が報道されました。

上記抗議文が米国政府に届き、アメリカ政府は対応を検討し、「抗議文のような攻撃が国際法違反であることを否定すれば、当政府がたびたび表明してきた見解と矛盾する。一方、もし国際法違反であると認めれば、敵領内に不時着した兵士を危険に陥れ、戦犯扱いの目にあわせるかもしれない」との理由で国際法違反であるともないとも言わず黙殺する、それが結論だったのです。

こうして、アメリカ政府は日本政府の2度の抗議に対して「沈黙」し、黙殺するという結論を出したのです。

アメリカ政府は抗議文を受領後も日本への空爆を継続し、翌月8月6日には広島に、８月９日には長崎に、それぞれ前述したとおり国際法に違反した原子爆弾が投下されたのです。

そしてこのいわば無差別爆撃についてのアメリカの「沈黙の構造」が大戦中の地域爆撃を犯罪とみる視点の導入をさまたげ、戦後長く、今も世界中で平気に行われている米空軍の戦略爆撃と、国際法の進化との間に大きなズレをつくりだすことになったのです。

このような点からも、日本政府もアメリカ政府も東京大空襲の被害につき国際法上も責任を負うべきだったのです。

3、平和地域共同体

今「国連憲章に基づく平和の国際秩序」として、世界各地で平和の地域共同体が形成・発展しつつあります。２０１７年に設立50周年を迎えるＡＳＥＡＮは、東南アジア友好協力条約（ＴＡＣ）、ＡＳＥＡＮ地域フォーラム（ＡＲＦ）、東アジアサミット（ＥＡＳ）、東南アジア非核地帯条約、南シナ海行動宣言（ＤＯＣ）など、平和と安全保障の枠組みを作り上げ、これを地域外にも広げています。

１９７６年に締結されたＴＡＣは、日本国憲法9条と同じ武力行使の放棄と紛争の平和的解決などを掲げ、ＡＳＥＡＮ地域内諸国の関係を律する平和のルールとして作られ、87年以降は、これを国際条約として地域外に広げ、ユーラシア大陸のほぼ全域とアメリカ大陸にまで及ぶ57カ国に広がり、世界人口の72％が参加する流れに発展してきています。

大国の支配権を認めない、年間１０００回を超えるという徹底した対話によって、「紛争を戦争にしない」「紛争の平和的解決」を実践しています。そして、この平和の流れをアジア・太平洋の全体にさらに世界へと広げようとしています。

15年11月には加盟10カ国の首脳会議で「ASEAN共同体」の設立に至っています。そこでは、戦争放棄を明記したTAC等の原則を堅持し、東アジアの平和と安定に「中心的役割」を果たすと強調し、東アジア首脳会議「EAS」に参加する18カ国がTACと同様の「法的拘束力のある文書」を結ぶことを探求すると宣言しています。

4、核兵器禁止条約が国連で採択

いま国連では、核兵器の全面禁止と廃絶を義務づける核兵器禁止条約が採択されました。この条約案については、オランダのハーグで1990年に行われた国際平和会議で9条を世界中に掲げることに努力した、私の先輩である池田眞規弁護士と反核国際法律家会議のコスタリカ大学・バルガス教授もこの条約案を作り上げることに貢献しました。2010年のNPT再検討会議は、「核兵器のない世界を実現するために必要な枠組みを確立する特別の取り組みを行う」ため、核兵器禁止条約を全面に出そうとしたものでした。

第68回国連総会第一委員会（2013年）でマレーシアなどが提案しました、核兵器禁止条約の交渉開始を求める決議とともに、非同盟諸国が新たに提案した核兵器を廃絶するための包括的な条約についての交渉を緊急に開始することを呼びかける決議を、3分の2に超える圧倒的多数で採決したのです。

そして、2013年10月には、国連総会第一委員会で125カ国の連盟で発表された、「核兵器の人道上の影響に関する共同声明」は、核兵器が「無差別的な破壊力」によって「人道的に受け入れがたい結果」をもたらすことを指摘し、「いかなる状況のもとでも決して再び使われないことが人類の生存にとって利益」であるとして、それを「保障する唯一の道は、その全面廃絶である」と訴えています。もう一度核兵器の非人道性という原点に立ち返って、禁止を求める国際世論を牽制しようというものです。

2017年の第56回国連総会で7月7日核兵器禁止条約が採択されました。国連加盟国193カ国中129カ国が参加し、122カ国の賛成で成立しました。

人類史上はじめての核兵器を違法化する条約にカナダ在住のサーロー節子さんによる国連の場での「これは核兵器の終わりの始まりで」の演説に象徴されているように、歴史が動いた核兵器の禁止と戦争違法性の新しい幕開けの瞬間でした。いまだ核抑止力の考え方が世界中でも強く、日本もアメリカの核の傘に頼っており、その中で、核兵器の「開発、実験、生産、製造、取得、保有、貯蔵、移転」などが禁止され、さらに「使用、使用の威嚇」が禁止されて、核抑止力への否定につながるものです。核兵器が、非人道的で反道徳的で、とうとう違法になったのです。国連で。この核兵器全面禁止の流れは、戦争違法性の本流として増々核に固執する大国への批判と共に、人間の尊厳こそが世界の歴史の世界の人びとの目標であることを明確に知り、これに反する勢力は消滅していくという歴史の流れを大きく実感するものでした。

これまで述べてきた戦争違法性の、反戦、反核の国際世論の到達点で、核兵器の使用がもたらす壊滅的非人道的結果に対する「核戦争だけは絶対に起こしてはならない」という世論の大きな発展です。これには唯一の被爆国日本の被爆者の皆さんたちと、日本と世界の反核運動が大きな役割を果たしてきました。

そして今人類が、核兵器を発明し使用し準備してきた核の時代、人類を破滅の核戦争の危険を完全になくすためには、核兵器を廃絶するしかなく、戦争のない世界を人類の理想を完全に実現するには、最終的には軍備を廃絶するしかないのです。アジア太平洋戦争が終わった直後の政憲議会で幣原喜重郎が核兵器の時代を前提に「文明と戦争とは両立し得ないものであります。文明が速やかに戦争を全滅しなければ戦争がまず文明を全滅させることになるでありましょう」と述べたように、まさしく戦争違法性の最後の段階にまで世界は来ているのかもしれません。ところが、核保有国は核抑止論に依拠して拒み、日本は、アメリカの核の傘に依存していることから、唯一の被爆国であるにもかかわらず、反対して、多くの日本の国民からまた世界からも批判され日本の外交姿勢が問われているのです。

アメリカの核保有国からの圧力があっても、国連で賛成した122カ国のうち70カ国が署名して、23カ国が批准となっています（2019年4月現在）。この運動の国際NGOであるICANも昨年ノーベル平和賞を取得して国際活動を強めており、日本のヒバクシャ国際署名も（昨年10月10日、830万403名国会提出）大きく広がっており、また市民と野党の共同の共通の政策ともなっており、国内外の運動の広がりが予想されているのです。

大国の圧力があったり、署名が67カ国・批准が19カ国で遅いとのキャンペーンも張られていますが、ICANのティム・ライト氏による「他の大量破壊兵器関連の条約に比べ記録的なペースで進んでいる」という声もあります。

最近では条約が採択された以降、条約への署名や批准、参加を求める日本の地方議会への意見書可決が301となっており（昨年の6月25日現在）、最大の核兵器国アメリカでの最大の州、カリフォルニア州議会上院は2018年9月28日に条約を支持し、核軍縮を国家安全保障の最重要項目にするよう上下両院合同決議を賛成多数で採択しているのです。

5、平和を実現するために積極的行動をとること

日本国憲法の平和主義は、単に戦争を起こさない、戦争がないという消極的なものでなく、欠乏から免れ平和のうちに生存できるため、世界で日本政府が積極的な役割を果たすことを求め、国際的な紛争解決の緩和に向けて提言を行ったりして、平和を実現するために積極的行動をとることまでを要請しているのです。

コスタリカは軍隊放棄の憲法を持ちながら、戦後この憲法に基づいてまさしく隣のニカラグアで戦争状態になれば隣の国へ行って平和的解決を目指そうとし、また、この軍隊放棄の憲法を隣のパナマなどに広げる活動、まさしく積極的な平和主義を実践しています。

第二次世界大戦後、フランス第4共和制憲法（1946年）、イタリア共和国憲法（1948年）、ドイツ連邦共和国基本法（1949年）にも戦争放棄に関する規定が設けられています。

フランス第4共和制憲法（1946年）前文、イタリア共和国憲法（1948年）11条、ビルマ憲法（1947年）211条、ドイツ憲法（2002年）26条、韓国憲法（1988年）第5条1項など、侵略戦争の放棄あるいは犯罪化を謳っています。また、フランス第四共和制憲法（1946年）前文、イタリア共和国憲法（1947年）11条、ドイツ憲法（2002年）24条、デンマーク憲法（1953年）20条などでは、イタリア共和国憲法11条にあるように、諸国間の平和と正義を保障する機構に必要な主権の制限条項を、オーストラリア憲法（1955年）のように永世中立宣言を、ベラウ憲法（1981年）13条6項、フィリピン憲法（1981年）2条8項のように非核条項憲法、そしてドイツ憲法12条Aでは良心的兵役拒否権の保障が、それぞれ規定されて、日本国憲法9条はこうした世界の流れの最先端を行くものです。

日本国憲法は「一切の戦争を放棄し、」「戦争に必要な陸海空軍その他の戦力を持たないこと」とし、さらには「交戦権」すら否定している点で、他の国の憲法よりも徹底した平和主義が採用されているのです。

第一次世界大戦、第二次世界大戦と、20世紀の戦争は総力戦で、世界中の国家は「力による均衡論」「抑止論」で汚染され、それ故に増々戦争の危機は解決できず、力の論理は結局暴力の連鎖しか生み出さず、力の均衡論と抑止論は、勝つために核兵器の増大を生み出したのみならず、多くの局地戦や民族紛争を生み出し、冷戦時代には第二次世界大戦に匹敵する人命が戦争によって失われ、同時に貧富の格差が地球規模で拡散してしまったと言えるのです。

安倍政権になってから抑止力の強化といって増々日米軍事同盟を強化させ、それでも結果は抑止力となっておらず、逆に北朝鮮の核ミサイル開発、核実験などエスカレートさせ、また、中国の覇権主義―尖閣諸島、東・南シナ海への進出にも原因を与えています。抑止論は結局は相手よりも強い武器を持たなければならず、相手が核兵器を持っていればこちらも核兵器が必要となり、万が一何処からか攻撃されたら反撃することになり、戦争という暴力の連鎖が続いていかざるを得ないのです。安倍政権は9条改正にも踏み込もうとし、その軍事力強化は増々周りの国のこれに対抗する軍事力強化をもたらし、戦争をなくす積極的平和主義と言いながら5兆円以上の軍事費をかけて、米軍との戦争体制を強化しています。むしろ平和的紛争解決をおろそかにし、軍事力のエスカレートをもたらし決して抑止力となっておらず、今の日本の平和をかえって後退させています。日本の周りの国々の軍事力強化の状態を見れば明らかです。

前のめりになっている安倍政権の意図は、集団的自衛権行使容認の解釈改憲安保法制の強行、特定秘密保護法、国家安全保障会議設置、武器輸出三原則の撤廃、治安維持法と言われる共謀罪などによる21世紀型軍事国家として変貌しようとしていることです。日本社会の軍事化が進行していけば、民主的思想に裏打ちされた私たちの戦後社会は、「戦後レジーム脱却」として根底から崩れて、まさしく人権も制限され、戦前の軍国主義国家への道へと進んでいくことになるのです。

戦前からある戦争違法性の流れで、第一次、第二次世界大戦の反省のもとに成立した国連憲章をもとに、また、最も先進的な日本国憲法前文や9条をもとに、これらが言う積極的平和主義を進め、そして、世界人権宣言を含めた国際人権拡大の流れとともに、各地域において、平和共同体化を進めていくことが大切です。たとえ、領土問題などが存在したとしても、決して軍事力で対応する手段を選択せず、民間交流を含めた平和交流の積み重ねの中での信頼を醸成し、話し合いで解決していく国際平和システムを作り上げていくことが大切です。そして核兵器を全面禁止していくこと、前世紀からの戦争違法性の流れを受け、今世紀に入っての安全保障環境の悪化を食い止め、国際平和を真実のものに転換していくこと。これこそが、未来に希望のもてる普遍的な道であることに疑いのないことなのです。

いま朝鮮半島以外にも、シリア内戦、イラン核合意、南シナでの領有権問題、NATOとロシアの対立などさまざまな紛争が勃発し、いずれにしても、紛争のさらなる激化でなく国際法と国際合意を尊重した平和的解決が増々求められる時代に来ているのです。国連のグテーレス事務総長は主要国間の戦略的な競争が20年以上にわたる鎮静期を経て再び台頭し、世界の軍事支出と軍事力は、1989年のベルリンの壁崩壊以降のどの時期をも上回る規模になっていることを指摘しています。その上で「高まった緊張や危険は、決して軍備の拡大ではなく、真剣な政治対話と交渉によって解決することができる」として、軍縮を国連全体の優先課題に位置づけ、加盟国と専門家、産業界、市民社会に連携した取り組みの強化をよびかけています。国連事務総長としてこのような包括的な軍縮アジェンダを打ち出したのは初めて（『世界』２０１８年11月号）です。

6、北東アジアの平和

２０１８年に入って以降、朝鮮半島に劇的な変化が生まれました。トランプ政権と北朝鮮の両方から武力衝突を回避し、話し合いによる解決を目指す方向が表明されました。17年に誕生した韓国の文在寅政権はこの方向を積極的に支持推進しようとしています。４月27日の南北首脳会談、６月12日の米朝首脳会談という形で朝鮮半島の非核化に向けて大きな前進が始まったのです。

トランプの急変が国内中間選挙向けであろうと、金正恩委員長のいかなる思惑であろうとも、２回目の会談がうまくいかなかったにせよ、米朝会談と南北会談で示された、話し合い解決による非核化の動きはまたとない朝鮮半島、また東北アジア、そして日本の平和にとっても、世界中の人類の歩むべき平和の道であること間違いないことです。また朝鮮戦争の休戦から65年をへて、戦争の集結まで進む可能性も出てきています。昨年の４月27日の南北会談の「板門店宣言」が「北朝鮮の非核化」だけではなく「朝鮮半島の非核化」「核のない朝鮮半島」を南北朝鮮の目標にして、朝鮮戦争の休戦状態を終わらせるため「終戦を宣言し休戦協定を平和協定に転換し」、それを受けた米朝会談でも「朝鮮半島の非核化推進」「朝鮮半島において持続的で安定した平和体制を築くため共に努力する」ことが各々宣言されています。会談後の記者会見で、トランプ大統領は米韓合同演習の中止、さらには在韓米軍撤退まで言及したのです。

まさしく話し合いと「相互の信頼醸成」によって、半島の非核化と平和体制の構築化を目指す方向が打ち出されたのです。この方向を単なる思いつきで終わらせるのではなく、また本気度を詮索したりするのではなく、その約束を反故《ほご》にさせ、過去のように話し合いから脱落させるようなことをせず、日本の私たちも、これを実行させるようにすることです。そのうえで朝鮮半島から日本も含めて東アジア全体の平和に向けて拡大発展させていくことが大切です。

北朝鮮の脅威を口実として、強権政治を拡大して、さらなる軍拡にのめり込んでいる安倍政権の姿勢は特異といわざるをえません。今も安保法制や辺野古新基地建設、軍備増強、憲法9条改正の根拠として、「安全保障環境が厳しくなっている」ことを挙げていますが、しかしこの米朝首脳会談で始まったプロセスがうまくいけば、この根拠がなくなります。そして朝鮮半島の非核化と朝鮮戦争の終結の平和体制が実現すれば、日米安保条約の「極東の平和と安全」と在日米軍基地の存在根拠も失われていくでしょう。『月刊日本』（2018年12月号）で日本共産党の志位委員長と対談した自民党の元政調会長亀井静香氏は「米軍基地はアメリカのためにあるのであって日本のためにあるのではない」「米軍が引き上げたって痛くも痒くもない。日米安保だっていらないのですよ。冷戦時代は終わっているのだから、今はどの国とも仲良くしようという時代になっているのだから、軍事同盟は有害なだけだ」と述べているのです。

自衛隊は専守防衛と災害出動に限定し、野党連合政権も可能となり、私たちの「憲法を守り生かそう」3000万人署名もまた「被爆国日本は核兵器廃絶の先頭に」という核兵器禁止条約署名の訴えも現実的に大きな声になっていくことになります。2018年の被爆地長崎の平和宣言にもられていた「北東アジア非核地帯」構想もそうです。

2018年の8月23日の朝日新聞の社説に「非核化された朝鮮半島に非核3原則を持つ日本が参加し北東アジア非核地帯に発展する地平が開ければ、核戦争の危険性を少なくするため、米ロ中の3国を説得する、それこそ日本が自任する非核国と保有国との橋渡し役になれる」非核地帯構想を「北東アジアでも模索を」の方向は全く正しいと思います。以前の民主党も、東アジア非核地帯構想を鳩山政権のとき出したように、市民連合の政権構想の中にも組み込めれば、新しい平和情勢が発展していく中で大きな役割を、日本のため、アジアのため、世界のため発揮できることになるのです。

国連では、1978年12月に「平和的生存のための社会の準備に関する宣言」が採択され、1984年11月に「人民の平和への権利についての宣言」、1985年11月には「人民の平和への権利に関する決議」が採択されました。また、2008年から国連人権理事会で、「平和への権利」、「人間の安全保障」に関する議論が行われ、2012年にはその諮問委員会作成の「平和への権利の宣言草案」が提案されました。日本国憲法の平和的生存権と同じように、平和を人権に取り込み、すべての人が国内的にも国際的にも恐怖と欠乏から解放され、平和のうちに生きる権利を保障されるための条件や与えられるべき権利等について議論され、個人の良心的拒否の権利や圧政に対する抵抗・反対の権利も議論されたのです。日本を含む先進国側の理事国に消極的な意見が根強く、議論の進展が注目されていましたが、2016年7月1日の第32会期人権理事会の最終日に、「平和への権利宣言」案が賛成34、反対9、棄権4で採択されたのです。その宣言案の第1条は、「すべての人は、すべての人権が促進及び保護され、発展が十分に実現されるような、平和を享有する権利を有する」と、「平和への権利」国連宣言が正式に成立することになり、その後は、人権理事会において、作業部会などの特別手続があり、そこで平和への権利の内容が具体的に審議され、最終的に国際人権規約として成立するものと考えられています。平和的生存権の考え方もこのように世界的に広がっており、普遍的なものとして戦争違法性のこの流れの中で大きな力を発揮していくことになっていくことでしょう。平和が人権としてとらえられる時代にとうとうきたのです。

二、コスタリカの積極的平和主義

1、コスタリカの憲法

中南米の小国コスタリカは、日本の憲法第九条と同じように、第二次世界大戦直後、軍隊を憲法上放棄した規定を置いています。しかしながら、日本の場合は、この規定を置いていながらも戦後、警察予備隊から保安隊、自衛隊へと軍隊が作られ、もはや現在軍事費は世界上位となるまでに至っており、むしろアメリカの指揮のもとで直ちに戦争ができるような訓練が行われています。軍隊としての装備も肥大化・近代化し、武器輸出禁止三原則もかなぐり捨てられて、もはや完全にアメリカの核戦争の体制に組み込まれ、この備えこそが抑止力として平和が保たれるとしているのです。

一方のコスタリカは、国家予算の36％、軍隊を捨てた部分を教育費に回し、小さいときから、紛争は徹底した話し合いで解決するという教育を行い、選挙は国民の民主主義の訓練として、実質的に参加する。そして、まわりに紛争があれば、それらの国に対して紛争を平和的に解決できるよう働きかけをし、大統領がノーベル平和賞を受賞しました。教育においては日本の以前の教育基本法と同じような規定を置いて、人格の完成を教育の一番の目標としています。国内には武器も軍隊も未だおかず、国境は警察力によって守られているのです。

今の安倍政権は、積極的平和主義をとると国民に説明し、積極的にアメリカとともに戦争をする国として、話し合い解決より積極的に武力を備え、極めて危険な道を歩もうとしています。

しかしながら、真の積極的平和主義は前述したコスタリカのように、戦争がないことだけが積極的平和主義でなく、戦争を起こさないこと、生活のあらゆる場面で戦争を起こさない国を作り上げること。そのためにも当然軍隊は必要ないことのみならず、生活も福祉も教育もあらゆる場面で平和を作り上げる――そのことで国民の平和の国家に対する信頼感も生まれ、しかも、国際的にも信頼感が生まれ、このことが戦争を起こさない基本原則となり、信頼と話し合いが戦争を防止できるという、このリアリズムを当たり前のこととしているのです。

コスタリカが周りの国から信頼されているのは、戦争を起こさない大きな力となっている、軍事的抑止力でなく国連憲章の目的である国際平和と安全の維持（1項）、人民の自決の原則に基づく友好関係の発展（2項）、経済的社会的文化的または人道的性質の国際問題の解決について人権と自由の尊重についての国際協力達成（3項）、にみられるような「人間の安全保障」というソフトパワーを大切にしているからなのです。

これが真の積極的平和主義であり、これこそが真に戦争を起こさない力なのです。最近の集団的自衛権解釈改憲に反対する多くの方の中にも、第9条があったからこそ、海外でも戦争参加・武力行使を阻止してきたものであり、外国から日本が平和国として信頼されている大きな力で、これこそがコスタリカの積極的平和主義と同じであると考えています。もし、第二次安倍内閣のような、間違った積極的平和主義となるならば、まさしく、まわりの国々からも信頼されなくなり、戦争参加によって反撃され、テロも国内で起き、原発大国として福島の原発の経験から、簡単に空爆を受ければ直ちに核戦争と同様に日本は滅亡することになってしまうものと懸念しているのです。

だからこそ、この積極的平和主義をうたっている憲法第九条、現平和憲法の基本的人権条項は、守るだけでなく、これを実現し、これに基づいて平和と人権を作り上げていかなければならないのです。

2、コスタリカの平和をつくる教育

私が以前コスタリカを学び、平和をつくる会の人たちと訪問したときに、このコスタリカの平和をつくる教育に大変共感、感動してまとめた原稿を紹介します。

（1）軍隊を捨てた国コスタリカの元大統領夫人カレンさんが日本に来て子どもたち、私たちに次のように述べていました。

私は変革のために参りました。平和は努力して作っていくものです。言葉ではなく行動です。軍隊を捨てたことに後悔はしていません。軍隊を廃止したことによって軍事費を教育、福祉に回すことができるようになりました。平和を維持するには知識と知恵が必要です。学び、学び、学び続けて平和を作り出しましょう。思ったことをはっきり言えることも一つの平和の姿です。4年ごとに選挙があります。私のようなおばあちゃんからおじいちゃん、それから私の孫である3歳の子どもまで、この日をお祭りとして経験するのです。私たちが選挙に参加することは平和への道を歩むことに繋がると考えているからです。このようにして、市民が参加していくことは民主主義的な決定をする、そういうことを学んでいくことに繋がります。私たちは何を言いたいのか。どうしてほしいのか。そして何を政治に期待するのかを表現することができます。コスタリカでは教育は全く国から独立しています。司法も独立しています。すべての人びとの間に市民としての意識を形成する、そういうことを援助する必要があると思っています。平和というのは生まれるものではなくて作るものなのです。語るものではなく実践することです。これらを築くためにも、重要なものは教育です。自分たちで自分たちを対象とした教育、人間的な教育、そして思いやりのある教育を保障することとです。自分を大切にする、自分を信じてほしいと思います。自分の中に信頼をもつということ、自分の中が平和であれば、その平和を他の人に伝えることが出来ると思います。軍隊がないお陰でずっとこの方、教育、医療、労働、そういう面でみんなが利益を得ているからです。そういったところで今更軍隊を持ってわざわざ利益を崩壊させることはない、いいものを持ったならば、それはそのまま続けるのが良い、というのがみんなの考えです。

（2）来日したバルガス教授やカレン女史からコスタリカの教育について、「徹底した対話を重視し、紛争は話し合いによって解決する」、「政治活動を重視し、大人の選挙に子どもたちも参加させ、学校内において選挙を通じた活動をしている」ことなどが紹介され、日本で受験戦争と管理教育の中で一人ひとりの意見が出せず、対話が成立することも困難で、政治活動からも遠ざけられ、画一的な教育の中で多様性が尊重されていない状況と対比させ、考えさせられました。

軍事費がかからないため、国家予算の30％が教育費に回され、財政困難な開発途上国の中でも、長年の間教育を重視した政策をとって、一人ひとりの人間性を形成してきたこの国の教育の凄さに驚嘆しました。
２００３年１月６日から15日まで、会のメンバーはコスタリカを訪問しました。訪問した公教育省の役人も、現場の先生たちも、バルガス教授の家族も、今日の平和なコスタリカがあるのは教育のお陰であることを語っていました。以下コスタリカの、日本も見習うべき素晴らしい平和教育を紹介します。

（3）公教育省との話し合いを持ちました。授業の中では、ヒューマニズムに富んだ人間的価値観を重視し、日本の教育基本法第一条に見られるような価値観を基本としていました。自然を大切にし、平和を愛し、批判的視点を持ち、連帯し、誠実で、向上心を持ち、理想のために戦い、人格を希求することを基本としています。木を切らないことなど、持続可能な発展のための環境文化を形成する教育をも大切にしていました。

平和教育においても、単に軍隊がないこと、戦争がないことだけでなく、全ての形の暴力が存在しないこと、それが平和と民主主義の根底にならねばならないこと、特にニカラグアなどからの難民を寛容的に受け入れること、また家庭内暴力、ＤＶ等の問題も起き始め、暴力をなくしていくことが教育で重視されていました。争いがあった場合、話し合いによって平和的に解決していくこと、暴力をなくしていく取り組みの結果、学校内でのいじめや、体罰、児童虐待、子どもの親に対する家庭内暴力も少ないとのことであり、少年非行でも暴力的事案は少ないとのことでした。

「日本の場合、子どもたちの政治活動の自由が制限されているが、政治活動の自由がどのようになっているか」と私は質問しました。

これに対し「学業以外の生徒会、児童会活動が盛んで、全ての学校で委員長・副委員長・書記等を選んで、子どもたちも学校運営しています。児童会・生徒会の会長を選ぶには、大人がする選挙と同じ方法をとり、政党を作って政治集会をやったり、公約を述べてビラを貼ったり、ポスターを貼ったりしています。政治活動を通して、子どもたちの中に連帯と政治的な自立心が生まれていきます。中等教育になると代表者会議というのがあり、代表者が集まり生徒の人権が守られているか、自分たちが作った計画がうまく実行されているか話されています。こうしたことによって、生徒が守るべき決まりも作られ、学校内の秩序が維持されています」と述べていました。

日本の場合、以前高校生への政治活動禁止の通達が文部省から出ていることと対比して、考えさせられました。

「平和とは軍隊がなく戦争がないということだけではないというところに、コスタリカの教育の価値観が定着していると述べられたが、そこまで到達させるには何がそうさせたのか」の質問に対して、「歴史的に見ても、1949年にコスタリカで軍隊が廃止されたことが重要な意味を持ちます。歴史的な流れの中で軍隊がなくなっていったことが重要」、「その後軍隊をなくすだけで終わりではなくて、もっとさらに突き進んでいくことが大切」と述べ、「近年になってアリアス大統領は、中南米が紛争で悩まされていたときに、コスタリカは中立を宣言し、戦争の危機に陥った中南米を説得し、紛争を話し合いによって解決した体験から、ノーベル平和賞をもらった」、「単に軍隊を捨てただけではなく、それ以上のものを作っていく、紛争を理想的な話し合いによって解決し、暴力をなくし、対話と民主主義と人権によって平和を創り上げていく教育の大切さ」を語っていました。

憲法九条の平和憲法がなし崩しに空洞化され、教育をもこのような平和教育を偏向教育として排除しようとしてきた日本と対比して、考えさせられました。

（4）現場の教師たちとの懇談も行いました。「教育は先ほどの価値観を子どもたちに学ばせるため、教師は子どもの心に働きかけ、信頼関係を築き、自らの体験を伝え、生徒の人格形成に直接関わるという重要な仕事であって、やりがいがあります。そのため授業の準備には200％を費やさなければなりません。そのため教師はもっと勉強しなければなりません。平和、人権、環境を大切に考えることは、コスタリカのあらゆる人びとの共通認識になっています。これまでの指導者が長い時間をかけて、子どもたちに良い教育を享受させることに努力、関心を払ってきたからです」と語っていました。教師との懇談の中で、日本でのいじめ、自殺、体罰、受験戦争を話し、コスタリカではどうなっているか質問しました。

これに対し、「日本の子どもたちのことを聞いて、とても寂しい気がしました。子どもたちがそれほどストレスにさいなまれ、苦しい状況におかれていることにびっくりしました。私たちの職業は子どもの人格を形成していくことで、機械を作っているわけではありません。子どもは非常にもろいもので、やり方を間違えれば壊れてしまうものです。コスタリカでも先生の中に、良い先生も悪い先生もいます。しかし私がいた小学校において体罰は今まで起こっていません。先生との信頼関係、生徒との友情を構築しようと努力し、生徒を見ていれば一目瞭然で分かります」と自信を持って回答していました。

日本の子どもたちの教育荒廃の状況にまで気を配っていた人間性に感動しました。

平和憲法、教育基本法を空洞化しようとし、その流れの中で、人間性を大切にしないいじめ、非行、体罰、受験戦争が激化し、それと対比して、平和憲法、日本の教育基本法と同じような教育法を教育現場や生活の中で実現し、人間性を大切にしようとし、その教育を土台にしながら平和を実現しようとしているコスタリカの歴史のすばらしさ、また凄さに驚嘆させられました。

「戦争は子どもに犠牲を強いるものとして、軍隊を放棄しているこの国において、子どもに対する平和教育はどのようにしていますか」の質問に対し、「特別に平和教育をしているわけではありません。あらゆる科目に平和のテーマがあり、当たり前の生活に平和を実現しようとしています」「この国に住んでいると考えない問題でした。軍備がないことは、もう私たちの一部になっています。何年か前にアメリカ軍のヘリコプターが来たときに、皆がグランドに出て、初めてこれを見た学校の先生や子どもたちはびっくりしていました」「戦争がないということは、毎日安心して外出できる暮らしができる。また、暴力がないというコンセプトで暮らしている。平和は外から来るものではなく自分の心の内からくるもの。社会に、家庭に、白分の心に平和があることが重要である」と、カレン女史と同じ話をされ感銘を受けました。

「日本の子どもたちは他人に勝つことを求めていますが、コスタリカの子どもたちは何を求めていますか」の質問に対して、「競争の精神はあまりありません。公教育省のスローガンに『いつでも私たちはもっとより向上できる』というのがありますが、それは競争心をあおることではなく、期待されていることを果たす、人びとに敬意を払うということが期待されています」と述べ、国連で勧告された、過度の受験戦争による能力選別のストレスなどに陥っている日本の子どもたちの姿と、その教育とのあまりの格差に考えさせられました。

（5）最終日、バルガス教授とは、アメリカの同時テロを契機とした世界中の平和の危機の中で、日本の政治経済状況も懸念し、世界中の平和を共に作るために何をしていったら良いか語り合いました。

最後にバルガス教授のお嬢さんが述べた、将来、人のためになるような人間になりたいこと、家庭を大切にし、女性の人権を大切にし、自分なりの考えと仕事、生き甲斐を持っていけるような男性を夫に持ち、「世界中の平和と科学の発展のために寄与したい」という言葉に、この国での教育の成果を見る思いがしました。バルガス教授は国連の核兵器禁止条約の案・モデルの作成にも関与し、国連総会議長に提出したり九条世界会議などで活躍したりしていましたが、2013年、残念ながら亡くなりました。

昨年の末、コスタリカ国会は全会一致で日本の国民の「9条をノーベル平和賞に」との活動に共感し、日本の憲法9条と同様の軍隊を捨てた憲法を持つ国として、ともに両平和憲法にノーベル平和賞との提案を既にノルウェーに提出しました。そして昨年ノーベル平和賞にICAN（核兵器廃絶国際キャンペーン）が選ばれましたが、ここでもコスタリカは中心メンバーとして活動しています。

三、平和と国連と子ども

2019年は国連で子ども権利宣言が出されて60年になります。

毎日新聞は5月5日の子どもの日に「第二次世界大戦で多くの子供たちが犠牲となり二度とこのように戦争での子どもたちへの被害を生まないために、国連では子どもたちへ平和を届けるために60年前に子どもの権利宣言がなされたこと」を記事にしています。

平和は何よりもこれから未来のある子どもたちにこそ必要で、大人は絶えず子どもたちのためにも平和を届けるのが大きな責任です。でも東京大空襲のときにも隅田川に死体となって浮いていたのは、一番多いのが逃げ遅れた子どもたちでした。戦争でいつでも一番被害にあうのが子どもです。だからこそ平和を考えるときはまず子供のことを考えることが一番大切です。

湾岸戦争の時、前述したように市民平和訴訟に取り組んだ際に、子どもの本に次のような「平和と子ども」のタイトルで書いた原稿を紹介します。

1、子どもの権利条約は、第三世界の子どもたちをも視野に入れ、世界中の子どもたちの生存保護・発達・参加のあらゆる面を保障しようとしています。日本の私たちが子どもの人権を考えるとき、日本の子どものみならず、第三世界の子どもたち、世界中の子どもたちをも含めて考えていかなければなりません。

第一次世界大戦での子どもの人権侵害への反省をもとに、1924年、国際連盟による「人類は子どもに対して最善のものを与える義務を負う」ことをうたったジュネーヴ宣言が、再び第二次世界大戦を引き起こしてしまった反省のもとで、1948年、子どもを含めた世界人権宣言が、1959年、子どもの権利宣言が、1989年、子どもの権利条約が国連で採択されました。

子どもの権利条約採択を記念して1990年9月29日から30日まで、ニューヨーク国連本部で「子どものための世界サミット」が開かれ、ブッシュ・アメリカ大統領、海部日本首相ら70人を超える世界の首脳が一堂に会し、「世界中の子どもを戦争や侵略、人種差別、貧困から救うため」歴史的な「子どもの生存保護及び発達に関する世界宣言」がなされました。
「毎日世界中で数えきれない人数の子どもが日々の成長と発達を阻むような危険にさらされている。子どもは戦争や暴力で命を奪われ、人種差別、アパルトヘイト、侵略、他国の占領・併合の犠牲になっている。難民や流浪者となっている。また、自分の家庭やルーツを捨てざるを得ない状況にある。障害を負っている。放任、残虐、搾取の犠牲になっている。毎日4万人が、予防接種で防ぐことのできる病気や下痢で5歳未満で死亡している。学齢期の子どものうち1億人近くが初等教育を受ける機会を与えられていない。発展途上国の子どもの約40%が栄養不良である。1億人以上の子どもが路上で生活している。世界の子どもの半分が安全な飲料水を手に入れることができない。これが今世紀最後の10年を迎えた世界の現状である」

このサミットは、世界の首脳が手を携えて、このような現状に立ち向かうことを決意するための会議でした。会議は「子どもの生存、保護及び発達に関する世界宣言」と「行動計画」を採択しました。

2、ところが、1990年の8月にはイラクによるクウェートに対する不法な侵略、1991年の1月にはイラクに対する武力制裁による湾岸戦争が勃発してしまいました。戦争や武力紛争を防止し、もっとも弱い立場にある子どもたちを保護し、最善の利益を与えなければならない国際的な原則が、またしても大人たちの愚かな行為によって踏みにじられてしまったのです。

新聞の声欄にも「湾岸戦争では、世界子どもサミットの宣言をあざわらうかのように、多数のイラクの子どもたちの命が失われました。理由のいかんを問わず、国連で採択した宣言に反するこのような野蛮な戦略行動は許されません。世界中の子どもたちは、もう大人を信用しなくなるかもしれません」といった怒りの声が届いています。

湾岸危機・戦争とは何だったのでしょうか。紛争の解決には武力行使によらず平和的解決を最大限めざした国連憲章、一切の戦争・戦力を放棄し交戦権を否認し、世界中の平和をめざした日本の平和憲法に反した戦争だったのではないでしょうか。いずれの政府の首脳も「正義」を掲げていましたが、子どもたちにとってどうだったのかこだわってしまいます。

デクエヤル国連事務総長（当時）は、英紙「インディペンデント」とのインタビューの中で、湾岸戦争でイラクの市民、特に子どもたちの生命が失われていることに憂慮の念を表明するとともに、イラクに対するミルクの供給を拒否する米政府の姿勢を暗に批判しました。同総長は「子どもの生命を守ることは重要である。大人は政治的な考えを持つことができるが、子どもはそれを持たない。子どもたちを飢えにさらすべきではない」と語っています。先日も新聞に「戦争いつも子どもが被害者」というタイトルの記事が載っていました。

イラクのクウェート侵攻で始まった湾岸危機から、湾岸戦争、停戦後のイラク国内での争乱による被害について、国際的な環境保護団体グリーンピースが１９９１年5月にまとめた報告書によると「昨年8月から今年5月までの、イラク、クウェート、多国籍軍の死者数は、軍人と民間人の双方合わせて15万1千人から18万3千人にのぼると推定される。湾岸戦争期間中だけのイラクの軍民の死者数は11万人から13万5千人で、1日平均２５００人から３０００人前後。これはベトナム戦争での北ベトナム、ラオス、カンボジアの1日平均の死者数の約3倍に相当する」そうです。

米ハーバード大学の研究チームが、4月から5月にかけて現地を調査した報告書によると「多国籍軍の爆撃によって破壊された発電能力が、戦争前の約20％しか回復していない。その結果水道、下水道の機能停止、病院の閉鎖などが生じ、食料品の不足、高騰ともあいまってコレラ、チフスなどの伝染病がまん延しており、『湾岸危機の後遺症として、今後1年間で、少なくとも17万人の5歳未満の幼児が死亡するだろう』という。この数字は、昨年8月の湾岸危機発生時に比べ、幼児死亡率が倍増していることを意味し、幼児だけでなく他の年齢層の健康にも深刻な影響を与えていることが明らかだ」としています。

また「登校しない子どもたち」というタイトルで「『世界中が知恵を集めても、戦争という結論しか出なかったのでしょうか』——。バグダッド西部の小学校長ファリダさんは、栗色の瞳をかげらせて湾岸戦争を振り返る。2月13日、多国籍軍の空爆で市民数百人が死んだ防空シェルターは小学校のすぐ隣だ。小学校の玄関には黒枠の名簿が貼ってある。児童40人、教師2人の名が記され、『米の侵略によりシェルターの中で死んだ殉教者たち』とある。同校は児童数515人、教師は女性ばかり19人、戦後の授業は3月23日に再開したが、児童の一部は登校拒否を続けている。『シェルターの惨事に怯えた子どもたちは、学校に来ることさえ恐がっているのです』とファリダ校長。ガラスが割れた学校の窓から、天井に穴が開いたシェルターが見渡せる。登校拒否する子どもたちの耳には、あの日の轟音と阿鼻叫喚が焼き付いているのだろうか」とリポートしています。

3、湾岸危機・戦争を通して、日本政府は110億ドルの戦費支出や掃海艇海外派遣などの違憲違法な行為を行い、平和に生きる権利、人を殺さない権利を侵害されたとして全国で3000人以上の市民が差止めや損害賠償を求めて平和訴訟が提起されています。未来のある日本の子どもたちの「平和に生きる権利」にも大きな影響を与えました。

日本の子どもたちの新聞などに寄せられた声です。

「私は生きているうちに戦争が起きるとは、考えたこともありませんでした。だからこの戦争がはじまったときはショックでした。幸せに大きな穴があいたようでした。大人の考えることが分からなくなりました。テレビの宣伝でよく『未来は子どもがつくる』とか言っておきながら、その大人が子どもの未来をこわしているんじゃないかとすごく怒りました。私はこの戦争に多くの疑問を持ちます」。

「社会の授業のとき、国連について勉強しました。安全保障理事会は世界平和のためにあるのではないのですか。平和を守るために戦争をするなんて、どう考えてもめちゃくちゃです。平和のため、正義のための戦争で、たくさんの人が死に、地球が汚されていきます。こんなバカげたことを黙って見てるしかないなんて、私には堪えられません」。

「イラクの侵略は許せません。武力ですべてを解決するアメリカのやり方にも賛成できません。今回の戦争が人間だけでなく地球の生物にも大変な影響を及ぼすことがはっきりしました。地球を守るためにも戦争に反対です」。

「イラクの罪のない子どもたちはどうなるの？　ぼくは11才だけど、同じ年ごろの子どもが1日中おびえて、勉強することも遊ぶこともできないなんて、あんまりだと思う。ひどすぎる！」。

「今、戦争が行われている地域では、夜も眠れない毎日を送っていることでしょう。私たちの『平和』ということが、とてもありがたく思えます。アメリカでは住民80％が戦争に賛成しているということを聞いて、とても驚きました。戦争は人の殺し合いです。たとえどんな理由があっても、人の殺し合いで解決するなんて、悲しいことだと思います。アメリカの住民は、もしかしたら自分だって死ぬかもしれないのに、どうして賛成できるのかと不思議です。新聞やテレビで、湾岸戦争のことが、いろいろと伝えられていますが、私たちは真剣に考えなければならないことは、人びとの命を救うことです。はやく、戦争を終わりにしてほしいと思います。そして世界中の国々が平和になってほしいです。そのためには世界中の国々から軍事力をなくさなければならないと思います。そうしない限り『戦争』はなくならないと思います」。

「ぼくは、いつも、新聞のトップに出ている戦争のことを見ると、戦争に苦しんでいる人たちの素顔が目に浮かびます。ぼくは、イラクがクウェートを侵略したことが許せません。しかし話し合いで解決せずに戦争をする多国籍軍も許せません。そして、日本も90億ドルもの支援をしてとてもバカなことをしたと思います。戦争に使うくらいなら、自分の国の困った人に渡せばいいし、お金をあげて解決できる問題ではないからです。一般の人たちもまきぞえになり戦争に苦しむのは、かわいそうです。戦争は人びとの殺し合いにすぎないのです。戦争をして、だれが得をするわけでもないのです。ぎせい者が多くなる前に、戦争をやめて、もう一度話し合いをし、解決してほしいです」。

経済的利害のない子どもたちの裸の眼が、私たち大人の愚かさを告発し、日本国憲法、国連憲章の平和原則に、世界中の大人たちが立ち返ることを訴えかけています。

私の小学校時代の友人Y君は、原爆が落とされた直後に広島市を母親に抱かれて通ってしまっただけで二次放射能を浴び、中学校2年の秋、白血病で突然亡くなりました。その夏の「身体をきたえよう」という暑中見舞いが、彼の私に対する遺言となってしまいました。今回の湾岸戦争でも、核使用をチラつかせる大国の高官の発言を聞くたびに、Y君のように死んでいった多くの原爆の被害者の悲しい叫び声が聞こえてくるようでした。

これは私の長女が通っている学校の教師が、湾岸戦争のときに作った詩です。

「子どもたちよ
あなたたちが祈りつづけた
平和への願いは打ち砕かれた

自らを正義といってはばからない　アメリカ
そのアメリカに追随してやまない　祖国日本
覇権をかざしておいて自らを正当化する　イラク
砂漠をほしいままにもてあそんできた　イギリス
軍事大国イラクをつくりあげた　ソ連　フランス
民族の悲しみを忘れいなおった　イスラエル

子どもたちよ
あなたがたの願いにこたえられない
今の大人たちをよく見ておけ

おのが神にひれふし　ひざまずき
神の加護を乞い　聖戦を絶叫する
けして前線にその身をさらしはしない

ひとにぎりの支配者たちの思惑の下に
累々と築かれていく民衆の屍
それを拒むことができなかった大人たち

子どもたちよ
大人たちをのりこえて生きよ
あなたたちにゆだねる未来がある

大国の支配と決別し人種と民族の怨念をこえて
民族の自決と融和と恒久の平和へと続く
あなたがたの正義の道をためらわずに歩んでゆけ
おろかな大人たちと決別して
国境をこえて手をたずさえ
真の人間の尊厳の足音を響かせよ

子どもたちは
正義と秩序を基調とする国際平和を誠実に希求し
国権の発動たる戦争と武力による威嚇又は武力の行使は
国際紛争を解決する手段としては永久にこれを放棄する

前項の目的を達するため
陸海空軍その他の戦力はこれを保持しない
国の交戦権はこれを認めない」

4、最後に、湾岸戦争停戦合意から半年後「イラクの乳幼児死亡率湾岸戦争で3・8倍に」「湾岸戦争帰還兵、心の戦傷深く家族を愛せなくなる」など、戦争によって多くの戦争当事者の幸福や生命の尊厳を奪われ、特に最も弱い子どもたちこそ戦争の最大の犠牲者であるなどの報道を見聞きするたびに、一方で紛争を武力でなく平和的方法で解決しようとしている非戦の平和憲法を踏みにじり自衛隊を海外に派兵派遣しようとする動きに怒りを禁じえません。

世界中の子どもたちのためにも、子どもの権利条約を実現していくことだけでなく、戦争放棄の日本の平和憲法を世界に拡げていくこと、そんな中で国連憲章の紛争は武力、脅かしの行為でなく平和的解決をあくまでも追求し、平和原則を実現していくことの努力が、核時代の人類生き残りと環境保護のために私たち大人が子どもたちに贈る最大のプレゼントではないかと思いますが、どんなものでしょうか。

第6章　私たちは今なにをしなければならないのか

一、今年の憲法記念日

今年の5月3日の憲法記念日を考えてみたいと思います。
東京新聞の5月4日の朝刊を紹介します。

1、施行72年集会に6万5000人

施行72年集会に6万5000人」のタイトルで、

日本国憲法施行から72年となる憲法記念日の3日、東京都江東区の有明防災公園での護憲派の「5・3憲法集会」が開かれた。約6万5千人の参加者が、安倍晋三政権が2020年を目標に進めようとしている9条改憲に、「許すな改憲発議」と反対の声を上げた。司会の講談師神田香織さんは、新元号の「令和」が連日のニュースをにぎわしていることに触れ「異常な改元騒ぎの影で何が起きているのか。手を打たなくては」と呼び掛けた。登壇した音楽評論家の湯川れい子さんは「私は83歳だが、9条を守るため残り時

間をかけたい。あらゆる理屈を超えた日本、世界の宝だ」と決意を表明。沖縄・辺野古新基地建設をめぐる県民投票の会代表の元山仁士郎さんは「反対が圧倒的なのに工事は進んでいる。なぜ民意は反映されないのか。民主主義って何なのか」と疑問を投げ掛けた」。

2、20年改憲施行変わらず首相、改憲派集会で明言

次に「20年改憲施行変わらず首相、改憲派集会で明言」のタイトルで、

安倍晋三首相は3日、改憲派の民間団体が東京都内で開いた集会「公開憲法フォーラム」にビデオメッセージを寄せ、2020年に改憲施行する目標を維持していると明言した。9条への自衛隊明記について「私は先頭に立って、責任をしっかりと果たす決意だ」と強調した。一方、立憲民主党など野党は反発、改憲阻止に向けた連携を呼び掛けた。

首相は「民間憲法臨調」などが主催した集会にメッセージを送った。首相は17年の同じ集会にメッセージを出し、9条への自衛隊明記や、20年改憲施行と時期を初めて示した。昨年は具体的な時期に触れなかったが、今年は再び20年施行に言及し「今もその気持は変わらない」とした。首相は9条を巡り「憲法に自衛隊を明記し、違憲論争に終止符を打つ」と表明した。教育の充実を憲法に明記する必要性を訴え「家庭の経済事情にかかわらず教育はすべての子どもたちに真に開かれたものとしなければならない」と話した。首相は「国民の代表である国会議員が活発に議論を行い、国のあるべき姿を提示する責任がある」と国会での議論を促した。立民、国民民主、共産、社民の野党4党首は民間団体が都内で開いた集会「5・3憲法集会」に出席。立民の枝野幸男代表は「権力を憲法によって拘束する」というまっとうな社会をつ

くるため、各党と連携して安倍政権を倒す先頭に立つ」と話した。

3、「令和」祝賀ムード識者危うさ指摘

次に「『令和』祝賀ムード識者危うさ指摘」のタイトルで、

皇室の代替わりを巡る政府与党や企業、国民らの祝賀ムードや「令和」商戦、各種イベントの様子をメディアが大量に報じている。識者からはこうした空気に天皇の政治利用や国威発揚の危うさを指摘する声が。近代史研究者の辻田真佐憲氏は「天皇陛下御在位30年記念式典」や首相官邸が「令和」発表でインスタライブを活用したことなどを上げ「今の政権による国威発揚は五輪まで続くのは間違いない」と危ぶむ。安倍晋三首相は4月1日、管義偉官房長官が新元号発表後に自ら談話を読み上げ、NHKや民法の番組に出演した。辻田氏は「会見やテレビで、万葉集には天皇から庶民まで幅広い階層の人びとが詠んだ歌が収められていることに触れながら、一億総活躍という自分の政策をアピールした。政権浮揚への利用に全くためらいがない」と元号や天皇の政治利用を非難する。「公文書改ざんや統計不正問題など、国家の根幹的な部分で機能不全になっているのに、代替わりを巡る一連の大騒ぎが政権批判をすべて吸収している」と話すのは、京都精華大の白井聡専任講師だ。メディアに対しても「こうした大騒ぎをたれ流し、参院選前にわざわざ10連休をつくった政権の思惑にまんまとはまっている」と厳しい目を向ける。自民党は5月1日、若者をターゲットにした令和時代の新たな広告企画「#自民党2019」プロジェクトを始め、ユーチューブに、安倍首相と10代のアーティストやダンサーらが共演する動画を投稿。白井氏は「自民党がターゲットにしたのは若者と子ども。彼らに集中的にプロパガンダすることで、一気に改憲にもっていこうとの

戦略がはっきりしてきた」との見方を示した。

二、民主主義・立憲主義と日本型ナチズムの到来と野党共闘

私たちは、今まで述べてきた第二次世界大戦の戦争犠牲者の反省のもとにできた平和憲法を守る立場に立つか。安倍政権が日本会議と共に進めようとしている軍事大国に変えてアメリカの下世界中で戦争できる国の立場に立つか。どちら側に立つべきか、考えるためにも、今の安倍政権がどんな政権かを考えなければなりません。その意味でも、私がここ数年考え続けてきたドイツのワイマール憲法崩壊の歴史を、時の政府が学ぶべきと言っていることからも、ドイツナチズムの教訓が極めて重要と考えて、批判もあると思いますが、あらゆる視点から考えてみたいと思っています。

今まで述べてきた日本国憲法の民主主義・立憲主義は、私たちがなお一層闘わなければ今安倍政権によって破壊されてきており、日本国憲法は少しずつ崩壊しつつあると考えています。当時、社会権など世界で先進的な規定を持っていたドイツで、戦前ワイマール憲法が崩壊して第二次世界大戦に突入していった過程と今の日本はよく似てきています。第二次安倍政権の副総理もこれに学べと述べ、その後安倍首相はそのとおりの政治を断行してきていると考えられるのです。6年以上も続いているのもそうとも言えるのです。従って、私たちが、これに抗してあきらめずにがんばらなければ日本型ナチズムとも言える全体主義の到来も予想されるので、これを阻止するための各課題について述べていきます。

1、はじめに

2013年7月29日東京都内でのシンポジウムで当時の麻生副総理は「ある日気づいたらワイマール憲法がナチス憲法にかわっていた。誰も気づかないでかわった。あの手口に学んだらどうかね」などと語ったそうです。今最大の右派組織の日本会議の共同代表をしているジャーナリストの櫻井よしこ氏が理事長を務めている、「国家基本問題研究所」が都内で集会を開き、櫻井氏が司会をし、麻生氏の他、西村真悟衆院議員らがパネリストを務めていた席で述べたそうです。この発言に対して、早速米国の代表的なユダヤ人人権団体「サイモン・ウィーゼンタール・センター」は、30日、声明で「どんな手口をナチスから学ぶ価値があるのか。ナチスドイツの台頭が、世界を第二次世界大戦の恐怖に陥れたことを麻生氏は忘れたのか」と、批判声明を発表し「真意を明確に説明せよ」と求めました。この日の朝日新聞の記事によれば、社民党の又市征治幹事長は、31日麻生副総理の発言について「断固糾弾し、発言の撤回と閣僚及び議員辞職を求める。麻生氏の歴史的な事実に対する認識不足は疑うべくもない。ナチス賛美は欧州連合諸国等で犯罪であるという事実にも留意すべきだ」とする談話を発表しています。共産党の志位和夫委員長もツイッターで「(ドイツの)国会放火事件をでっち上げ、『全権委任法』を成立させ、憲法を機能停止させた手口に学べというのか」と批判しました。この発言の中には、靖国神社の問題もあり、麻生副総理は『靖国神社も静かに参拝すべきだ。お国のために命を投げ出してくれた人に敬意と感謝の念を払わない方がおかしい。騒がれたら中国も騒がざるを得ない。韓国も騒ぎますよ。だから静かにやろうや」と語っていたそうです。改憲論議の演説であったため憲法の問題についても「みんないい憲法と、みんな納得して、あの憲法変わっているからね。ぼくは民主主義を否定するつもりは全くありません。私どもは重ねて言いますが『喧噪』の中で決めて欲しくない」と安倍首相と同じ「あの憲法変わっているからね」と発言しています。驚きました。以前であれば閣僚辞任までに至るものであったにもかかわらず、自民党多数、一強多弱の国会で、問題もなく終わってしまっている状況は深刻です。この発言が副総理でありましたが、まさしくその後の安倍首相の暴走と言われている政治状況・今現在の新しい戦前回帰の状況をよく考えてみると、より深刻に危機意識をもって私たちは臨まないと、あの時そうだったのにと気づいたときにはもう遅い状況にきていると、今日まで安倍政権のこの暴走が6年以上も止まらないでいる政治状況を考えれば考えるほどそう思うのです。

森友加計問題、イラク・南スーダン日報問題、裁量労働制のデーターの捏造、障害者雇用の水増し、外国人労働者のデーター捏造、雇用統計の不正など数えきれない行政文書の書き換え隠蔽問題でも責任を回避し、種々の失言をしても、安倍政権の6年以上にわたる憲法破壊の嘘の政治が許されている今の政治状況は、ワイマール憲法が崩壊していった政治状況に似かよっていて深刻です。今まで述べてきたように安倍政権は戦争の道にまっしぐらに暴走しており、私たちが築いてきた戦後の平和は、破壊寸前にあることを認識しなければなりません。この本のサブタイトルにもあるように「戦争をしない／させないために」。殺し殺される戦争に、進んでいくことは、今まで述べた戦争裁判などでも述べてきたことからも間違いないからです。私はこれにこだわって、第二次安倍政権成立以降絶えず、その当時最も進んでいたとされるワイマール憲法が崩壊していった今の日本と似ていたドイツの歴史を学び、前述した第二次世界大戦以降世界中で最も進んでいた平和憲法を、安倍政権が「変わっているから」と破壊させないため日本の歴史を、ドイツとの比較で眺めてみました。

2、ワイマール憲法崩壊の歴史的事実

まずヒトラー誕生のドイツの戦前の歴史を眺めてみます。

創元社から出されている世界の歴史9『第二次世界大戦と戦後の世界』（J・M・ロバーツ著、五百旗頭眞訳監修）のアドルフ・ヒトラーの部分や、『ワイマール共和国史——研究の現状』（E・コルプ著、柴田啓二訳、刀水書房）、『ヒトラーとナチズム』（クロード・ダヴィド著、長谷川公昭訳、白水社）の本から整理して簡単に紹介して考えていきたいと思います。

第二次世界大戦は、ドイツのヒトラーのポーランド侵攻から始まり6000万人以上の人びとが命を失い、アウシュヴィッツなど強制収容所では600万人以上の人が虐殺されました。ヒトラーは1920年代のはじめまで、政権打倒を目指すクーデターに失敗し、異常なまでのナショナリズムと反ユダヤ主義を巧みな演説と半自伝的な『わが闘争』によって吐き出す、挫折したアジテーターに過ぎませんでした。著書『わが闘争』では、国民大衆は心情の単純な愚鈍さからして、小さな嘘よりも大きな嘘の犠牲となりやすい存在であり、彼らを獲得するには、科学的認識よりも、彼らを鼓舞する熱狂、また往々彼らを駆り立てるヒステリーが鍵だと高言していました。ヒトラーの主張は単純で分かりやすく、敵を見つけ攻撃し、強い口調で単純に人びとの心に訴えかける、強い、国民の不満・不安をもとに大衆に迎合的な魅力をもった、今よく言われるポピュリズム的政治性をもっていました。ドイツがかかえる問題の病根は明らかであると単純明瞭に分析主張し、それは、第一次世界大戦で大きな負担を負ったヴェルサイユ条約、もうひとつは国家に有害な活動をしているとして、ドイツの共産主義者やユダヤ人に非難の矛先をむけたのです。ドイツのこの「政治的誤り」を正すためには、政治だけでなく、社会と文化の刷新を訴え、そのためには、非アーリア人を排除して、ドイツ民族を生物学的に「浄化」する

必要があると主張したのです。1920年のはじめの時点では、まだヒトラーの主張が政治の世界で大きな支持を得ることはありませんでしたが、世界経済恐慌が追い風となり1930年になると、ナチ党はドイツ議会で、共産党の77議席を大きく上まわる107議席を獲得することになったのです。ナチ党が躍進したのは、ドイツ経済の悪化の一途が大きな要因になります。

そして特にナチ党が成功を収めた要因にはいくつかありますが、なかでも大きかったのはワイマール体制を担ってきた当時でも多数の議席を持っていたドイツの共産党と社会民主党が、たがいを攻撃するために多大なエネルギーを浪費していたことでした。また、もうひとつの要因としては、ワイマール共和国のなかで高まった反ユダヤ人感情があげられ、経済恐慌によって激化していったのです。ドイツが苦境におちいった理由を説明する手段として、反ユダヤ主義は民族ナショナリズムと同じく社会階級を超えた魅力をもっていたのです。

比較的にワイマール体制が安定していた1930年までにナチ党は政治的基盤を強化し、ナチ党の暴力的な突撃隊を反共産主義の防波堤と考え、再軍備とヴェルサイユ条約の改正を望む民族主義者などが、ナチ党を支持していったのです。ナチ党は1932年の総選挙で、過半数には届かなかったとはいえ、議会の第一党となりました。その結果ヒトラーは1933年1月に、共和国大統領ヒンデンブルクから正式に首相に任命されることになります。その後政権はラジオを独占し、脅迫という手段に訴えたものの過半数の議席を獲得することはできませんでした。しかし右派からも支持を取り付けて議会における過半数を獲得するとヒトラー内閣に特別な権限を与える法案を可決することに成功したのです。これが最初は国家緊急権で、その次にもっとも重要だったのが、政府に無制限ともいえる強大な法律の制定権をあたえた「全権委任法」の可決でした。このきっかけとなったのが国会に放火したのが共産党とフレームアップして、これによって最初は共産党が、その後社会民主党などが弾圧されました。それでも33年の総選挙でナチ党は１７２８万票で単独過半数に達せず他方社民、共産合わせて１２０３万票をえていたのです。しかしこの全権委任法「民族・国家の危機を除去するための法律」によって「政府が議決した法律は憲法から乖離できる」ことからドイツの民主主義はここに葬り去られました。この憲法崩壊を食い止める政党もなくなり、ワイマール憲法に基づくドイツの議会制民主主義は、完全に息の根を止められてしまうことになったのです。全権委任法でヒトラーは第三帝国を作り上げ、そして、第二次世界大戦の戦争の道へ進んでいったのです。この強大な権限を武器に、ヒトラー内閣は民主的な制度を次々に破壊していきました。ワイマール憲法を崩壊させていった後、第三帝国として侵略戦争をヨーロッパ中に拡大していったのです。１９３３年7月に政党新設禁止法が公布され、１９３９年には事実上、ドイツの社会からナチ党の統制をまぬがれるものは何もなくなっていました。社会民主党、共産党、労働組合への弾圧、強制的な解散に続いて、自由主義政党、保守主義政党も自発的解散に追い込まれて行きました。ナチ党の一党独裁体制が完成することになったのです。牧師マルティン・ニーメラーのあまりに有名な述懐「ナチ党が共産主義を攻撃したとき、私は自分が多少不安だったが、共産主義者でなかったから何もしなかった。ついでナチ党は社会主義者を攻撃した。私は前よりも不安だったが、社会主義者ではなかったから何もしなかった。ついに学校が、新聞が、ユダヤ人等々が攻撃された。私はずっと不安だったが、まだ何もしなかった。ナチ党はついに教会を攻撃した。私は牧師だったから行動した。しかし、それは遅すぎた」。そして第二次世界大戦が起き、６０００万人以上の世界の人びとが戦争で亡くなり、６００万人以上の人類最大の虐殺が行われていったのです。ヒトラー政権成立から80年目の日「ベルリン　１９３３年独裁への道」の開会式でメルケル首相は「ナチスの隆盛が可能になったのは、エリートやドイツ社会の一部が協力したからだけではなく、ドイツの大多数がこの隆盛を少なくとも黙認したからです」と述べ、人権・自由・民主主義の実現への自覚的な取り組みこそ、ナチ支配からの「恒久的な警告」だと強調しました。無知・無関心・曖昧さ、思考停止は再び戦争する大国となっていく土台となっていかざるをえないのです。

3、安倍政権との対比

それでは第二次安倍政権の今日までの政治行動を、前項と対比しながら少し考えてみたいと思います。今まで述べてきましたように、戦後今までの政権が憲法改正しなければできないとされていたものを解釈改憲の閣議決定ですませ、次にはアメリカと世界中で戦争ができるフルスペックの集団的自衛権行使を、戦争法と呼ばれる安保法制を異常な国会運営で強行採決しました。これに基づきその後南スーダンPKO駆け付け警護、北朝鮮米艦防護など、積極的平和主義という偽りの名のもとに、今や日本の自衛隊は前述したようにまさしく殺し殺される米軍主導下の戦争に参加し、海外派遣している実態に至っています。もはや専守防衛を超えており、これを限定的集団的自衛権と嘘を言っているのです。衆参議院選で与党改憲勢力が3分の2を取った勢いで自衛隊の国防軍化、緊急事態条項、人権制限、国民主権から国家主権の全体主義へ向かう、2012年自民党案のような憲法9条の改悪、軍事国家に向かって暴走しています。戦争法と言われている安保法制のみならず、軍事体制を作り上げるため軍事機密を隠す秘密保護法、あらゆる戦争反対の運動を潰す共謀罪、これらも異常と言われた強行採決で、国民の多数が反対していても強引に成立させています。PKO派遣、NSC制定、武器輸出の解禁など重要な軍事行動を閣議決定で済ませ、いまやアメリカの言うままに武器購入など一挙に増大させ爆買いし、アメリカの企業も含めて軍需産業は大きく潤ってきています。マスコミにも絶えず安倍政権は意に沿うように介入し、公共放送のＮＨＫには政府の意に逆らわないよう息のかかった人事介入をし、安倍首相に息のかかった籾井・元会長による「政府が右と言ったら左とは言えない」との言葉にあるようにその後のＮＨＫは国策化していき、今憲法改悪の道を強めるためその配下の人間を人事に復帰させています。その忖度体制を強化し、今や国策報道機関に成り下がっています。安保法制に反対の報道をしたとき「権力は腐敗する、これをチェックするのがジャーナリズムの本質を強調していた故・岸井成格さんをはじめとして、番組「クローズアップ現代」のキャスター国谷裕子さんらを攻撃して、元総務大臣が放送法４条で許可を取り消すような脅しをすべてのマスコミにしたりしています。国境なき記者団の報道の自由ランキングによれば、２０１０年に過去最高11位だったのが第二次安倍政権になった２０１５年には61位に転落してしまいました。

自民党は小選挙区制によってかつての中選挙区時代の多様な派閥政治でなく、選挙で受かりたい、落選したくないため、首相への反対・批判を抑え、安倍一強政治として独裁化しています。それと同時に官僚は総理府人事局に権限を集中させ、官邸政治が強化され、独裁体制がうまれています。政治主導で、政治批判はタブーとなり、批判すれば文科省元事務次官だった前川喜平氏のように更迭され、官邸が握っている警察情報でプライバシーを暴露歪曲され、かつての自民党を支えていた官僚の自由闊達で多様な議論や柔軟な派閥政治ではなくなり、安倍一強の硬直化した独裁政治が進んできています。

露呈した政治疑惑の森友学園事件、加計学園事件も虚偽の公文書がつくられ、国会審議でも嘘だらけの答弁が許され、政府が国会に責任を負う議院内閣制は全く機能しなくなり、その行政文書破棄改ざん事件は国民に驚きをもって国会審議の中で明らかにされましたが、これも無反省のまま、文書管理の改善も不十分のまま一強多弱の体制下で強引に蓋をしようとしています。そのため最近では「毎月勤労統計」の不正調査、不正統計で実質賃金はマイナスで、アベノミクスの成果が嘘だったの実態も明らかにされて、議会制民主主義は破壊され、国の腐敗はとどまることがありません。

麻生元首相の「セクハラという罪はない」との女性を怒らせたセクハラ発言、財務省公文書改ざん事件について「どの組織だってありうる、個人の問題」との発言、終末期医療にふれ「さっさと死ねるようにしてもらうとか考えないといけない」「金がなければ結婚しないほうがいい」など庶民や弱い立場の人びとを馬鹿にする差別発言、復興よりは自民党議員の当選が大切、安倍晋三の地元・山口の道路への忖度発言など、言いたい放題の時の政権の発言が許され、最近では戦争で北方領土を奪還するという維新の丸山議員発言など、大臣・国会議員・政治家の腐敗劣化がどんどん進んできています。

毎日新聞の２０１７年12月12日の朝刊で、私の大好きな芥川賞作家・中村文則さんは「憂慮し発言がおかしいと思えばおかしいと発信すべきで、でないとまずい世の中になり、何を言っても手遅れになる」と述べている。また東京大学の石田勇治教授は、「戦前のドイツと今の日本を同一視できないが、政治や政治家への強いあきらめが広がっている点は共通する。長く続く安倍一強を懸念し、国民が野党が何をいっても変わらない、選挙で投票しても意味がないと絶望して、為政者に政治決定を事実上委ねれば好き勝手にやられ、民主主義が劣化する」とのコメントが出るほどになっています。

日刊ゲンダイの２０１８年11月９日の記事です。

ペンス米副大統領が12〜13日までの日程で来日する予定だが、麻生太郎副総理との日米経済対話は、また行われないことになった。記者会見で菅義偉官房長官が明らかにした。経済対話の見送りの理由は、ペンスが麻生氏の過去のヒトラー発言を問題視しているためだという。麻生氏は昨年8月、派閥の研修会で『結果が大事。何百万人殺したヒトラーは、いくら動機が正しくても駄目なんですよ』と発言。ナチス・ドイツがユダヤ人の絶滅を際立てたことは『正しい動機』なのか、と米ユダヤ人権団体などから批判され、発言を撤回しましたが、このように政府の差別発言にも触発され差別はあらゆる分野に蔓延しています。

「沖縄2紙をつぶさなあかん」「娘が中国人の慰みものになる」「中国のスパイ」と、安倍首相と親しい売れっ子作家の発言、機動隊の「さわるなクソ、このボケ土人が」「黙れコラ、シナ人」との沖縄差別発言、徴用工判決、従軍慰安婦合意撤回、海上自衛隊への韓国レーダー照射事件など起きる中で、ネットではヘイトスピーチ、韓国朝鮮人・中国人の差別、外国人排除発言の蔓延、本屋の店頭では嫌韓反中の本が沢山並べられベストセラーともなっています。子どもも大人も含めた福島原発被害者へのいじめ、やまゆり園での「障害者は人間でない」という被告人による障害者大量殺人、自民党女性議員の「LGBTには生産性がない」とする雑誌『新潮40』での原稿、これを擁護し、森友・加計はでっちあげられたものと本を出した作家の発言などなど、安倍政権内部での政治家、大臣の非人道的な差別発言にも影響され、平気でヘイトスピーチを行い、ナチス時代の排外主義と同じ差別が蔓延してきています。安保法制違憲訴訟で、私も親しい指紋押捺事件で知られる在日3世の崔善愛《チェ・ソンエ》さんは、怖くて、友人を含めて将来国外に脱出せざるを得ないと、深刻な状況を法廷で供述されています。

このような安倍政権の現代的ナチス的ともいえる極右政権は、一時的に内閣支持率が下がっても、ヒトラーの言う国民をバカにした「国民はそのうち忘れやすいから」とか、「そのうち支持は戻る」「嘘は何遍もつけば真実と思われるようになる」とのヒトラーやゲッペルスらの発言と同じように平気で嘘を続けて、国民を、国会を騙しぬいています。戦争に導いた明治憲法を反省して、戦後平和憲法で規定された議会制民主主義は、今や強行採決は平気で毎回行われ、国会に責任を負う議院内閣制も首相をはじめとした内閣が責任を負おうとしない、民主主義のルールに反した方法で、野党から要求している臨時国会の要請、予算委員会も開かれず政府は責任逃れをしています。このような異常なやり方がマスコミもあまり取り上げようとせず許されてしまっています。

従って重要な問題で反対が起きそうなものは閣議決定で済ませ、秘密保護法、入管法のように政令などに任せる部分を多くし、政府が与党法案を通すためや国政調査権を官僚監視を否定するような国会法改正、国会軽視の動きが進んでいます。軍事大国を目指した危険な政治は増々進んできています。テロ防止の名で国民を監視し人権を弾圧していく共謀罪などの治安立法も、異常な国会審議で成立させ、戦前の治安維持法と同じように国民の批判を許さない言論思想表現の自由への攻撃を、憲法改正条項の中に緊急事態条項を入れナチス・ドイツと同じように完全に人権を奪えるようにヒトラーと同じやり方で行おうとしています。前述した麻生発言のようにナチスの全体主義の方向に向かっていっています。今回の安倍改憲がこれを完成させようとしているのです。これを今食い止めなければ、ドイツの反省にもありますように、特に無関心層の人たち、若者たちが覚醒して立ち上がらなければ、気付いたときはもう遅く後戻りできないナチス時代と同じような時代に入っています。

ハンナ・アーレントが述べたように無関心、諦め、思考停止は絶対に許されない時代になってきているのです。沈黙は戦争への共犯者となる時代にきているのです。そして安倍首相が前のめりになって、憲法改正案は、憲法の9条1項・2項を維持して、自衛隊を明記し、災害派遣の国民支持をイメージさせながら、本音はアメリカとともに日本のみならず世界中を軍事力で支配できる、集団的自衛権行使のできる軍隊として活動できるように狙っています。表面上は、自衛隊員が今の自衛隊違憲論のままでは可愛そうだと感情に訴え、改正手続きに約851億円の多数の予算をかけても、なにもかわらないと嘘を言っています。しかし、平和憲法に自衛隊という軍事組織が入り込めば今までの平和国家を決定化しようとした平和憲法が軍事国家に必然的に変わることは当然で、それを平気で嘘を言って軍事大国を実現しようとしているのです。最近のアメリカのアーミテージ報告の中で「日本もアメリカと同じように世界の大国になりたければ、集団的自衛権行使ができて憲法改正を」と言われて、世界中で再び輝ける軍事大国化の方向に向かっているのです。

この第一次改正案には自衛隊明記とともに先ほどのナチスの独裁を可能とした緊急事態条項も入っているのです。戦争のためには戦前と同じように政治支配ができるための教育条項で「家庭の事情にもかかわらず教育はすべての子供達に開かれたものでなければならない」と甘言をもって、以前の無償化は法律でできるので、これを消して、合区選挙改正などと同じに誘い水として憲法改正の口実として行おうとしています。

すでに第一次安倍政権の時の国民投票法には、政党のマスコミ宣伝への規制も直前のみで、民間放送連盟は以前と違って現在自主規制はしないと言っています。しかも最低投票率もありません。政府を支持する側が大量の嘘・一方的な煽る宣伝をして、応援する日本会議や財界、アメリカも含めて大きく宣伝し、憲法改正反対グループを「非国民」とシャットアウトして、少数でも過半数成立ということで強引にやれると自信も持ってきています。安倍政権の今までやってきたナチス的手法を考えれば憲法改正の国民投票は安倍政権らの意の通り実現してしまう恐れ十分なのです。既に共同通信社の2019年の5月18、19日の全国電話世論調査には、参院選で改憲に前向きな「改憲勢力」が3分の2を維持するほうがいいは43・3％を占め、下回るほうがいいは37・9％に、2020年の改正憲法施行を目指す首相方針に反対は43・9％、賛成は40・1％まで来ています。

この第一次改正案が通れば次に第二次憲法改正案として天皇を元首化して自衛隊を国防軍と軍隊化し、基本的人権を軍事目的、国益に制限し、軍事裁判所や徴兵制など軍事国家に必要な規定を、国民主権は国家主権に、軍事国家として全体主義国家として大きく変質していくことを狙っているのです。いや第一次憲法改正でも十分その目的は達成されてしまうのです。前記ドイツが辿った道にもう半分以上も進んでいるのです。私たちはこの6年間、ぬるま湯に浸かった蛙のように慣れすぎて、最初はおかしいと思っていても、反対しても変わらないなら仕方ないとあきらめ、気づいたらもはやドイツ・ナチズムと同じように反対ができない全体主義軍事国家体制に間違いない情勢になってきているのです。

『ナチスの手口と緊急事態条項』（集英社）の著者でありドイツ歴史研究の第一人者である石田勇治氏は「はじめに」で、麻生発言について次のように述べています。

わーわー騒がないで、喧騒の中で憲法を決めないでほしい、というような言葉はどう読んでも国民を主権者憲法制定権者と正しく認識するものの発言だとは思えない。しかもワイマール民主政からナチ独裁への移行は決して静かにみんな納得して進んだのではない。言論弾圧と国家テロを使って無理やり成立させた天下の悪法、授権法全権委任法の制定過程の一体どこに私たちが真似るべきものがあるというのだろうか。そのヒトラーがワイマール憲法を無効化し、独裁体制を開くために濫用したのが憲法48条の「大統領緊急措置権」である。これは2012年4月に自民党が発表した憲法改正案の目玉の一つ「緊急事態条項」に相当するもので、今安倍首相が提示している四つの中の一つ、緊急事態条項も災害を理由としているがまさしく「戦争状態」なども入っており、この独裁化の権限を欲しがっているのだ。ヒトラーはこの条項に助けられて合法性を取り繕いながら、史上類例のない独裁体制を短期間のうちに樹立することができた。

どうでしょうか。

また『嘘に支配される日本』（岩波書店）で中野晃一氏と対談している福島みずほ氏は、憲法改正と緊急事態条項について以下のように述べています。

それから緊急事態条項も危険です。この条項は憲法9条改憲と同程度か、それ以上のすさまじい破壊力を持つと言われています。以前、緊急事態条項はナチスドイツの国家授権法と同じではないかと質問したところ、安倍総理は「レッテル貼りは看過できない」と言ったのですが、レッテル貼りではなくナチスドイツの国家授権法と同じような効力を持つと思います。自民党憲法改正草案の緊急事態条項は「内閣は法律と同一の効力を有する政令を制定することができる」となっている。これは基本的人権を、安倍内閣の一存で制限できると宣言しているようなものです。

また福島みずほ氏は「嘘と捏造による憲法改正」の項で、「それから憲法改正が発議されたら、ナチスが政権を握って国家授権法をつくる前に、国会議事堂放火事件が起こり、共産党員が犯人にされて党が弾圧されたように、何か大事件が起こる可能性があります。共産党を抑制してほしいと考えていた保守層が、ナチスをちょっと利用しようと思ったら、逆にナチスが力を増し、猛威を振るう。日本の例では、1999年に周辺事態法が審議されているとき、不審船の事件が起きてから、それまで冷ややかだった雰囲気ががらっと変わったことが忘れられません。特定秘密保護法もそうです。民主党政権下でしたが、尖閣諸島で中国漁船と海上保安庁の巡視船が衝突したのをきっかけに、それまであまり議論されていなかったのに、秘密保護法の審議会が立ち上げられました。政治は生き物なので、3回廃案になった共謀罪をテロ等準備罪と言い換えて、東京五輪では原発はアンダーコントロールされていると、その上でテロ対策とごまかして通していくようなことが起こります。フレームアップ、プロパガンダ、メディアでの露出、それに何か事件が起これば雰囲気は一気に変わり、それによって憲法9条を変えるべきという世論がつくられる可能性があります。戦争は嘘と捏造から始まります。憲法改正も嘘と捏造から始まるかもしれません。ヴェトナム戦争におけるトンキン湾事件や、満州事変もそうでした」と忠告しているのは全く同感です。

安保法制は「安全保障環境が変わったと、過大に強調して、国民に中国・朝鮮に攻められたら占領されてしまう」と言っていますが、いまの国連憲章で縛られている経済的依存共存関係が広がっている世界の中で、侵略行為が行われることは、冷静によく考えれば難しい時代に来ており、領土問題は軍事力では今解決できない時代にきています。今まで好戦国アメリカが先制攻撃してきた軍事行動はイラクにしてもアフガンにしてもほとんど本質的な解決ができず失敗し、憎悪が憎悪を生み、暴力が暴力を生んで、ＩＳＳ、テロの連鎖を生んでいます。前述したように軍事力でない国連憲章や憲法9条のように本当の積極的平和主義をもって世界中から信頼を勝ち取っていくことがむしろ日本が平和でいられる最善の道ではないか、これしかないのではないかと考える時代に間違いなく来ていると私は確信しています。これが前述した「戦争違法性」の流れなどからも、私がこの本を書いた一番の理由なのです。そのためにこの項の最後に、ナチス高官ヘルマン・ゲーリングのあまりにも有名な台詞を紹介します。

ふつう国民は戦争を望まない。それはどこの国でも同じだが、指導者が戦争を起こすのは簡単である。国民には「わが国は他からの攻撃にさらされている」と言い、戦争反対の平和主義者には「非国民」だと非難する。これだけでいい。このやり方は、どんな体制の国でも有効である。

どこかで今起きていることと同じでないでしょうか。

4、静かなファシズムの足音

①私は2000年11月、第三回国連での子どもの権利委員会の審査でジュネーヴへ行った際、その帰り、アウシュヴィッツへの訪問を兼ねてポーランドを旅行しました。私たちは最初に、映画にもなったコルチャックが子どもたちと一緒に強制収容所に送られていった養護施設を訪問し、その後アウシュヴィッツに向かいました。ここで多くのことを学びました。映画『ハンナ・アーレント』にも描かれていたように、強制収容所で多数のユダヤ人・障害のある人・同性愛などの人びとを虐殺した責任者として、戦後逃亡中に逮捕され裁判になったアドルフ・アイヒマンをはじめとした、多くの人がいたことを知りました。あの強制収容所虐殺の最大の責任者ルドルフ・ヘスが亡くなる直前、「人間として最大の過ちを起こしてしまった」「私は生命をもってこの責任を償う」ことを述べていたように、ナチスを支えた人たちが全く普通の人間であったことも知りました。

現代日本のSNSなどのヘイト発言も見ても、特別な思想をもっているわけでもなく、SNSという狭い批判・抑制のない匿名空間の中で同調思考化し、次第に強いものに惹きつかれていっています。集団的アジテーターに巻き込まれてどこでも見られるような普通の人びとが、知らぬ間に巻き込まれてもいっているのです。それが多数となって、ヒトラーのときのように表面上狂信的でなく騒がしいものでなくても、麻生氏が言うように静かに多くの人びとが知らぬ間に賛同者として動員されていっているようです。狂信的なナチズムでないにしても、麻生氏の言う静かなファシズムとして、もし今回、日本会議が考えたという安倍首相の主張するような憲法改悪案が通り、許されてしまうならば、日本はあらゆる社会的政治的問題に反対ができなくなる全体主義体制が作られれば、アメリカと一緒の戦争の道に強引に引っ張っていかれるものと考えます。ハンナ・アーレントが言う、普通の人たちが、思考を停止したために、ドイツと同じように殺し殺される戦争に残虐な行為に加担されてしまう体制になりうることを、先ほどのナチス・ヒトラーの歴史から懸念するのです。

安倍政権の大暴走を支えようとする極右集団の日本会議は次第に大きくなってきています。今回の安倍首相の前のめりの憲法改正は日本会議が支え、進めようとしています。ドイツの突撃隊・親衛隊のもとにヒトラー・ユーゲントが組織されたように、下からのファシズムとしての動きです。これと同じ動きが、今の日本の中に、憲法改正を始めとしたナチス的なうごめきとして出てきています。「なんとしても安倍政権でなければ憲法改正できない、なんとしても安倍政権で実現する、これを逃せば悲願の改憲が遥か彼方に遠のく、改憲運動に邁進して改憲1000万署名は2月に達成した」、「教育基本法改正の愛国心、国歌国旗の強制、戦前の国家国定教科書採用、道徳教育、教育勅語など戦前の教育を実現しよう」、「尖閣を守る領土領海警備の強化、国民の防衛意識の啓発、自衛隊活動の激励」など下からの国民運動を上からのこれらの政治の動きと連動して進めています。

歴史の改ざんと歪曲化した歴史認識を拡大し、天皇代替わりと、明治150年、皇室崇拝と復古的天皇制の復活、これらを安倍首相のいう「戦後レジームからの脱却」「歴史を取り戻す」「女性の組織化と男女共同参画の否定、家族主義、国家主権の回復、国家意識の醸成」を上げ、憲法改正は今がチャンスでもうこれを逃したらその機会が到来しないと焦りも加わり、戦前の明治憲法回帰のみならず全体主義的な憲法改正の動きとともに広がってきています。

② 安倍首相の祖父は、太平洋戦争開戦時に東条内閣で商工大臣として戦争を遂行した経済官僚の中心人物で、戦後も第一次安保闘争のときの首相であった岸信介氏です。安倍首相は政権を握ってからこの祖父岸氏を尊敬し岸氏を目指していること色々なところで公言しています。岸氏はA級戦犯公職追放を免れ、60年安保の時、アメリカとともに戦争できるよう憲法改正を企みましたが、できませんでした。安保改定こそできましたが、そのことを悔しがっていた祖父の影響を安倍首相は小さい頃から「安保反対」と言ったら怒られたなどと、大きく影響を受け「岸を目標として岸が実現できなかったことを目指そう」としているのです。当初はまさかと思っていましたが、今までの動きを見るとそのとおりです。

ドイツは戦後、戦前のナチズムを反省から戦争犯罪者に責任をきちんと取らせて処罰・追放した歴史を持っています。第二次世界大戦の反ファシズムの闘いの勝利に基づいて一層加速した戦争違法性の流れをもとに、教育でも戦後民主主義、主権者政治教育を徹底化しました。国際裁判と共に「戦犯時効不適用」によって戦後ナチス協力者の追及と裁判を行ってきました。しかし、逆に日本は戦争犯罪者を処罰して戦争責任を追及することが、中国革命や朝鮮戦争など、敗戦直後の民主化の流れから逆コースと言われるアメリカの反共政策への歴史の転換の中で、他の連合軍各国も一緒の全面講和ではなく米国だけとの単独講和が行われ、その後の冷戦下でアメリカによる世界支配のために日本が利用されるようになっていきました。

途中占領政策の変更でアメリカの意向にもそうように、A級戦犯であった岸氏など一部の支配層の人たちは変質していきました。アメリカ従属をもたらす安保改定を行わせ、憲法改悪はできなかったけれども、戦後日本を戦争のとき敵国だったアメリカに従属させ、新しい戦前回帰を政治の目標としてきたのです。「アメリカ人が血を流しているのに日本人が血を流さないのはおかしい」との岸氏の言葉で、アメリカの下で血を流すことができる自衛隊を作りあげ、これに支障となった9条をはじめとした平和憲法を改正しようと、今安倍首相はこの路線を引き継いでいるのです。安保反対闘争で憲法改悪は阻止され、その後自民党保守政権が続いても憲法改悪は長い間遠のき、高度成長を大きな目標としてきました。しかし、その間もドイツと違って、戦後の政治は戦前の天皇制官僚を引き継いだ人たちが、あらゆる重要な国家権力の中枢で生き残り、政党も自由民主党は第一次安保闘争で憲法改正が遠のいた後、多様性や柔軟性もあって、一定の間リベラルの部分もありましたが、今や戦前の岸氏の亡霊を最も崇拝している安倍首相は第1次、2次の政権を通じ、戦後レジームからの脱却を掲げて、リベラルの人びとを排除して、自民党の新しい本流として、極右勢力の日本会議を背景に持ち、日本の政治支配の本流を確立しようとしてきています。

そのため、テロから無事に守り抜くためにと欺いて、共謀罪など治安立法を反対を許さず成立させ、またオリンピックを民族ナショナルリズムに利用しようとし、福島の原発事故は「アンダーコントロールされて大丈夫」とその嘘を日本中・世界中にばらまいています。韓国の徴用工最高裁判決や従軍慰安婦日韓合意の撤回、火器管制レーダー照射事件、中国の海洋進出や軍事費軍隊強化などをも利用して、嫌韓反中、世界中で今起きているポピュリズム政治の流れの中で、排外主義を助長させ、戦中のごときナショナリズム、高揚を意図的に作ろうとしています。その情勢を利用した憲法改悪の流れの中で、ナチスの緊急事態法、全権委任法に似た形で、災害を理由としていますが有事も当然入っていて、「緊急事態条項」の改正をも目指しています。国会を全く軽視して、内閣は国会に責任を負う議院内閣制をも無視し、公文書を隠蔽偽造して閣議決定を乱発して、政令や委任を多くして、国会よりも内閣の権限を次々と強化、緊急事態条項の先取りを憲法に取り込み、最後は全体主義の憲法に改正できるように暴走しているのです。

③ 靖国問題についても少し述べます。特に若い人は、靖国神社がどんな考えをもっているか知っていますか？ そうでないと戦争犠牲者の方々が靖国に参拝してお祈りするのに、なぜ反対するのかわからずに終わってしまうからです。

靖国神社発行の『やすくに大百科』には、このように述べられています。

明治時代には「日清戦争」「日露戦争」、大正時代には「第一次世界大戦」、昭和になっては「満州事変」「支那事変」そして「大東亜戦争」が起こりました。戦争は本当に悲しい出来事ですが、日本の独立をしっかりと守り、平和な国として、まわりのアジアの国々を共に栄えていくためには、戦わなければならなかったのです。

ポツダム宣言などを受けて、敗戦国としてファシズム国家のドイツ、イタリアと共に、日本はもう戦争はしないと国際社会に対して誓いました。日本国憲法が平和主義を掲げたのもそのためです。ところが、前出の靖国神社の文章は、その国際文書に全く反しているのです。勿論、平和憲法にも全く反しています。戦後の今なお世界に通用せず、歴代の日本政府の公式見解にも反する、先の戦争は正しい戦争であったとする聖戦史観に立つのが靖国神社です。同神社は麻生氏らが述べているような追悼施設でなく、本来は戦死者を「護国の英霊」として顕彰する顕彰施設なのです。だから、先の大東亜戦争は正しかったとする「聖戦史観」を絶対に放棄できないのです。放棄したら靖国神社でなくなってしまうからです。このことがアジアからの批判を呼ぶ1978年の東条英機などA級戦犯の合祀に繋がり、また1975年を最後に昭和天皇参拝の取り止めの原因ともなったのです。

それにもかかわらず、安倍首相は日本会議系の人たちからの要請もあり、靖国神社公式参拝を2013年に強行しました。その後は取りやめているにしても、違憲の玉串料の支出、一部閣僚の参拝は続いています。麻生氏が静かに靖国に参拝したいと言うのも、このような理由からなのです。今まで述べてきた多くの戦争裁判でのその悲惨な事実とその戦争責任を考えてみると、先の大戦を正しかったとし、その事実も責任も曖昧にさせようとしているのは、ふたたび新たな戦争に突入しようとしているとしか考えられません。靖国神社によって戦死という悲しみを誇らしげなものに変え、後に続けと、戦死者の予備軍を作り出すための施設として「夢に出てきた父上に死んで帰れ」と励まされという、恐ろしい時代に再び突入しようとしているのです。

④次に象徴天皇制についてです。

東京新聞の見出しに「国威発揚」「一気に改憲狙う」にありますように、天皇代替わりを政治的利用して改憲を強めようと策動していることに私たちは大警戒しなければなりません。

『21世紀のグローバルファシズム』（木村朗・前田朗編著）の第1部「ファシズム到来の前兆」の7「虚

偽は暴力の母」で大阪大学大学院木戸衛一准教授は以下の通り述べています。

天皇のために命を捧げた者を「英霊」として顕彰する軍国主義の精神的支柱、靖国神社を持つ日本は、ナチス・エリートにとって羨望の的でした。アウシュヴィッツ絶滅収容所の所長だったルドルフ・ヘスは、「ナチ親衛隊の訓練機関で、国家のため、同時に彼らの神でもある天皇のため、自らを犠牲とする日本人が、輝かしい手本と讃えられたのも、いわれないわけではない」と語っています。ヒトラー自身も、「日本の宗教は何よりも英雄崇拝を旨とし、英雄たちは母国の栄光と安寧のためなら命を投げ出すこともいとわない」と賛嘆し、翻って「なぜ我々は日本人のように、祖国に殉ずることを最高の使命とする宗教をもたなかったのか？」と悔しがったそうです。

戦前の明治憲法の天皇は統治権の総覧者として神聖不可侵の、神権天皇制として永遠に続く「天壌無窮」の地位をもち軍の統帥権を与えられ、陸海空軍を統率する大元帥の地位にありました。多くの軍人や国民は、必須の軍人勅諭、教育勅語などで「天皇陛下万歳」と言わされて、第二次世界大戦で310万人の日本人が、2000万人のアジア人が死んでいきました。この反省のもとで日本国憲法は、第一条として「天皇は日本国の象徴であり」「日本国民統合の象徴であって」「この地位は主権の存する日本国民の総意に基づく」ものとし、第四条で「天皇はこの憲法に定める国事に関する行為のみを行い、国政に関する権能を有しない」としたのです。敗戦直後日本政府は天皇の戦争責任が問われるのを恐れましたが、アメリカは戦後、天皇制を維持・利用することを考えたのです。そのひとつがこの象徴天皇制でもあるのです。しかしながらこの憲法では明確に戦前の反省のもとで、天皇の政治的利用は許されないことになったのです。ところが前述したように、日本会議に支えられた安倍政権は、天皇を元首として戦前の地位回復を狙っているのです。せっかく前の天皇・皇后が戦地や被災地を回って国民にねぎらいの声を掛けてまわられ、父親である昭和天皇が戦争責任を問われそうになった姿を見ていたこともあり、本来は昭和天皇が果たすべきだった「象徴」としての役割を代わりに担ってきました。94年の誕生日には「戦争による多くの犠牲者とその遺族のことは少しも念頭を離れることなく、今後ともその人びとのことを思いつつ、平和を願い続けていくつもりです」昨年の12月の誕生日にも「平成が戦争のない時代として終わろうとしていることに安堵しています」と述べていたのです。ところがです。令和元年5月2日の東京新聞「こちら特報部」の記事を見てみます。

天皇の権威を政治利用しようとする勢力の存在や懸念はいつも否定できない。歴史上、天皇の権威を使ってクーデターを起こそうとした事例はいくつもある。最近では新元号が令和に決まった4月1日、安倍晋三が記者会見の場でその顔をのぞかせた。令和の時代をどんな国にしたいかと問われ、首相は「一億総活躍社会」と自身の政策をアピールした。安倍首相が総裁を務める自民党は２０１２年4月に党の改憲草案を発表した。第一条で天皇は日本国の「元首」に変わっている。元首とは「一国を代表する資格を持った者」のことだ。天皇の権威付けは、改憲草案で9条に国防軍の創設をうたった点と無関係でないとみる。「国防軍を指揮するのは内閣総理大臣だが、軍隊を動かすには、国民的な正当性が求められる。軍隊を動かしたい政権が、天皇の強い権威を政治利用しやすくなる」。明治大学の山田朗教授は「天皇が代わるたびに象徴の中身も変わりかねないという問題もある。平成は被災者など社会的弱者に寄り添う方へ向かったが、違う方向へ拡大する可能性も否定できない」と指摘。「本来は、そうならないよう主権者の国民側が法律を作り「象徴」に枠をはめるべき。ただ、国会もマスコミも自由な意見を言える雰囲気がない。天皇の行為に対するチェック機能が欠けている」と憂う。

5月2日の東京新聞朝刊「承継の儀の国費支出について」という記事で、憲法学の横田耕一・九州大学名誉教授は「旧憲法時代に『剣璽渡御の儀』と呼ばれた儀式は、神器を天皇が承継することによって皇位の正当性の根拠が天照大神の神勅にあることを示す儀式であった。皇位の根拠が現憲法に根本的に反しており、国事行為として公的に行うことは違憲で行うべきでないこと」と述べています。

5月8日の「日刊ゲンダイ」は「新天皇は既に政治利用されている」のタイトルで次のように述べています。

4月中は退位前の天皇皇后の歩みを回顧する番組が驚くほどたくさん放送された。地方を訪れる天皇皇后へ、沿道に集まった人たちは日の丸の小旗を振り、感謝の言葉を口にし、感極まって涙する姿もあった。

番組が情に訴えかける作りになっているから、それを見た視聴者も自ずと天皇皇后への謝意や敬服の念を抱くのだろう。つくづく日本人は天皇や皇室が好きなのだと思うが、それを「国民性」のひと言で片付けることはできない。なぜなら、今回の新天皇即位の儀式でも分かるように、皇室には宗教色の濃い神事があり、その神事には天照大御神を祭る伊勢神宮を本宗と仰ぐ神社本庁の存在があり、その背後には戦前美化の極右団体「日本会議」が見え隠れするからである。

安倍首相は今年の憲法記念日にも日本会議系の改憲集会にビデオメッセージを寄せ、9条改憲に改めて意欲を示すとともに、2020年の新憲法施行を目指す気持ちは変わらないと強調した。「令和元年という新たな時代のスタートラインに立って、私たちはどのような国づくりを進めていくのか、この国の未来像について真正面から議論を行うべき時」とも言い、改元と改憲を結びつける意図がアリアリだった。

安倍首相の側近とみられている自民党・萩生田幹事長代行は先月ネット番組で「新しい時代になったら、自民党はワイルドな憲法審査を進めていかないといけない」と言い放っている。

野党が求めてきた改憲国民投票でのテレビCM規制をめぐり、9日に衆院憲法審が開かれるが、自民党はこれを切っ掛けに改憲議論の加速化を狙う。「国会での議論が始まればメディアも含め、世論を動かす可能性が出てくる」という不穏な気配も漂っているのである。聖学院大教授の石川裕一郎氏はこう話す。「通常5回の一般参賀の回数を1回増やしたのは安倍官邸の意向だそうですね。新元号や新天皇即位を政治利用し、改憲にも利用しようというのは明らかです。連休中、気になったのは5月1日からスタートした自民党のネット広告です。10代の男女5人が『新時代』への思いを語る。安倍首相も登場し、締め言葉は『未来を作りたい』です。イメージCMのような作りで、新しい時代なのだから『変えなきゃいけない』というムードを醸し出している。元号が替わり、代替わりもしたのだから、憲法も変えようというムード作りなのでしょう。政治が動いていない連休中に、あえてそうした広告を流すのにも意図を感じます」。

日本会議やそれに連なる議員たちが、この10年の間に何をやってきたのかを考えれば、「令和で改憲」が非現実時とは笑っていられなくなる。実際、何年もかけて、じわじわと国民の洗脳を始めているのである。

⑤次に教育についてです。

戦前のアジア太平洋戦争はアジアを解放した「大東亜戦争」だと肯定する歴史認識をもった新しい教科書の国定教科書化の動きも強められてきています。2003年、東京で石原都知事都教委が七生養護学校の教育現場を襲い、障害児のための性教材を教師らから奪った事件が起きました。都教委はその秋、10・23通達を出して「日の丸・君が代強制」を行ったため多くの教師たちが弾圧され、そうした動きは東京都から全国に拡大して、その後教育を中心に露骨に国家主義的な方向に進んでいった事件ですが、私はその裁判を担当しました。そこで教育を子どもに取り戻そうとがんばり、「政治家の教育への政治的不当支配禁止」と、「教育の自主性尊重」を判決に示させ、勝訴を獲得しました。しかし、その後の歴史ですが、当時これらをすすめようとした人の中には安倍晋三氏も入っていて、その性教育問題チームの責任者でした。これらの人びとは現在、安倍政権の教育再生実行会議、実行機構などの組織の中枢を支えて教育を国家主義化して戦前に戻そうとしています。このことを見ると、安倍政権は今回の憲法改正の中にもう一つの教育条項を入れようとしているのも、十分理解できます。教育は国家にとって重要で、ナチス・ヒトラーのときと同じで、教育を国家主義的方向に強めているのも、戦争に向かうようにしているからです。最近でも、都議会でこの七生養護学校の性教育を否定し足立区の性教育も批判した古賀都議は、2003年のときと同じように日本会議の一員としてこうした性教育を潰そうとしました。しかし、逆に大きな反対が起き、性教育に悩んでいる教師や親たちの反対に会い、国連からも性に関するガイダンス基準も出されており、性教育を前に戻してほしいとの声が大きくなっています。古賀都議は、小池都知事が関東大震災の朝鮮人虐殺を否定するような態度にも影響を与えています。

森友学園事件で見られた、戦後、国会で廃止決議がされた、「天皇陛下万歳と、いざ緊急の際生命をなげうって国家のために生きる人間を作って、誤った戦争の道に大きな舵を取った」教育勅語も復活しつつあります。

文部科学大臣の柴山昌彦氏は就任記者会見で教育勅語について、「道徳に使える意味で普遍性がある」と述べ、また前の文科相だった自民党憲法改正本部長の下村博文氏は、「今日にも通用する普遍的な内容が含まれているので教材使用は差し支えない」と、2014年4月8日参院文教科学委員会で答弁したのです。

森友学園では幼稚園児が教育勅語を暗諭し、安倍首相を賛美し、安保法制が無事に通ったことを祝う、「北朝鮮みたい」と揶揄されたような国家主義教育を目指した教育が実に行われていたのです。「一旦緩急あれば義勇公に奉じ以て天壌無窮の皇運を扶翼すべし」。戦前は、戦争となれば天皇家の存続のために命を捧げるものと教育され、誰でも軍国少年・少女となっていったのです。だからこそ戦後日本国憲法に基づく教育基本法が制定され、教育勅語は軍国主義の精神的支柱として国会で排除、失効が確認されたのです。学校での教材利用も認めてこなかったのです。このように国会で廃止決議が出ている教育勅語を憲法や教育基本法に反しないと、昨年には閣議決定し、戦前回帰へとまっしぐらに進んできているのです。極めて危険な政治状況にあることを痛感するのです。

北朝鮮のミサイル発射で、核戦争に対する防御としてJアラート訓練を政府のホームページにまで拡大させ、地下鉄がストップしたり、ビルなどに隠れることを勧めたり、戦前の竹やり訓練を想起させるような事態に至っています。世田谷では驚くことに、子どもたちにもこうした訓練が行われ、住民に大きな不安を与えています。

5、ナチズムの政治論

ワイマール憲法崩壊の歴史について、またナチスの政治支配について、最近の日本の動きから述べてみます。

① 民主党時代の２０１2年の春頃から、マスコミの政治報道で「決められない政治」という言葉をよく耳にするようになりました。具体的には与党民主党内の内紛と衆参のねじれのために、政権が重要な政策に関して方針を決定できず、「政治が停滞する」ようになったと言われるようになりました。特に、維新の橋下徹氏らからも自民党内からも強く言われるようになったのです。

「強い指導者待望論」は、ナチス・ドイツがたどった歴史のように「民主主義の限界」論として、しばしば結びつきます。多様な人びとが、「議会に集まって延々とおしゃべりを続けたところで、納得のいく「合意」形成など不可能なのだから、「民主主義」という建前でなく、「決断力のある指導者」に任せて「危機」を乗り越えればいいという議論です。今のポピュリズムもそうです。維新の橋下氏はテレビでトランプ誕生に意を強くして、マスコミなどで、大衆迎合主義こそ民主主義とまで言わせています。これに合わせて「決められる政治家」への期待を漫然とマスコミでも語るようになっていきました。ＮＨＫのニュースなどで、今の安倍首相発言を称賛する意味でこの決断主義を称える放送を何度か聞き、見たことでしょう。

ワイマール期のドイツに「決断主義」を理論的に根拠づけたのは憲法学者、法哲学者のカール・シュミットです。歴史上初めて社会権を憲法に取り入れ、自由主義と民主主義を調和させることを目指したワイマール体制が、根本的な矛盾を抱えていることを見て取ったシュミットは、ナチ党にも入ってヒトラーをも政治的に支え、不安をもった大衆が「決められる政治」に惹きつけられて行くことを説いていたのです。

２０１９年の東京新聞の元旦の社説でも、このシュミットのことが語られていました。「欧米でも日本でも目下最大のテーマは民主主義、デモクラシーの危機です。思い出されるのは戦前ドイツで注目の政治学者カール・シュミットの政治論です。政治学者三谷太一郎氏の簡明な説明をかりれば国民を友と敵に分断する政治です。

敵をつくることで民衆に不安と憎悪を募らせ自己への求心力を高める。敵をつくることだけで対話も議論もありません。その結果多数派が少数派を抑圧して圧殺してしまう。独裁の理論化といわれます。ナショナリズムもポピュリズムも同種です。排外主義は熱狂させやすい。ポピュリズムは目的遂行のため事実を隠すことがあります。ヒトラー政権が用い、戦前戦中の日本も同じようなものでした。英米はきらったそうです。今シュミット流の分断政治が内外で進んでいるかのようです」と。

安倍首相が今暴走を続け、「決められる政治こそが」と繰り返すのも、その基盤は不安定であっても、これに変わる政党が当面ないことから、支持率が半数近くあることに自信を持って、前述の麻生副総理発言のようにナチスの真似をしようとし、分断政治・嘘の政治が進んできていると私は考えています。

シュミット政治が進んでいることが増々感じられます。ヒトラーが言うように、嘘を何回も繰り返せば真実に見えてくると、平気で嘘を繰り返しています。批判が出てもかえってこれらを強く進めることで、民衆はあきらめ感と閉塞感に陥っていくことになり、民衆は権力への大きな力に頼らざるを得なくなっていくことで、かえって政権が安定していく。こうしたヒトラーが用いた手法を重要なものと自覚しているのではないかと思うのです。

安倍首相は、安保法制について説明するよう求めた野党の臨時国会開催要求を無視しました。森友・加計問題での支持率低下による政権危機を、国難解散とか言って強引に衆院を解散し、野党の証人喚問請求も無視して突破していったことを見れば、その本質は明らかです。だからこそ、決められる政治と分断の政治、嘘を交えた独裁的な政治が進められて行かざるを得なくなっているのです。

しかし嘘と強権で突き進んでしまっているので、国民がこれを諦めず闘っていけば、いつかは崩れます。嘘故に強引故に脆いものです。また権力側も錯覚で裸の王様のように無意味な自信をもってしまって、いつか周りから批判もなくなってきているので、政治の方向を誤り爆発せざるをえない状況に陥っているのです。国民はすぐ忘れると権力側はタカを括っている面もありますが、私たちが諦めず闘い続けていくことの大切さはここにあるのです。いつかは崩壊していく運命にあるのです。過去の韓国の民主化闘争や中南米でもそうでしたが、独裁政権はあっけなく倒れる時は倒れてしまうものです。

②次にポピュリズムです。

グローバリズム、新自由主義の拡大の中で、世界中の貧富の差が激しくなって、その原因を移民問題などに位置づけ、この移民を排斥し、ナショナリズムを高揚させ、右翼的な反グローバリズム、一国帝国主義的な政策を強調し、民族の優位をもとに右翼的なポピュリズム政治を生み出していく危険な状況が各国に広がっています。貧富の差が激しくなり、世界がこのように不安定な中で、国民の不安と不満が、あきらめ・アパシーなどにより、政権の権限強化・拡大をもたらし、どこの国も強い権力者が登場してきている世界の動きも考えなければなりません。

第二次世界大戦の真っただ中１９４１年、エーリッヒ・フロムは初の著書となる『自由からの逃走』を出版し、ファシズムがドイツに出現した理由を社会学的心理学的アプローチから説明しました。この本は高い評価を受け、フロムは社会思想家、精神分析家として一層注目を集めることになりました。先日亡くなった思想家・日高六郎氏が日本語に訳されましたが、「人間は、孤独を最も恐れている。というのが全ての前提となる。孤独を嫌いながらも、一方で人間は自由への憧れを持っている。そのため、必然的に人びとは自由を求める方向へと進んでいくのだが、厄介なことに、自由になればなるほど個人個人がバラバラに生きることになり、やがては孤独に苦しむようになる。そうなると、今度は孤独から逃れるために人間は自由を手放すことを自ら選択し、大きな権威に身をゆだねる方向に向かっていく。つまり、自由と引き換えに孤独から逃れようという心理から生まれたのがファシズムである」と言っています。

ポスト・デモクラシーの時代と言われ、自由や民主主義がありがたいものだという意識が弱まってきています。それに慣れてきって絵空事と思う人もいるし、生活するのに精一杯と感じている人も大勢いて、むしろトランプが当選し、安倍首相や麻生副総理、また維新の橋下徹氏が強く本音でマスコミを賑わして語れば、それが非人間的でも反人権的でも、一定の支持が集まる。そのような人たちがときに穏健なことを言えば、ホッと安心してしまうような風潮すらあります。

特にSNSなどネットでは一人でも匿名で意思表示できる、同じ意見が集まればその集団に入っている心地良さ・安心さが生まれる。しかし実体は大きく分断されていてバラバラ、孤独である。ネトウヨと言われれば自分も差別され満足いかないが、いじめや差別に参加して自分の不満を穴埋めして、弱者を排除して自分が多数派であることを自認させ安心を得る。しかし結局は自分も差別される弱者であることに気づくとそれに苦しみ、逆に強いものに惹かれていく。そうして日本型の集団主義に引き入れられていく。

憲法97条にもあるように、人間は闘っていくことでしか自分たちの幸福や権利を獲得できないにもかかわらず、その認識は失われていく。そして最後には、自由よりは大きな権威に、強いものにまかれ己れを委ね、そこに依存していく。

安倍政権の支持率回復の根底には、多くの若者が管理教育の中で戦前回帰の教育の新国家主義化が進む中で自分の頭で考えられない人間になって、ネット空間の中で、主体性のないまま、議論もなく考え方も訂正されず、強いものに依存して行ってしまい、一方的な思想を注入されていることも注視しなければなりません。

安倍政権が今後の改憲のためSNSを特に若い人向けに漫画などを使って広げようとしているのも、こうした若者の傾向をつかんでいるからと思うのです。特に日本は、明治時代からの村社会の半封建的集団主義と言える、農耕社会的で日本的な、非民主主義的、全体主義的なものを許してしまう土壌もあって、戦後も引き継き、大きな権威や強いものに巻かれ、多数派に空気を委ねて依存してしまう傾向が急速に復活してきていることもあると思います

朝日新聞の5月の世論調査で一般の人とネット限定の人との違いを示した「情報『ネット限定層』内閣支持率高め」という興味深い記事を紹介します。

インターネットのニュースサイトやSNSだけを参考にしている人では、内閣支持率は高く、憲法改正にも前向き――。朝日新聞が実施した郵送世論調査で、こうした実態が浮かんだ。

政治や社会の出来事についての情報を得る時、参考にするメディアを6つの選択肢から複数回答で選んでもらったところ、「テレビ」が88％、ついで「新聞」が65％「インターネットのニュースサイト」は51％「ラジオ」18％、「雑誌」13％、「ツイッターやフェイスブックなどのＳＮＳ」12％と続いた。この中で参考にするメディアの組み合わせで、「ニュースサイト」や「ＳＮＳ」だけを参考にしている人に着目すると、特徴的な傾向があった。

「ネット限定層」の内閣支持率は60％で、全体の43％と比べて高かった。憲法を「変える必要がある」と答えたのは68％を占めた。参院選の比例区で「仮に今、投票するとしたら」と聞くと、自民が64％を占め、立憲民主は10％にとどまる。

③ 次に朝日新聞２０１８年の1月8日の「オピニオン欄」に掲載された作家・中村文則氏の文章も見てみたいと思います。

格差を広げる政策で自身の生活が苦しめられているのに、その人びとがなぜか『強い政府』を肯定しようとする場合がある。これは日本だけでなく歴史・世界的に見られる大きな現象で、フロイトは、経済的に『弱い立場』の人びとが、その原因をつくった政府を攻撃するのではなく、『強い政府』と自己同一化を図ることで自己の自信を回復しようとする心理が働く流れを指摘しています。「『自信を持ち、強くなりたい』時、人は自己を肯定するため誰かを差別し、さらに『強い政府』を求めやすい。当然現在の右傾化の流れはそれだけではないが、多くの理由の一つにこれもあるということだ。今の日本の状態は、あまりにも歴史学的な典型の一つにある。いつの間にか息苦しい国になっていた」との指摘も重要です。世界中で貧富の差が激しくなればなるほど、ポピュリズム、右傾化、外国人排斥など起きているのもこの部分もあるものだと思います。

「イラク人質事件は、日本の根底でずっと動いていたものが表に出た瞬間だった。政府側から『自己責任』という凄い言葉が流れたのもあの頃。政府で格差がさらに広がっていく中、落ちた人びとを切り捨てられる便利な言葉としてもその後機能していくことになる。時代はブレーキを失っていく。新自由主義経済深化での公的責任をぼかし自己責任に貶められて行っていることもそうです。

もう一つ彼が「昨年急に目立つようになったのはメディアでの『両論併記』というものについてです」という点も重要です。

本来政府のやることに厳しい目を向けるのがマスコミとして当然なのに、『多様な意見を紹介しろ』との理由で「政府への批判」が巧妙に弱められる仕組みについてです。


否定意見に肯定意見を加えれば、政府への批判は「印象として」プラマイゼロとなり、批判がムーブメントを起こすほどの過熱に結びつかなくなる。実に上手い戦略である。それに甘んじているマスコミの態度は驚愕に値する。たとえば悪い政治家が何かやろうとし、その部下が「でも先生、そんなことしたらマスコミが黙ってないですよ」と言い、その政治家が「うーん。そうだよな……」というような、ほのぼのとした古き良き場面はいずれもなくなるかもしれない。ネットも今の流れを後押ししていた。人は自分の顔が隠れる時、躊躇なく内面の攻撃性を解放する。だが、自分の正体を隠し他人を攻撃する癖をつけるのは、その本人にとってよくない。攻撃される相手が可哀想とかいう善悪の問題というより、これは正体を隠す側のプライドの問題だ。僕の人格は酷く褒められるものじゃないが、せめてそんな格好悪いことだけはしないようにしている。今すぐやめた方が、無理なら徐々にやめた方が本人にとっていい。人間の攻撃性は違う良いエネルギーに転化することもできるから、他のことにその力を注いだ方がきっと楽しい。

と鋭い意見を述べています。

ネット右翼、若者の右傾化、マスコミの右傾化、公平中立の名のもとでの批判を許さない非民主主義の状況が生み出されて、増々日本型ナチズムが形成されているものと考えるのです。一方でSNSの呼びかけによって、「アラブの春」、「ろうそく革命」の韓国、「ひまわり革命」の台湾など、若者たちの立ち上がりも起きています。確かに今もSNSで、沖縄辺野古強行に反対する国際署名などが集まることも見過ごしてはいけません。

立憲主義憲法下にある政府、政党、政治家は憲法を実現することこそが、役目、義務であるにもかかわらず、逆に憲法を破壊してきていることは今まで述べてきた通りです。その流れが、政府、政党、政治家の言論の自由を強調して、公平性、中立性の名のもとで、マスコミのみならず、市民側の言論の自由を規制統制してきていることが多くなってきているのです。

毎日新聞の2019年2月14日朝刊の記事です。

首相の言論の自由って?」のタイトルで「悪夢の民主党政権発言撤回拒絶」。「悪夢」発言は10日の自民党大会で飛び出した。「12年前にわが党は参院選で惨敗した。当時総裁だった私の責任だ」とのべこう続けた。「2009年衆院選であの悪夢のような民主党政権が誕生した。決められない政治。経済は失速し後退し低迷した」。立憲民主党は撤回を求めたが首相は応じなかった。安倍首相は12日の国会審議で野党議員の撤回要求を「自民党総裁としての言論の自由がある」として拒絶した。

憲法は言論の自由を保障している。しかし最高権力者が口にするのはどうなのか。学者から批判が出ている。

また自民党が選挙報道について公平報道を要請したり、昨年山口県下で地元の教育委員会が前川元文科次官の講演会後援依頼を中立に反すると断ったり、さいたま市が憲法9条に関する俳句の公民館便り掲載を拒否したり、金沢市の市庁舎前の広場を護憲集会に使うことの使用不許可など、公の機関が憲法改悪などの反対集会は中立に反してると忖度して不許可にする。最近では杉田議員が雑誌『新潮45』で「ＬＧＢＴには生産性がない」と主張し、これを言論の自由は議員にもあると擁護する論調。維新の丸山穂高議員に至っては、酒に酔い北方領土を取り戻す是非を悲惨な体験をしている元島民に質問し、取り戻すには「戦争をしなくてはどうしようもなくはないですか」と発言した事件。

最も憲法尊重擁護義務を負わなければならない時の首相や国会議員が、憲法に反するこのような発言をしても、言論の自由を強調し、しかも政府に反する意見については「反日」のレッテル貼りって自分の意見こそが正しいと錯覚しているような事案が蔓延し、日本型ナチズム、ファシズムがこのような状況の中で一層進んできていることも見つめなければなりません。

6、政治的共同、市民連合

ヒトラーの台頭を許してしまったドイツ社会民主党と共産党の厳しい対立関係は、右翼統一戦線の成立を目前にしても、左翼統一戦線の可能性を生ぜさせませんでした。ナチ党がトップになっていったときも、社会民主党も共産党もかなりの票を取っていたのにもかかわらず、この共闘、共同が成立しなかったことがヒトラーを誕生させたことの重要性を、前述のロバーツなどの本でも強調しています。自民党と公明党は小選挙区制という、3割の票で7割の議員数が獲得できる選挙制度に助けられています。しかし市民と野党との連合共闘で、政権連合構想が本気で進んでいけば、これで政治が新しく変わることの展望がつかめるようになり、今の自公政権は完全に崩れます。小池新党のときも枝野立憲民主党発足のときも、先日の衆議員補選のときもその兆候を示しましました。先の参議院選挙でも全国の11選挙区で野党連合が勝利した事実も、市民と野党でこの日本型の現代的ナチズム状況を切り開いていく大きな展望と希望を示したのです。

最近のオール沖縄の県知事選しかり、他の沖縄市議選、県民投票での大勝利もそうです。理性的な運動は遅く、情緒的な感情的な運動は早いと言われていますが、まさしく私たちは理性に基づいた従来からの地道な運動行動の蓄積によって、一強多弱の独裁から、民主主義政治へと人間の尊厳を守り幸せと生きがいを取り戻せるのです。

一人ひとりの要求に根ざして、地道に確実に憲法上の権利を獲得していく民主主義と平和憲法を実現していく運動こそが、このような日本型のナチズム、ファシズムの危険な状況を確実に阻止できる道なのです。みんなで、知恵を出し合って、緩やかに連帯していって、国民の要求を基本とした民主主義的な政策を土台にし草の根運動を広げていかなければならない時期にきているのです。

私はこの間世田谷で、保坂展人区長を2選の時、自民公明に10万票の差で再選させ、3選のとき自民に7万票の差をつけ議会の自公過半数をわらせました。前回の衆議院選挙で、小池、希望の野党分断の攻撃に抗して、4、5、6区で市民と野党の共闘で、3人の立憲民主党議員を誕生させ、今この3人は立憲民主党の執行部でがんばっています。

これを支え実現させている我々の地域市民連合では、これら野党議員や区長にも来てもらって、政治報告会を開いて、市民の政治要求実現、安倍政権打倒に向かってがんばっています。経済政策など市民と政治家との共同作業で、国会で勉強会など開いてこの危険な政権を倒そうとしています。

市民連合のメンバーは、多くの人びとが反原発、反安保法制など、3・11の東日本大震災で福島で原発事故が起きた後、反原発の行動に参加した人、安保法制の強権的な国会審議の中で戦争法と認識して反対運動に参加した人たちなど、今まで政治運動にも参加したことがなかった素朴な市民の人たちが多く参加しています。無党派の人たちが多く参加してきています。この地域市民連合と言われるこの組織は、最初は、私の同期の宇都宮健児弁護士が出馬した都知事選で、世田谷地域の勝手連として集まり活動し、そこを出発点としてきました。そのメンバーは4年前の保坂展人世田谷区長選で選挙活動を経験し、その後の鳥越都知事選も経験し、一昨年の衆議院選挙でまさしく地域市民連合を名乗って、立憲野党と政策協定を結び、小池知事に分断された危機を乗り越え激しい衆議院選挙を闘い、先ほどの素晴らしい3人の立憲民主党議員の当選を獲得しました。

各選挙では、街頭演説や電話かけ、ポスティング、集会等の種々の選挙運動をリーダーとして活動しています。選挙のないときも地域での国政でのあらゆる政治的課題を、市民運動の先頭に立って、陳情や請願活動、署名運動、区の政治地課題を市民運動組織として立ち上げたりしています。改憲阻止の運動では、伊藤真、梓澤和幸、清水雅彦氏など憲法の専門家を呼んで学習会を、それに基づいて3000万署名に取り組んでいます。改憲を阻止し、市民連合政権樹立のためにも率先して、経済問題を取り上げ立憲民主党にも働きかけ、市民と一緒の国会議員会館を借りて勉強会をして連合政権構想への道となるよう活動をしています。またこの地域市民連合を東京全体に広げるため「繋ぐ会」を作って広げています。

また世田谷には多くの教育関係の団体が以前から存在し、私も保坂区長と作ったチャイルドライン、「憩の家」の広岡氏と作った児童虐待防止センター、梅ヶ丘の遊び場プレイパーク、いじめ問題から始まった子どもの命のネットワークなどに参加してきました。昨年秋には、市民連合や他のあらゆる団体と、この教育団体を中心に、加計学園ではっきりと安倍首相が関与したことを国会で述べた文科省・元事務次官の前川喜平氏を呼んでの教育講演会を、幅広い実行委員会を作って実行し、たった1カ月で1200人が参加したイベントを成功させたりしました。

この外に私が共同代表している戦争させない世田谷1000人委員会、労働戦線統一の世田谷労組が作っている新しい世田谷を作る会、また戦争させない、9条を壊すな世田谷総がかり行動の組織もあり、デモ、署名などを一斉に行い、世田谷は、最近では政治運動、市民運動のたまり場となっています。

その中心を担いつつある、地域市民連合は、各人参加自由の原則で、サボってもよく、主体的に自分の考えを自由闊達に発言・議論し、組織性もなく、全く緩やかな無党派的な運動体です。地域のこれらの活動で多くの人が、立憲民主党の国会議員、地方議員の政治家と結びついて、市民も政治家も変わってきています。多くの活動家も生まれてきています。この会のネットで多くの多様的な考え方が開示され、市民運動の行事が案内され、ときには署名運動も拡散されて、その中で一人ひとりの自由な参加が保障され、多様的な運動、改憲阻止の活動が拡がっています。若者の参加が少ないとか色々な悩みや欠点もありますが。

このような多くの市民運動の網の目の組織が各地に広がっていけば、いま取り組んでいる安倍改憲阻止3000万人署名などが広がっていくことにもなり、戦争に向かう安倍政権に立ち向かって、憲法改悪・戦争反対の声を強め、多くの経済・社会保障政策の要求も掲げ、立憲民主党議員と一緒に、大きな一致点での連合政権構想が実現していくようにしていかなければならないのです。

7、若者・青年層の問題

次に若者・青年層の問題です。

『ワイマル共和国史』（J・E・コルプ著、柴田啓二訳、刀水書房）の中で、

> 20世紀代のドイツに広く蔓延していた指導者待望の気運に、大衆心理学的巧妙さをもって、とりわけ中間層と青年層に訴えたこと、政治的に方向を失い、社会的に疎外され、経済的不況に揺さぶられていた彼らは、この不幸の責任者と救済者を求めた。急進的な告発は公衆の耳目をひきつけ、確かな処方箋が求められた。ヒトラーの扇動は国民のこの部分に最も強く作用した。当時のヒトラーは過度に独断的な民族主義的世界観に固執することをさけ、全力を上げて社会的緊張と政治的紛争からの自由な民族共同体のユートピア像を対置した。

とあります。

今日本の若者は麻生副総理が言うように「新聞を読まないネットの若者は自民党支持者が多い」のも、ナチス時代に青年層がファシズムに引き寄せられていった時代背景と通じるものがあることを感じます。今4割の人たちが新聞を読んでいないようです。こんな危険な時代であるにもかかわらずです。大変なことです。新国家主義の教育の動きや、マスコミの右傾化や、社会の同調圧力の雰囲気が強くなっている中で、特にネット右翼などに代表されるSNS時代の若者が、狭い一人の空間の中で、しかも育った時の民主党政権で失敗した政治よりは景気も良くなったし、就職もできるようになったし、暗い戦争反対とかの運動はかったるくて、将来も明るいイメージの自民党のほうが、政策も「教育の無償化」とか言ってくれているしと、錯覚していっている先ほどのドイツの流れとどこか似てはいないだろうかと私はいつも考えるのです。

前記の本の中でも、次のように述べられています。

1930年頃のナチ党員の70％は40歳未満、党役員は40歳未満がほぼ65％、青少年が若くして政治に目覚めることは一般的、まさにナチズムは明らかにすべての若い世代を魅了した。他の政党は若い党であったドイツ共産党を除いて若者の共鳴を呼ぶことがほとんどなかった、それは特に社会民主党に当てはまる。彼らの非情熱的な分別と政治的理性に訴えるやり方は、青年たちを熱狂させる感情的高揚を欠いていたから、その幹部や党員は、ナチスや共産党のような党に比べて古臭いと見られたのである。

麻生副総理がネットでの若者たちは自民党支持が多いといっているのも、今安倍首相を漫画の侍のリーダーとして描き、憲法改正を目指しているのもうなずけます。今までの競争・管理・新自由主義的で新国家主義的な教育の影響もありますが、今の日本によく当てはまる教訓です。ピノチェト政権を倒した「NO」の運動も、明るい展望のあるスローガンを掲げ、若い人たちをひきつけていった歴史も参考にしなければなりません。勿論アラブの春、ろうそく革命、ひまわり革命や沖縄の県民投票など、若者たちが立ち上がった数々の動きも見すごしてはいけません。

しかし私たちが熱く直接顔を合わせて、ビデオなどで本物の戦線などの現場を知れば、そこで平和を語る体験ができ、青年たちは間違いなく純粋ゆえ、若いゆえに変わります。憲法問題などでのNHK世論調査の中でも憲法改正反対が一番多いのは若者たち、ということも重要です。

私は2013年まで立教大学で人権論の講義をしてきました。授業の中で東京大空襲裁判を取り上げ、この裁判の1審の際、最高裁大法廷で放映した東京大空襲のビデオを学生たちにも見せて、「平和と人権」について講義をしました。そのときの学生たちの感想文です。私たちは一生懸命に熱く、若い人たちに平和を説き、その真実にせまれば必ず響きます。「再び戦場に送らせないためにも」。

① 「戦争を経験した人は今はもう高齢になっている。そうした方々がいなくなってしまったら、世界はどうなるのだろうと感じた。

重要なのは、戦争のことを理解すること、知ること、それを自分の子ども、周りの人に伝えること。それが私たちの使命である。

軍人にはお金が渡された。しかし、国民には渡されない。骨さえも関東大震災の人びとと共に入れられている。原爆も、広島や長崎は毎年大きく取り上げられるのに、東京、名古屋、大阪はあまり取り上げることはない。多くの人が『国のために、天皇のために』といって死んでいった。そうした気持ちを私たちは絶対に忘れてはならない。軽くみてはならない。戦争で死んだ人も辛い思いをした。しかし、生き残った人も辛い思いをしている。どうしても裁判に勝ってほしい。せめて生き残った人たちには死んでいった人たちの分幸せに暮らしてほしいと願います」

②「東京大空襲の話をあまり聞いたことがなかったので、とてもためになりました。もし私がその時代にいたら何もできないままでいたと思う。昔の人は強いなと思った。

一番衝撃的だったのは、アメリカ人が爆弾を作って、試している映像である。笑っている様子がうかがえた。なぜ人を殺してしまうのに笑っていられるのか、すごく理解できなかった。さらに、川で死んでいる人たちのほとんどが女の人と子ども達、老人だったこともびっくりしました。そういうことも関係なく戦争をしてしまうのは、本当に考えられないと思った」。

③「いつだって争いで犠牲になるのは弱い者であり、子どもや女性、老人というこれから国を担うかもしれない人びとこの国を長く見てきた歴史の証人、それらをすべてむごい形で奪ってしまう戦争という行為はとても恐ろしいと感じた。失われた命が戦争という理由で仕方がないことだと済まされてしまうことは本当に許されてはいけない。非戦闘員をこんなにも殺しておいて、その被害者が救われないというのはあまりにもひどい話である。

戦争はどんなことがあって行ってはいけない。犠牲者も生き残った人も苦しめられ続けるこの戦争というものはいったいなんなのだろう。

どうしてなくならないのか、疑問がたくさん出てくるが、今の自分には何ができるのか考え続けることが戦争をなくす近道なのかもしれない」

④「DVDを見ている時、重くて、辛くて、悲しくて…時間が長く感じられました。好きな漫画に『地図の

上から人は見えない』という言葉がありますが、炎に焼かれ、苦しむ人びとの姿を見たら、軍人も日本政府もアメリカも戦争なんてできないと思います。

それなのに未だに戦争が起こり、苦しんでいる人がたくさんいます。重くて、辛くて、悲しいけれど、こういう報道番組が少なくなっていってはいけない、と強く思いました。時が経ち、記憶がうすれていったとしても、戦争の恐ろしさは忘れてはいけない、うすれてはいけないです。今の人が学び、これからの人が学び、戦争が決して起こらないようにすることが今を生きる人の義務だと思いました。起こっている戦争をなくすために、何ができるか、考えていこうと思いました」

⑤「恥ずかしい話だが、今日聞いた話はほとんどが初耳だった。民間無差別爆撃は国際違反だと決められた後に行われていたこと、そして今でも行われていること。また、被害者は今でも苦しめられていて、裁判が行われていることも初めて知った。新聞には『原告の平均年齢は77才、救済が急がれる』とあった。それを読んですごくハッとした。戦争を経験した人はどんどん少なくなってしまう。そしていつかは経験者の声を聞くことができなくなる。この国際的であり、国内でも重要な問題を早く解決しなければならない。『受忍論』や『軍・民差別』という言葉も初めて知ったが、日本だけのおかしな問題だと聞いて、なぜこの壁が厚いのか気になった。この問題は時間がない。これは国民としてしっかり知っておくべき問題だと思った。戦争をなかったことにしてはならない」

安倍改憲がなされ、自衛隊明記によって国防国家に変わり、まさしく世界中にアメリカと共に戦争ができる国になり、その目的のために人権が制限され、青年たちに徴兵制が敷かれ、あるいは、アメリカのように自発的に貧困層の人がお金がほしくてやむを得ず戦争に行かざるを得ない経済的徴兵制へと、青年たちの戦争への参加が事実上、法律上強制されることになっていくことと思われます。最後に若い人たちに、これでいいのでしょうか、と聞きたいです。

8、過去の分析、教訓、そして未来

そしてあのような、冷酷無残なナチス支配の12年間が続くことを正確に予測し得た人はそう多くはなかったのではないでしょうか。日本の場合も私はそう考えています。このようなひどい安倍政権を6年以上続け、さらに総裁任期を延ばそうとの議論すらあります。２０２０年のオリンピックまで続けていくことすら想像できませんでした、また途中で投げ出すのでないかと何度か希望したことか。西ドイツのワイツゼッカー大統領も敗戦40周年記念演説で「過去に目を閉ざす者は現在に盲目となる」と述べています。ドイツの人たちは、世界中で６０００万人以上亡くなった人びとと共に、とりわけドイツの強制収容所で殺された６００万人のユダヤ人のことを今も考えます。虐殺されたユダヤ人の多くの人びとを、政治的に戦ってきた多くの人びと、ロマ族はじめジプシーの人びと、殺された同性愛の人たち、殺害された精神疾患を抱えた人たち、宗教、政治的な信念の故に死ななければならなかった人たちのことを考えています。ドイツに占領された全ての国々での抵抗運動の犠牲となった人びとのことをも考えます。補償もしています。ドイツの、過去と未来について厳しく分析してその教訓を導き出す必要があると痛感したのでした。日本においても前述したように、アジア・太平洋戦争で犠牲となった２０００万のアジアの人びと、３１０万の亡くなった日本の人びとのことを忘れてはならないのです。だからいままで述べてきたように多くの戦争に関する裁判を紹介しその被害者の多くの方々の訴えを、もう一度皆さんに聞いてほしいと思ったのがこの本を書いた一番の動機なのです。

先ほどのワイマール共和国の歴史を論じた『ワイマール』第3章で、「彼らはその自由主義、民主主義、議会主義にたいする激しい攻撃を、強力な指導者、権威ある国家を求める強い叫びと結合させた」「すべての民主主義的中道派と左翼には政治的幻想とナチズムに対する誤った過小評価があり、最終的には運命主義的傍観者の立場に逃げ込んでしまった……、民主主義的法治国家と議会主義的立憲国家の防衛を、歴史的課題と政治的自己認識における使命であり義務であると自覚していたものが弱体であった」こと、このことこそが、当時最も先進的と思われていたワイマール憲法が崩壊してしまった根本原因だと述べています。私たちもこのことを十分認識しなければならない時代にあるということなのです。

9、司法とマスコミの急激な変容

ここまで、日本型ナチズムと言えるような状況と原因について探ってきましたが、権力である司法と第四権といわれているマスコミの、最近の急激な変容についても述べておきます。

最近「政治部門の決定を追認する司法」「行政に積極的に加担する司法」と言われるような判決が次々と出てきています。いわゆる三権分立によって、司法は行政から独立してチェックする憲法上の役目を全く放棄してしまっている判決が出てきています。沖縄県知事による辺野古埋め立て承認取り消しを違法とした2016年12月20日の最高裁判決、また君が代不起立による再雇用拒否を適法であると、2審の判断をくつがえした2018年7月19日の最高裁判決を見てもそのことは明らかです。前にも述べましたが、従軍慰安婦の問題で、朝日新聞の植村記者が右翼勢力から攻撃され、その事件の櫻井よしこ氏への名誉毀損の損害賠償の事件で、原告の主張を多く認めながら、植村記者への「捏造記者」という記者としての名誉毀損について、「真実性と相当性の要件」を緩やかにして言論攻撃をしてきた櫻井よしこ氏を勝たせた札幌裁判所の判決もその動きです。

この裁判官はその後私たちの安保違憲訴訟の札幌地方裁判所で、なんの予告もせず結審を言い渡し、弁護側から忌避を申し立てられました。原告本人尋問も証人尋問もせず、「いまだ集団的自衛権行使の蓋然性は低く原告の不安恐怖は抽象的不安の域を出ない」と、前述した米艦防護や南スーダンPKOも、実質的な集団的自衛権行使であり、日報問題でも半田滋意見書でも明らかにされているように、戦闘状態にあり、このことを抜かしているのです。これらを原告本人の証拠調べをしなければ明らかにならないのに、それを判決の理由で抜かしているのです。安倍政権に忖度した驚くべき判決だと思いました。ワイマール憲法崩壊の過程でヒトラーなどへの右翼への寛容な判決の一方で、左翼への厳しい弾圧や死刑判決を行ってファシズムへの道を導いていったドイツの司法の歴史的な教訓も見逃すことができません。

『ファシズムへの道――ワイマール裁判物語』（清水誠、日本評論社）終章で著者は次のように述べています。

> 後にあのような例えようもない冷酷無残なナチス支配の12年間が続くことを正確に予測しえた人はそう多くはなかったのではないであろうか。今日の時点から眺めれば、ワイマール体制の15年が過ぎ、それに接続する12年の異常な時代との間の変わり目に、この国会放火事件とそして最終的にワイマール憲法の息の根を止めた3月23日の「授権法」がある、という具合に、いとも明快に歴史経過を叙述することができるかもしれない。ドイツ国民が歴史上はじめて手にした虚弱な民主主義はついに絶命した。それは、絞殺されたと表現してもよいような最後であった。あとに続いたのはナチスとその背後にある独占資本によ

る身の毛もよだつ暴力的専制が支配する12年にほかならない。このドイツの社会に公正中立な裁判、正義に忠実な裁判、「裁判の独立」が存在しているかのようにみせる幻影の役目を懸命に演じながら、新しい支配者に対する従順へと身をゆだねていった。いや正確にいうならば、支配階級たる独占資本への忠誠においては終始かわることなく、その主人が指図する支配形式の変容にきわめて忠実に順応していった、というべきかもしれない。正義を実現する法律家の任務に忠実であろうとするワイマールの法律家たちの努力は結局は徒労に帰した。司法は正義と信じていた人たち、信じたいと思っていた人たちが気がついたときには、司法は不正義化していた。

ユダヤ人裁判官、左翼思想をもつ裁判官などの法律家が裁判所から追い出されたのち、大部分の裁判官その他の法律家はそのまま居残り続けたことである。新しい支配者の指揮棒のもとに、彼らはこんどはナチス司法を形成する。8万件の死刑判決を下したといわれるナチス司法12年の悪業を、彼らは改めて担いはじめるのである。この変容の時期における1人の裁判官の姿を、辛らつきわまる筆で描き出しているブレヒトの戯曲である。

次にマスコミの状況です。

まず2019年2月19日の「官邸による取材、報道の自由侵害に抗議する緊急声明」を紹介します。これは私の司法研修所同期であり生涯マスコミ問題を追求し続けている梓澤和幸弁護士が、東京新聞でがんばっている有名な望月記者に対する菅官房長官の攻撃に対して作った声明文で、私も賛成したものです。

官邸での菅官房長官記者会見で、望月記者が森友・加計問題などで執拗に質問する、これに対して官邸側が抗議を行い、質問制限し、沖縄辺野古への土砂投入についての質問を「事実に基づかない質問」と記者クラブに申し入れ、さらなる質問妨害を行いました。これに対して2018年10月14日には官邸前で、官房長官の望月記者に対する振る舞いがあまりにもひどく、内閣記者クラブ自身がこれに抗議せず、これは望月記者個人の問題ではないと、心あるジャーナリストたちが声を挙げたのです。その声明文を紹介します。

上村秀紀内閣官房総理大臣官邸報道室長は、2018年12月28日、内閣記者会宛てに、記者会見における菅官房長官に対する東京新聞の特定の記者の質問について「事実誤認がある」とした文章を示し、「問題意識の共有」を求めた。

この文書は、米軍普天間飛行場の名護市辺野古への移設工事に関するものである。この件については、政府と野党の認識が鋭く対立している。野党による国会質問や政府の答弁を見れば政府側の認識に誤りがないなどと断定することはできない。政府の一方的認識を前提として、質問者から寄せられた赤土が広がっているという事実認識を「事実誤認」と断定し、説明を免れ、質問を抑圧することは許されない。これは取材の自由、報道の自由への侵害である。

また、事実認識を内閣記者会に共有したいなどとすることは自由で批判的な質問をする記者の官房長官記者会見からの排除にもつながりかねない。

内閣官房長官の記者会見は日々2回開催されている。それは国防、外交、災害、国際紛争など国民の将来を左右する重大事をとりあげる場である。知る権利は最大限尊重されなければならない。

西村康稔官房副長官は、「報道室長からは質問権を制約したり知る権利を制限したりする意図はまったくないと報告を受けている」と発言したが、本件文書の与える影響は深刻なものであって、看過できない。

表現の自由、知る権利に関心を寄せる私たちは、この問題について深刻な憂慮を表明するとともに、政府に対しこの文書をただちに撤回するよう要求する。

このように東京新聞の望月記者への取材の自由への国民の知る権利への侵害で、多くの署名が集まり大きな問題となっています。

次に「森友問題では、かつてないような局内の圧力にさらされた」森友スクープ記者がＮＨＫをやめた訳を本にした相澤冬樹さんについての東京新聞の12月19日の記事を紹介します。

「そう話す本を書いた相沢冬樹さんが指摘するのが、昨年7月26日、司法キャップとして書いた特ダネへの反応だ。財務省近畿財務局が森友学園に国有地を格安で売却する際、学園が支払える上限額を事前に聞き出していたとの内容。夜の「ニュース7」で報じると、「私は聞いてない。なぜ出したんだ？」と大阪放送局の報道部長の携帯電話に何度も電話がかかった。

局長は政治部畑を歩み、官邸とも太いパイプがあるとされる。報道内容に細かく指示を出し、現場は萎縮していた。

「電話を受けた部長は、あなたの将来はないと思え、と言われちゃいました」と苦笑いした。取材した私にも、いずれ人事で跳ね返るとピンときた」。翌朝の続報は書き直され、「おはよう日本」での放映時間も目立たない後ろの時間帯に移った。

今年3月、朝日新聞が「財務省が公文書書き換え」と報じた後にも「圧力」があった。「クローズアップ現代」で取り上げることになり、相沢さんは「問題発覚直後、財務省側が「トラック何千台もゴミを搬出したことにしてほしい」と学園側に電話をかけていた」という特ダネを打つ。役所がうその「口裏合わせ」を求めていたという内容だ。

ところが、午後7時と9時のニュースでは報じられたものの、看板番組のクロ現での放送は見送られた。

相沢さんは「なんで出さないんですか?」と抗議したが、覆らなかった。このニュースはNHK内の賞も受けたが、6月の異動で記者職を外され、番組の評価などをする考査部へ。8月末にNHKを退職した。

「私たちの取材費は受信料から出ている。だからこそ公共放送として高水準の報道が求められる。NHKの政治報道は国会に人事と金を握られる放送法の仕組みのなかで、偏らないように折り合いを付けてきた」。

それが近年変わってきたとみる。クロ現のキャスターが変更されたころから、「政権べったり」と言われるようになった。自民党総裁選直前の9月の北海道地震では、死者数などを「首相発表」と強調するニュースが繰り返され、PRのようだと批判された。

4月18日の「ニュース7」と「ニュースウオッチ9」でNHKは、天皇皇后両陛下の伊勢神宮参拝を伝えるニュースで「内宮は皇室の祖先の天照大神が祀られています」と、民間放送とも異なり断定的な表現となっています。

10、ファシズムを支えたのは誰だったか

そしてこの項の最後に、このファシズムを支えてきたのは誰だったのか、その責任は？　という今最

も考えなければならない問題です。私はその責任はやはり、いずれも私たち国民でもないかと思っています。

戦前に映画監督として活躍した伊丹万作は「戦争責任者の問題」というエッセーで、多くの人が戦争で騙されていたとの言説について「騙していた人の数は一般に考えられているよりも遥かに多かったに違いない。つまり日本人全体が夢中になってお互いに騙したり、騙されていたのだろうと思う」と書いてます。「騙されたと平気でいられる国民ならおそらく今後も何度も騙されるだろう、いや現在でも既に別の嘘によって騙され始めているに違いない」と、昭和21年8月の『伊丹万作エッセイ集』（ちくま学芸文庫）で言っていて、増々本当にそう思います。

政府の戦争責任をあいまいにするために「一億総白痴」論がありましたが、特に日本の場合には血を流して国民の権利を獲得したような民主主義の歴史が不十分であったこともあります。確かに明治時代から現在まで多くの方々の血にまみれた闘いもありましたが、改めてドイツがなぜあのようなファシズムを許してしまったのかをもう一度振り返り、今の安倍政権政治に対峙して考えなければならないと痛感しているのです。ワイマール憲法というリベラルな憲法がありながら、しかも直前にドイツ革命という体験がありながらです。

ドイツ革命、ワイマール憲法制定、そして第一次世界大戦の敗戦とベルサイユ条約での大量な戦後負担を負わされ、一定の国民の間ではその反動と述べられたように、閉塞感、不安感、不満感があふれ多くの無関心層が生まれて、それを温床としてファシズムが形成されていったものと思われます。

『わが闘争』の中でも述べられていますが、ヒトラーが「国家社会主義」と謳ったように、一定の社会主義的で先進的、リベラルな外見を装って、巧みな宣伝によって独裁を獲得していく中で、数々の政策を提示しながら、巧みに嘘も言って安心させ、民衆の心の中に食い込んでいったのです。

今、安倍政権が歴史認識としてアジア太平洋戦争は間違っていなかったとして、靖国の聖戦史観、大東亜共栄圏の考え方を、日本会議や安倍首相に忖度している作家・評論家・政治学者・ジャーナリスト・雑誌などが振りまき、多大のお金をつぎ込んで出版してベストセラー本と宣伝しまくっています。民主党はデフレから脱出できず、安倍政権でアベノミクスで株価が高くなり、まさしくヒトラーが世界大恐慌を追い風として国民を動員していったことに通じるような、暴走し、最後の全体主義的な憲法改正を実現しようとしているのです。

今回の憲法改正の今多くの半分以上の国民が反対となっていても、モリカケ問題などで果たして発議ができるか否かあやふやになっても安倍首相は諦めず、ある意味では私たちと同じように必死になって前のめりになって、日本型ナチズム完成に邁進しているのです。国民の間に生まれている閉塞感、不安感、不満感、その中で「決められる政治」としての強い政治への憧れ、依存、不安であればあるほど安定を求め、ねじれ解消、強い政治、強い国作り、強い教育再生という政治スローガンの中で、ファシズム的な動きとして、暴走しているのです。

しかしながら、戦後今まで平和憲法を元に数々の憲法運動今まで述べた裁判運動、革新自治体、第二次安保闘争、脱原発運動、市民運動、政治運動、数々の反対運動、9条の会、1000人委員会、沖縄の闘い等々の闘いを組んできた部分、特に平和憲法について一文も手をつかさせないできました。自信を持っていいと思います、この本でも書いてきた数々の素晴らしい平和運動、戦争裁判運動がありました。憲法9条改正反対をはじめとして安保法制やTPP、原発再稼働、もりかけ問題、共謀罪、秘密保護法など、重要な個別的な政治テーマについては半数以上の国民の疑義がまだまだ多くあります。

しかも市民と野党共闘の力により参議院選でも11の選挙区で野党共闘が勝利し、その後の沖縄選挙なども、まだまだ大きな力を発揮できること、できうることもあります。

これらの日本型ナチズム、ファシズムに対抗していく私たちの力に自信をもって、特に、国民の無関心層の人たちに、不安で、安定を求め、強いものに依存し、憧れていく流れをかえ、戦後築き上げられてきた各地域、職場等に作り上げられている草の根民主主義、市民運動、最近の私たち世田谷で実践している市民と野党の地域連合などのような、「国民の要求」に根差した地道な民主的な地域からの運動を続けていく必要があります。新安保法制廃棄の国会前行動は12万人以上も集めたほどであり、また私たちが今がんばっている安保違憲裁判もあります。地道に国会前行動も行っており、この諦めない地道な闘いが大きくなっていく、ならなければと思っています。自立した市民革命のない日本で、本当に一人ひとりが自分で考え自分で行動し、連帯していく中でこそ、現代の日本型のナチズム、ファシズムを阻止できる国民ができていくのではないかと、思っています。

この平和憲法の理念を実現していくことこそがその道なのです。今こそ「戦争はいやだ」の声をあげ、まず戦争の歴史的事実を改めて確認しあい、戦争の不条理さ、人間を破壊する重大な人権侵害であることを自覚的に認識していくことです。特に戦争を知らない若い人たち、無関心層、あきらめ層の人びとをも対象にして、国民一人ひとりの格差・貧困反対、安保法制廃棄、原発再稼働反対、消費税増税、働き方改悪、TPP、共謀罪秘密保護法反対などなど、個別の課題も大切にして、従来とは違った新しい形で生活の根っこから、また世界史の戦争違法性の流れから、自立した一人ひとりの市民革命ができるような、いきいきと楽しめる運動を築きあげていく必要があると思います。

11、人間の尊厳は不可侵である

ナチスによる最大の人権侵害を起こしたドイツ国民は、この歴史事実を二度と繰り返させないため、ドイツ基本法1条に「人間の尊厳、基本権による国家権力の拘束」として、①人間の尊厳は不可侵である。これを尊重し、及び保護することは、あらゆる国家の義務である。②ドイツ国民は、それゆえに侵すことができない、かつ譲り渡すことのできない人権を、世界のあらゆる人間社会、平和および正義の基礎として認める」と定め、これは永久条項であって、廃止変更不可と規定しています。日本の憲法も13条で「個人の尊厳」を規定していますが、前文「人類普遍の原理に反する一切の憲法、法令及び勅諭を排除する」とあることからも、他の前文の戦争を再び起こさないための規定と共に、いずれも普遍的・自然法的であり、これを否定する憲法改正はできないものと考えられるのです。これを超えた憲法改正は違憲・無効なのです。

三、戦争前夜に――もはや知らない・関心がないは許されない

山田洋次監督の映画にもなった私の好きな中島京子さんの『小さいおうち』と亡くなった知性の巨人加藤周一氏の半生記『羊の歌』を紹介します。

日本の戦前をもう一度見つめ直してみたく考えています。もう戦争は始まっていることを皆さんに知ってもらうために。

1、『小さいおうち』から

2014年8月8日、朝日新聞のオピニオンに寄稿した「『戦前』という時代」というタイトルで作家・中島京子さんが「毒に体を慣らすように受け入れた『非常時』あのころと似た空気」と次のように述べていることも、あらためて共有したく思っております。

私は、政治家や軍人、官僚など、歴史を動かす決断をした人たちではなく、一般の人びとにとって、あの時代はどういう時代だったのか、なぜ戦争に向かったのか、知りたいと思ったのだ。できるだけ、当時の考え方、当時の価値観がわかるものを調べた。すると、だんだんわかってきた。そこには、恋愛も、親子の情も、友情も美しい風景も音楽も美術も文学も、すべてのものがあった。いまを生きる私たちによく似た人たちが、毎日を丁寧に生きる暮らしがあった。私は当時の人びとに強い共感を覚えた。

けれども一方で、そこからは、人びとの無知と無関心、批判力のなさ、一方的な宣伝に簡単に騙されてしまう主体性のなさも、浮かび上がってきた。当時の人びとに共感を覚えただけに、この事実はショックだった。豊かな都市文化を享受する人たちにとって、戦争は遠い何処かで行われている他人事のようだった。少なくとも、始まった当初は。それどころか、盧溝橋で戦火が上がり日中戦争が始まると、東京は好景気に沸いてしまう。都心ではデパートが連日の大賑わい。つまり、それほどに、戦闘の事実は市井の人びとから遠かった。これは1939年の「朝日新聞」の記事から読み取れる。盧溝橋事件からは2年が経過している。しかし、この後、戦況は願ったような展開を見せず、煮詰まり、泥沼になってきて、それを打開するためと言って、さらに2年後に日本は太平洋戦争を始める。また勝って景気がよくなるのだと人びとは期待する。しかしそうはならない。坂を転げ落ちるように敗戦までの日々が流れる。

人びとの無関心を一方的に責めるわけにはいかない。戦争が始まれば、情報は隠され、統制され、一般市民の耳には入らなくなった。それこそ「秘密保護法」のような法律が機能した。怖いのは、市井の人びとが、毒にちょっとずつ慣らされるように、思想統制や言論弾圧にも慣れていってしまったことだ。現代の視点で見れば、さすがにどんどんどんどんおかしくなっていっているとわかる状況も、人びとは受け入れていく。当時流行していた言葉「非常時」は、日常の中にすんなりと同居していってしまう。

昨年あたりから、私はいろいろな人に「『小さいおうち』の時代と似てきましたね」と言われるようになった。出版された2010年よりも、2014年のいまのほうが、残念ながら現実と呼応する部分が多い。

いちばん心配なのは、現実の日本の人びとを支配する無関心だ。戦前とは遠い、戦後の日本は民主主義国家なのだから、きちんと情報が伝えられる中で、主権者である国民がまともな選択をすれば、世の中はそんなにはおかしな方向にいかないはずだ。それなのに、たいへんな数の主権者が、投票に行かず、選挙権を放棄している。そのことによって、あきらかに自分自身を苦しめることになる政策や法律が国会を通ってしまっても、結果的にそれを支持したことになると気づいていない。そうした人たちが、だんだんと日常に入り込んでくる非日常を、毒に身体を慣らすように受け入れてしまうかと思うとほんとうに怖い。

「集団的自衛権」に関して言えば、これを「検討が十分に尽くされていない」と感じている人は、共同通信の世論調査結果で82％に上る。高い数字の中には、防衛政策云々の前に、内閣が立憲主義を無視した暴挙に対する批判も含まれるだろう。こうした意識が有権者に芽生えたのには、報道も寄与したはずだ。「集団的自衛権」に関しては、どの報道機関もかなり力を入れて報道していた。国民のほとんどが、「よく検討されていない」と感じるくらいには、報道されたわけだ。逆説のようだが、きちんと報道されなかった事柄に対しては、人は「検討が十分でない」ことすら判断できない日常の中に入り込んでくる戦争の予兆とは、人びとの慢性的な無関心、報道の怠惰あるいは自粛、そして法整備などによる権力からの抑圧の三つが作用して、「見ざる・聞かざる・言わざる」の三猿状態が作られることに始まるのではないだろうか。その状態が準備されたところに本当に戦争がやってきたら、後戻りすることはほんとうに難しくなる。平和な日常は必ずしも戦争の非日常性と相反するものではなく、気味悪くも同居してしまえるのだと、歴史は教えている。

「自分が何をしようと、世の中が変わるわけじゃない」と思うのは、間違っている。8割の人が「憲法解釈変更による集団的自衛権行使容認」に懐疑的である事実は、少なくとも、前のめり一辺倒できた政府の姿勢を慎重にさせている。「カラーパープル」を書いたアフリカ系アメリカ人の作家アリス・ウォーカーの言葉を引くならば、「人びとが自分たちの力を諦めてしまう最もよくある例は、力なんか持っていないと思い込むこと」なのだ。特別なことをする必要はない。いまより少し社会に関心を持って、次の選挙で自分の考えに近い候補者に投票すればいい。

「小さいおうち」の時代の人びとは、いまを生きる私たちとよく似ている。でも、戦前の日本は、民主主義国家ではなかった。だいじなのは、関心を持つ状態をこそ「日常」化させることではないだろうか。

日本国憲法第12条には書いてある。「この憲法が国民に保障する自由及び権利は、国民の不断の努力によつて、これを保持しなければならない」。

この新聞記事が出てからもう5年も経っているのです。もう遅いかもしれませんが。

2、今何をすべきか、何をしなければならないか

続けて、「知の巨匠」と称された評論家・加藤周一の半生記『羊の歌』の次の一節を紹介します。

毎日私は新聞を読み、放送を聞いていたが、日本国が何処へ行こうとしているのか全く知らなかった。すべての事件は、全く偶発的に、ある日突然おこり、一瞬間私たちを驚かし、ただ過ちは忘れ去られた。井上蔵相や団琢磨や犬養首相が暗殺され、満州国が承認され、日満議定書が押しつけられ、日本国が国際連盟を脱退し……しかしそういうことで私たちの身の廻りにはどういう変化も生じなかったから、私たちはそのことで将来身辺にどれほどの大きな変化が生じ得るかを考えてみようともしなかった。知らず知らずに国は壊れていく。

後世になってみれば、この2019年がその分岐点の年になっていたかもしれません。中島さん、加藤さんらが述べていたように、「今何をすべきか、何をしなければならないのか」を私たちは肝に銘じておくべきです。

四、安倍改憲阻止にむけて

本書「第1章　はじめに」で安倍改憲の読売新聞記事を載せましたが、最後に戦争裁判と平和憲法を総括しながら、この憲法改正は絶対にさせてはならないことを重ねて述べていきます。

① 安倍総理の２０１７年5月3日改憲発言を受けて、自民党憲法改正推進本部では、２０１８年3月24日に次のような具体的な条文案をまとめました。

第9条の2
前条の規定は、我が国の平和と独立を守り、国及び国民の安全を保つために必要な自衛の措置をとることを妨げず、そのための実力組織として、法律を定めるところにより、内閣の首長たる内閣総理大臣を最高の指揮監督者とする自衛隊を保持する。
自衛隊の行動は、法律を定めるところにより、国会の承認その他の統制に服する。

安倍総理は自衛隊への国民の信頼が9割を超えると主張しています。しかし、この信頼の多くは災害救助隊としての自衛隊の実績によって培ったものです。武力行使のできる武装集団としての自衛隊とは区別しなければなりません。憲法で権力を制限しようとするのが立憲主義です。軍事力としての自衛隊に根拠をを与えなかったことは、今まで自衛隊に緊張感を与えてきました。憲法9条のもとでは専守防衛のための組織しかできなかったのです。それでも違憲という考え方のほうが学者では多いのです。そうすることで、戦前のような軍国主義への歯止めとなってきたのです。こうして、9条と矛盾するように見える自衛隊をあえて憲法に書かないことにより、自衛隊を統制してきたのです。もし、自衛隊を憲法に明記し合憲とすれば、このような緊張関係がなくなり、政府はより自由に自衛隊を軍隊として世界中に派兵でき、アメリカのもとで戦争に利用できるようになります。
前述したように安保国会以降のあの自衛隊の外征化、敵基地攻撃能力を持つ変遷変貌から見れば明らかです。

② 法の世界には「後法は前法を破る」というローマ法以来の原則があります。たとえ前法である9条1項、2項をそのまま置いておいたとしても、後法である9条の2項が優先することになります。9条の2によって9条は書き換えられたのと同じ効果を持つのです。

「自衛隊を保持」と明記されることで、「国防」の名のもとにあらゆる人権制約ができることになりかねません。「必要最小限度の自衛の措置」という定め方をしても、どこの国でも、軍隊は防衛のため必要最小限度なのであり、いったん憲法に定められれば、普通の軍隊を持つのと変わりなく、まさに今まで否定されてきた戦力の保持を認めることになるのです。

このように自衛隊の憲法明記が憲法改正の国民投票により承認されれば、かつての自衛隊でなくなり、本書第4章で述べた、安保法制が成立して限定されない集団的自衛権を行使し、アメリカのもとで、「他国で武力行使する自衛隊」、「海外で人を殺し、殺される」自衛隊であることに正当性をもつのです。「軍隊」として、自衛隊の活動範囲を広げ、防衛費を増大させ、軍需産業を育成し、武器輸出を推進し、自衛官の募集を強化し、国防意識を教育現場で強制し、大学等に学問や技術の協力を要請する等、社会のあらゆるところ、あらゆる点で軍国主義化していく危険が生じていくのです。

また「内閣の首長たる内閣総理大臣を最高の指揮監督者とする自衛隊」と総理大臣による文民統制が及ぶようにみえる規定は、むしろ総理大臣が自由に自衛隊を動かす根拠規定になるような規定です。戦前の統帥権が復活した独裁的な規定であってきわめて危険です。内閣の代表ではなく独裁者の内閣総理大臣としての首相個人が統帥権を持てる規定です。このように、これまでの控えめで抑制的だった自衛隊が、高い権威と独立性を与えられ、軍備増強、軍事費の拡大、自衛官募集など

さまざまな場面で積極的に前面に出て、できることに大きく変わる恐ろしい改正なのです

③ そして「国防」の名のもとで、思想も統制され、自由に言いたいことが言えず、学問研究や宗教も国防の犠牲になり、国防のために逮捕・勾留される……そのような、自由が抑圧される前に述べたナチス時代の全体主義国家へと向かうことになる規定なのです。間違いなくです。徴兵制も可能になります。これまでは「意に反する苦役」を禁ずる憲法18条違反として徴兵制は違憲と解釈されていましたが、国防が憲法上の要請となると、国防のためにこの18条の人権も制約することが許されることになります。改憲は言うまでもなく何かを変えたいために行われるはずですが、安倍総理はこの自衛隊明記の改憲によって何も変わらないといいます。それならば、そもそも多額の費用をかけてまで改憲する必要などないのではないでしょう。今までも嘘の政治をしてきたことからも、この改正も嘘だらけで皆さんを戦争に導いていく改正なことは間違いありません。もはや自衛隊は専守防衛を超えたフルスペックの集団的自衛権行使に変貌しているにもかかわらず、これを専守防衛の範囲だからと、国会でも裁判でも嘘を言ってきたくらいですから、今後もなにも変わらないと言い続け、嘘を言い続けることは間違いないのです。

今まで安倍総理にはこの改正についても国民に十分説明し、理解してもらい、国民的議論を経たうえでの改憲という発想と姿勢はまったくないように見受けられます。むしろ、国民が問題点に気づかないうちに、さっとやってしまえという考えではないでしょうか。これまで、秘密保護法、戦争法の安保法制、共謀罪などの重要法案が強行採決された時と同じように、自分たちの主張が正しく、国民はそれに従えばよいという発想が見え隠れしています。まったく内容の異なる改憲項目を四つ同時に発議しようとしている点でも、国民的議論を充分尊重する態度とはとてもいえません。自衛

隊明記、緊急事態条項、人口比例選挙の否定、教育環境整備の4項目はどれも重要条項であり、これらもすべて軍事大国化のための改悪案なのです。このようなごまかし案からも国民が各々の問題点を理解して賛否の判断をするには、発議から最低60日では到底足りません。

政府の本当の狙いは、憲法が定める戦力の制約から逃れて、自衛隊をアメリカの下で実質的な軍隊として世界各地で勝手に使いたい、そして安保法制が違憲であるという国民世論を封じ、産業界の要望を背景に軍需産業を通じて経済的に発展させたい、という点にあると思われます。米国と共に世界中で武力を行使できる「軍事大国」になりたいだけなのです。

最後に皆さんに、そうさせていいのでしょうかと問いかけます。未来の子どもたちのためにも青年たちのためにも、今まで述べてきた戦争被害者のためにも、絶対にそうさせてはならないのです。この本で訴え続けてきた「戦争はもういやだ」という、とくに死んでいった多くの人たちの声をもう一度聞いてください。「そうさせないためにも」、私たちは絶対にこの安倍改憲を阻止しなければならないのです。

おわりに

昨年秋、頭と目にきた帯状疱疹で、顔も曲がり脳梗塞に間違えられ、救急車で慶應病院に運ばれステロイドの点滴を20日間続け、6カ月の治療を言い渡されました。しかしそれでも3カ月で治りました。この本にも書いてある数々の子どもの事件、障がい児・者の差別事件、空襲立法運動、安保違憲訴訟裁判、地域の市民連合、一般事件に加えてこの原稿を書き続け、加齢も加わり、免疫力も下がり、身体を壊してしまったのです。

それでも第二次安倍政権ができてから、戦争できる国への暴走をくい止めるため、どうしてもこの本を完成したくて無理して、多くの先輩や仲間からも怒られました。完成できなかったらどうしようと、不安に感じたことも多くありました。第二次安倍政権の「戦争する国」への飽くなき暴走、戦争の危機に抗して、多くの本を読み、裁判の資料を読み、その危険性を感じれば感じるほど、渾身の力をもって原稿を書き続けざるをえなくなり、ようやく本にできたこと感慨無量です。

当初は、各分野・各裁判の弁護士による共著も考えました。そのため最後には、多くの分野の弁護士にこの原稿を見てもらってご意見をいただき、また修正点検もお願いして、快く協力していただきました。特に研修所同期・23期の仲間の弁護士たちの多くの力をいただき、最後まで原稿の中身にも修正意見をいただいてきました。そして明石書店の神野斉編集部部長、矢端泰典さんらスタッフの鋭い意見と校正で、本当にわかりやすく良いものにしていただきました。本当にこれらの多くの皆さんに感謝です。

小林節先生、古関彰一先生からも快く、心余る推薦文をいただき、嬉しい限りです。多くの先輩、同僚、後輩もこの本の発刊を期待していることも嬉しい限りです。

最後に、この本がどうか、今の日本の平和と戦争をめぐる戦後最大の危機、特に平和憲法の危機に抗して、大いに役に立てれば幸いです。

2019年7月

児玉　勇二

《著者紹介》

児玉勇二（こだま・ゆうじ）

1943年東京生まれ。68年中央大学法学部卒業、71年裁判官就任、73年弁護士となる。東京大空襲裁判弁護団副団長、全国空襲連運営副委員長、安保法制違憲訴訟弁護団常任幹事、七生養護学校裁判弁護団長、中国人損害賠償請求事件弁護団員、市民平和訴訟弁護団員、国連子どもの権利条約カウンターレポートを創る会共同代表、世田谷戦争させない1000人委員会共同代表、コスタリカの平和を学ぶ会共同代表、元立教大学非常勤講師「人権論」

主な著書に
『子どもの人権ルネッサンス』（明石書店、1995年）
『ところで人権です　あなたが主役になるため』（共著、岩波ブックレット、1999年）
『性教育裁判――七生養護学校事件が残したもの』（岩波ブックレット、2009年）
『知的・発達障害者の人権差別・虐待・人権侵害事件の裁判から』（現代書館、2014年）
『子どもの権利と人権保障』（明石書店、2015年）　その他

戦争裁判と平和憲法——戦争をしない／させないために

2019年8月6日　初版第1刷発行
2019年9月6日　初版第2刷発行

著　者　児　玉　勇　二
発行者　大　江　道　雅
発行所　株式会社　明石書店
〒101-0021　東京都千代田区外神田6-9-5
電　話　03（5818）1171
FAX　03（5818）1174
振　替　00100-7-24505
http://www.akashi.co.jp
装　丁　明石書店デザイン室
DTP　レウム・ノビレ
印刷・製本　モリモト印刷株式会社

（定価はカバーに表示してあります）　ISBN978-4-7503-4883-4